HISTOIRE
DE
L'ABBAYE BÉNÉDICTINE

DE SAINT-SAUVEUR-LE-VICOMTE

PAR

A. LEROSEY
Directeur au Séminaire de Saint-Sulpice

ABBEVILLE

C. PAILLART, IMPRIMEUR-ÉDITEUR

—

1894

HISTOIRE
DE
L'ABBAYE BÉNÉDICTINE
DE SAINT-SAUVEUR-LE-VICOMTE

HISTOIRE

DE

L'ABBAYE BÉNÉDICTINE

DE SAINT-SAUVEUR-LE-VICOMTE

PAR

A. LEROSEY

DIRECTEUR AU SÉMINAIRE DE SAINT-SULPICE

> « Faire l'histoire d'une abbaye à travers
> « les siècles, c'est faire l'histoire de
> « l'intelligence et de la charité dans
> « le monde. »
> (M. L. GAUTIER, Œuvres poétiques
> d'Adam de Saint-Victor, t. I, p. xxxiv.)

ABBEVILLE

C. PAILLART, IMPRIMEUR-ÉDITEUR

1894

Vue générale de l'Abbaye.

A SA GRANDEUR MONSEIGNEUR GERMAIN
Évêque de Coutances et d'Avranches

MONSEIGNEUR,

Qu'il me soit permis de dédier à Votre Grandeur l'ouvrage qui a pour titre: L'ABBAYE BÉNÉDICTINE DE SAINT-SAUVEUR-LE-VICOMTE.

Une des plus belles missions de l'histoire ecclésiastique est de reconquérir, en les exhumant d'un trop long oubli, les faits et gestes de nos saints, les vies de nos moines les plus illustres et de nos écrivains ecclésiastiques, en un mot, tout ce passé religieux de notre France qui est et restera toujours son plus glorieux héritage. L'utilité de ces explorations locales n'est pas seulement d'élargir le domaine de la science; elles sont surtout profitables à la religion, en détruisant dans notre société moderne les déplorables préjugés qui l'ont faite si différente de l'ancienne. Je me suis imposé la tâche, je devrais dire, j'ai eu la témérité d'entreprendre un tel travail.

Mais, Monseigneur, ce qui m'a soutenu dans mes recherches, c'est la pensée que vous seriez heureux de voir un prêtre de votre diocèse s'y livrer avec patience et persévérance. Avoir obtenu ce résultat et en recevoir authentiquement l'assurance serait pour moi un précieux encouragement et l'une des meilleures récompenses de mes modestes efforts.

Daignez agréer, Monseigneur, l'hommage respectueux de votre très humble enfant.

A. LEROSEY.

ÉVÊCHÉ
de
COUTANCES
et
AVRANCHES
—

Coutances, le 24 Septembre 1894.

Cher Monsieur le Directeur,

Il vous appartenait, à vous, fils du diocèse de Coutances, d'écrire l'*Histoire de l'Abbaye bénédictine de Saint-Sauveur-le-Vicomte*.

C'est une belle et noble mission que celle de l'histoire, telle que vous la comprenez.

Pour ma part, j'aime à vous voir, travailleur infatigable, exhumer de l'oubli tant de faits mémorables, ressusciter les grandes figures des moines de notre Cotentin, mettre en lumière leurs services, dissiper les préjugés dont ils sont l'objet et venger la religion dont ils furent et demeurent l'une des meilleures gloires.

Non, votre travail ne sera pas sans utilité.

Nous avions l'*Histoire du château et des sires de Saint-Sauveur-le-Vicomte*. Grâce à vos patients et généreux efforts, nous aurons maintenant l'histoire de son Abbaye et sa fondation, sa destruction, sa restauration et sa vie à travers les âges.

Les documents nombreux que vous nous offrez et que vous présentez dans un style correct et limpide assurent à votre œuvre deux qualités précieuses : l'intérêt et l'autorité.

Aussi les lecteurs vous suivront avec une particulière attention dans les deux parties de votre histoire : l'Abbaye avant la Révolution, l'Abbaye dans notre siècle.

Cette histoire vient bien à son heure. Au moment, en effet, où la vie si humble, mais si féconde, de l'admirable servante de Dieu, la Mère Marie-Madeleine, fixe à un si haut degré l'attention des esprits, où ses vertus brillent d'un si vif éclat, où la cause de sa béatification provoque de si ferventes supplications et de si ardentes espérances, il était opportun, pour ne pas dire nécessaire, de rapprocher des gloires du passé les merveilles du présent et de léguer à l'avenir une monographie complète de Saint-Sauveur-le-Vicomte.

Voilà pourquoi, cher Monsieur, j'applaudis sincèrement à votre initiative et je me félicite de l'apparition de votre livre.

Que Dieu daigne le bénir comme je le fais moi-même dans toute l'effusion de ma gratitude et avec un cœur qui lui souhaite le succès le plus efficace.

Recevez, cher Monsieur le Directeur, la nouvelle assurance de mon vieil et profond attachement.

✝ ABEL,
Évêque de Coutances et Avranches.

INTRODUCTION

En quittant la ville de Valognes, si l'on prend la route de Coutances, on rencontre à quatre lieues, au sud, un chef-lieu de canton de 3,000 habitants. C'est Saint-Sauveur-le-Vicomte nommé aussi Saint-Sauveur-sur-Douve. Cette petite ville qui s'élève sur les bords de l'Ouve, au milieu d'une des plus larges et des plus vertes vallées du Cotentin, montre avec un certain orgueil les ruines d'un château-fort du xe siècle et une abbaye fondée sous le règne de Guillaume le Conquérant. M. Léopold Delisle a consacré son talent d'écrivain et son immense érudition à faire l'histoire du château et des Sires de Saint-Sauveur-le-Vicomte.

Nous voudrions compléter la monographie de Saint-Sauveur. C'est l'histoire de l'abbaye que nous offrons au lecteur, en réclamant toute son indulgence et en le priant de ne pas s'arrêter à une comparaison, dont la seule pensée nous écrase. Au besoin, si l'on nous accusait de témérité, nous aimerions à rappeler à nos censeurs, trop bien fondés, le mot de Pline le Jeune : « *Nulli libro tam parum virtutis inest, ut non aliqua re prosit.* » Il n'est pas si pauvre livre qui n'ait son utilité.

L'existence de notre abbaye comprend deux phases. L'une embrasse huit siècles et commence avec la seconde moitié du xe siècle pour se terminer à l'époque de la Révolution ; l'autre ne commence, à proprement parler, qu'en 1832. Faire l'histoire de l'abbaye de Saint-Sauveur avant et après la Révolution : telle devrait être ici la tâche complète de l'historien. De là deux parties dans son travail : l'une aurait pour objet l'ancienne abbaye de l'ordre de Saint-Benoît, l'autre l'abbaye restaurée et chef-lieu de l'Institut des Sœurs des Ecoles chrétiennes de la Miséricorde.

Placé en face de cette double tâche qui s'impose à l'historien, nous avons choisi la première, laissant à d'autres la bonne fortune, j'allais dire, la belle mission d'étudier la nouvelle abbaye.

A d'autres d'écrire l'admirable vie de sœur Marie-Madeleine, qui s'appela dans le monde Julie-Françoise-Catherine Postel, et de suivre avec les années les progrès merveilleux de son Institut.

Pour nous, nous ferons l'histoire du passé de l'abbaye. Nous la verrons fondée par Néel ou Nigel, vicomte de Cotentin ; nous verrons ses premiers religieux tirés de la fameuse abbaye de Jumièges, l'une des plus célèbres et des plus magnifiques du royaume.

Nous aurons à parcourir à grands traits son histoire, ses destructions, sa restauration et la vie de ses abbés.

A la distance où nous sommes des faits accomplis, il nous a fallu de longues et patientes recherches à travers les chartes et les livres qui les ont inventoriées ; d'autre part, en présence des événements les plus rapprochés de notre époque, nous nous trouvions en face de documents plus nombreux ; mais là encore le travail est difficile, car il faut user judicieusement de ces matériaux et savoir choisir ce qui convient, afin de ne pas sortir du cadre que la nature même des choses nous a tracé.

Nous offrons notre étude à la Communauté des Sœurs de la Miséricorde. Heureux que nous sommes de voir par elles l'abbaye de Saint-Sauveur renaître et briller d'un aussi vif éclat qu'en ses plus beaux jours du moyen âge.

Ses ruines restaurées donnent asile à une société religieuse, qui est l'une des plus riches efflorescences de la restauration du culte en France depuis les sombres années de la Terreur.

Avant de déposer la plume, qu'il soit permis à l'historien de l'abbaye bénédictine de hâter de tous ses vœux l'apparition d'un autre livre.

Il est grand temps de dire les gloires de sœur Marie-Madeleine et de raconter les origines et les développements de son œuvre, la restauration de son église, les espérances de sa béatification prochaine.

L'heure viendra bientôt où une plume exercée écrira toutes ces grandes choses, à la parfaite édification du public qui les attend et de la belle Congrégation qui les a vues se produire dans son sein.

Ainsi le présent sera renoué au passé, et l'abbaye de Saint-Sauveur aura son histoire complète et définitive ; l'édifice commencé dans nos modestes pages aura son couronnement glorieux dans l'œuvre dont nous saluons l'annonce avec joie.

HISTOIRE

DE

L'ABBAYE BÉNÉDICTINE

DE SAINT-SAUVEUR-LE-VICOMTE

CHAPITRE PREMIER

La Fondation de l'Abbaye de Saint-Sauveur.

La petite ville de Saint-Sauveur a traversé les temps les plus tristes de notre histoire et a été le théâtre de luttes sanglantes. Elle apparaît pour la première fois dans l'histoire vers le xe siècle. Dès cette époque, elle s'appelait Saint-Sauveur-le-Vicomte. Tous les historiens n'ont cessé de lui donner ce nom, et ce n'est qu'à la fin du xviiie siècle, qu'on voulut lui en substituer un autre et l'appeler Saint-Sauveur-sur-Douve. Les conquérants normands, en la personne des vicomtes Néel, seigneurs de la contrée, l'appelèrent Saint-Sauveur, du vocable de Pierrepont, qui avait été avant la conquête la localité la plus importante de la région. En transportant le siège de leur baronnie à une autre localité de leur choix, ils y transportèrent aussi le vocable de l'ancien fisc mérovingien.

L'affixe *Le-Vicomte* venait de ce que le château de Saint-Sauveur devint la résidence principale « de l'un des plus puissants vassaux du duc de Normandie, à qui fut confiée, sous le titre de vicomté, l'administration du Cotentin. » Cette dénomination était donc fondée sur les origines historiques de la ville.

Il a fallu la manie de destruction du siècle dernier pour donner à Saint-Sauveur une autre épithète et l'appeler Saint-Sauveur-sur-Douve : dénomination insignifiante et beaucoup moins flatteuse que l'affixe traditionnelle. Elle avait en outre l'inconvénient de consacrer un barbarisme, puisque la rivière qui baigne Saint-Sauveur s'appelle l'Ouve (*Unva, Onva*) (1) et non la Douve. L'Ouve ne doit pas plus s'appeler Douve que l'Orne la Dorne.

Non loin de l'abbaye, les ruines du château sont encore debout, au milieu d'un paysage pittoresque, dont elles sont pour la vue le point d'arrêt principal. Ce qui est habitable parmi ces ruines, devint l'asile de la Charité. Louis XIV en fit un hôpital en 1691. Cette destination n'a pas changé.

Nous n'avons à faire ni l'histoire du château ni celle des sires de Saint-Sauveur-le-Vicomte. Nous ne mentionnerons ces seigneurs, qu'autant que nous trouverons leurs noms et leurs actes mêlés à l'histoire de notre abbaye.

A l'origine, trois grandes familles possédèrent successivement la baronnie de Saint-Sauveur-le-

---

(1) L'Ouve prend sa source à la fontaine d'Ombre (à la Gravelle, paroisse de Tollevast.)

Vicomte et prirent part à la fondation et à l'affermissement de notre abbaye : Ce sont les familles de Richard le Danois, de la Roche-Tesson et d'Harcourt.

Sans retracer l'histoire des seigneurs qui les illustrèrent, nous avons à signaler la succession de ceux qui possédèrent le titre de vicomte dans chacune de ces nobles familles. Notre histoire de l'abbaye y gagnera en clarté.

1° La première de ces familles, dont la souche fut Richard le Danois, posséda la seigneurie de Saint-Sauveur pendant près de deux siècles. Elle commence avec Richard le Danois, compagnon de Rollon.

Rollon, Hrolf, Raoul ou Robert Ier, duc de Normandie (876-920 ou 927), établit à Saint-Sauveur, son proche parent, Richard, surnommé le Danois, qui fit construire son château, la plus ancienne forteresse du pays. Pendant que Richard aidait son fils, Néel, à s'établir dans le voisinage, à Néhou (*Nigelli humus, terre de Néel*), il établissait pareillement, à Torigny, un autre de ses fils, mais d'une autre mère que Néel, qui s'appelait Hamon, dit le *Dentu*; tandis que par sa protection, son neveu, Lancelot, surnommé le *Danois* venait fonder un établissement à Bricquebec.

1. ROGER. — Le plus ancien vicomte dont le souvenir nous soit parvenu s'appelait *Roger*. Il vivait sous Richard Ier, duc de Normandie de 943 à 996, et n'est connu que pour avoir fondé l'église

qui devint plus tard l'Abbaye bénédictine de Saint-Sauveur.

2. NÉEL Ier. — A Roger succéda Néel, premier du nom, qui figure dans les annales religieuses et militaires de la province au commencement du XIe siècle. Nous le voyons, en 1002, à la tête des gens du pays, tailler en pièces une armée anglaise envoyée par Ethelred pour ravager le Cotentin. Il en fit un carnage tel, disent les historiens, qu'il en échappa à peine assez pour porter en Angleterre la nouvelle de ce désastre. Il mourut vers l'an 1040 ou 1042.

3. NÉEL II. — Néel Ier eu pour successeur Néel II, son fils, appelé le *Jeune*. Nous le verrons se révolter contre Guillaume le Bâtard.

Néel II, selon M. L. Delisle, fait intervenir dans une de ses chartes, Adèle, sa femme, ses quatre fils : Roger, Guillaume et Gérard, ses trois filles Emma, Bileul et Mathilde (1). Il est permis de supposer, dit M. L. Delisle, qu'Adèle appartenait à la famille de Reviers. On voit, en effet, dans le cartulaire de Saint-Père-de-Chartres, qu'en 1060 Richard de Reviers, sur son lit de mort, dans le château de Thimert, appela près de lui Néel, mari de sa sœur, pour lui faire part du désir qu'il avait de se réconcilier avec l'Eglise, d'être enterré à Saint-Père et de laisser à cette abbaye le tiers du domaine de Gourbesville (2).

(1) L. DELISLE, *Histoire du Château et des Sires de Saint-Sauveur-le-Vicomte*, Preuves, p. 34.
(2) *Ibid.*, p. 32.

Ce Néel dut avoir un fils nommé Néel. Ce Néel dut mourir avant son père ; c'est ce qui explique comment, à la mort de Néel II, le titre de vicomte passa à Eudes, son frère (1).

4. EUDES. — Eudes le Vicomte, qu'il faut bien distinguer d'Eudes au Capel, s'est fait connaître par les donations qu'il fit à l'abbaye de Saint-Sauveur (2).

Une de ces donations fut approuvée avant l'année 1100 par Henri, fils de Guillaume le Conquérant, comte du Cotentin (3).

Une autre, dans laquelle figure Rohaïs, la vicomtesse, femme du donateur, est de l'année 1104 (4).

5. NÉEL III et ROGER II. — Après Eudes, nous rencontrons simultanément deux vicomtes : Néel III et Roger II, neveu, ou ce qui est plus probable, petits-fils de Néel II. Le premier confirma aux moines de Saint-Sauveur des biens situés à Ecausseville, à Tréauville, à Guerville et en plusieurs autres paroisses. Il se fit religieux au Mont-Saint-Michel, où il mourut. Le second, d'accord avec Cécile, sa femme, fille d'Enguerrand de Port, donna à cette maison la dîme de ses chasses et celle de ce qui se dépensait sur sa table.

(1) L. DELISLE, *Histoire du Château et des Sires de Saint-Sauveur-le-Vicomte*, Preuves, p. 57.
(2) *Ibid.*, p. 53-56.
(3) *Ibid.*, p. 53.
(4) *Ibid.*, p. 57.

6. JOURDAIN TESSON. — Après avoir appartenu aux Néel, le domaine et la seigneurie de Saint-Sauveur passèrent dans la famille La Roche-Tesson par le mariage de Létice ou Liesse, fille du dernier Néel, avec Jourdain Tesson, le plus riche baron de la Normandie ; car, d'après une ancienne chronique, sa famille avait le tiers des biens de cette province.

Ce mariage dut avoir lieu vers 1145. Le nom de Jourdain Tesson se trouve mêlé aux principaux événements de l'histoire de Normandie pendant une période de trente ans environ.

En 1145, Jourdain Tesson donna aux moines d'Aunay une rente de mille anguilles sur le domaine de Saint-Sauveur-le-Vicomte ; et créa vers le même temps, au profit de l'abbaye de Hambye une pareille rente annuelle, payable à Saint-Sauveur, à l'entrée de l'Avent. Ces anguilles étaient pêchées dans la rivière de l'Ouve, qui alors en fourmillait.

Jourdain Tesson mourut en 1178.

7. RAOUL TESSON posséda la baronnie de Saint-Sauveur, après la mort de Jourdain Tesson, son père et de Létice, sa mère. Il fonda le prieuré de la Couperie, en 1188, et mourut à la fin de 1213, ou au commencement de 1214.

Nous avons nommé Richard le Danois, un des compagnons de Rollon. Il se fit construire un château sur le versant oriental d'un plateau qui domine les marais, où coule lentement la rivière de l'Ouve.

Après le traité de Saint-Clair-sur-Epte qui lui abandonnait cette partie de la Neustrie, appelée depuis duché de Normandie, Rollon avait partagé à ses guerriers la plupart des terres de son duché. Richard le Danois n'était pas le moins distingué d'entre eux. Le Duc, pour récompenser sa bravoure, lui donna toute l'étendue de terrain qui forme aujourd'hui les paroisses de Saint-Sauveur-le-Vicomte et de Néhou avec de grandes dépendances (1).

On voyait encore avant la Révolution, aux archives de Saint-Sauveur, une copie de la concession de ce domaine donné à titre *d'honneur*, avec obligation d'hommage et de service militaire. Cet acte, écrit en latin, était daté de l'an 912, année même du traité de Saint-Clair-sur-Epte.

Aussitôt après cette concession, Richard avait jeté les fondements de son château de Saint-Sauveur (2).

Le fils de Richard, Néel, eut pour apanage le domaine qui lui emprunta son nom et fut appelé Néhou (*Nigelli humus*). Néel fut honoré, dit M. de Gerville, par Guillaume Longue-Épée, vers 938, du titre de vicomte de Cotentin, dignité qui devint héréditaire dans sa postérité et qui a fait donner à Saint-Sauveur le surnom de *Vicomte*.

C'était encore un Néel, descendant de Richard, qui était possesseur de Saint-Sauveur lors de la

---

(1) *Archives manuscrites de Saint-Sauveur et de Néhou.*
(2) M. DE GERVILLE, *Recherches sur le château de Saint-Sauveur.*

fameuse conspiration de Guy de Bourgogne, comte de Brienne et de Vernon. Ce jeune seigneur descendait du duc Richard II par sa mère Alix, fille de Richard. Il résolut de disputer le duché de Normandie à Guillaume le Bâtard, neveu de Richard III et fils de Robert le Diable, frère et successeur de Richard III. Séduit par le don du château du Homme (aujourd'hui l'Ile-Marie), qui appartenait à Guy de Bourgogne, Néel fit acte de félonie. Il organisa le complot qui fut étouffé, le 10 août 1047, à la bataille du Val-ès-Dunes.

On sait comment la victoire du Val-ès-Dunes fit triompher les droits de Guillaume le Bâtard. Néel, vicomte de Saint-Sauveur, fut exilé, en punition de sa rébellion. Mais, rentré en grâce, au bout de quelques années, il revint à Saint-Sauveur et releva son titre de vicomte. Il occupait le second rang parmi les barons du Cotentin.

C'est à un Néel, sans doute le deuxième du nom, qu'il faut faire remonter l'établissement du monastère de Saint-Sauveur.

L'origine de cette communauté, quoique plus récente que celle du château, est pourtant plus difficile à étudier. A consulter le grand nombre d'historiens et de chroniqueurs qui ont fait des recherches sur notre abbaye, il est difficile d'arrêter la date certaine de son premier établissement. Il n'est pas jusqu'au nom même de son fondateur qui n'échappe aux investigations de l'historien consciencieux. Ce qui paraît fort probable, pour ne pas dire, à peu près certain, c'est que le monastère ne fut autre chose à l'origine qu'une chapelle édifiée à l'intérieur du château de Saint-Sauveur. Cet oratoire, élevé en 913, par Richard le Danois, fut consacré l'année suivante par Herbert I", vingt-neuvième évêque de Coutances. Richard II, fils de Néel le Vicomte, troisième baron du lieu, fit ériger en collégiale la chapelle de son château ; ce qui fut confirmé par Hugues I", trente-deuxième évêque de Coutances, vers 998. Enfin cinquante-un an après, en 1049, la collégiale devint une abbaye de bénédictins, sous un Néel, que nous croyons être le deuxième ou le troisième du nom.

A la restauration du culte chrétien, après la conversion de Rollon et de ses barons, le vicomte de Cotentin, Néel, attribua à sa collégiale de Saint-Sauveur, les biens non aliénés de l'ancien prieuré ou abbaye de Pierrepont.

Au lieu de réédifier ce monastère qui avait dépendu de l'abbaye de Fontenelle, avant l'invasion normande, il le trouva mieux placé dans son château et l'y transféra sous le nom de Saint-Sauveur, car l'église de Pierrepont était sous le vocable de Saint-Sauveur ou de la Sainte-Trinité.

Beaucoup d'autres biens d'église changèrent ainsi de propriétaires après l'invasion. Ils avaient été le prix de la conquête. Les nouveaux seigneurs, au lieu d'en confirmer la possession aux anciens monastères, en fondèrent de nouveaux et les leur donnèrent en aumône et comme moyen de subsistance. D'ailleurs, la plupart des monastères mérovingiens de la Neustrie avaient été détruits et leurs habitants dispersés. Il était plus naturel d'établir un nouvel ordre de choses que de tenter la restauration de ce qui avait été ruiné.

C'est ce qui arriva en particulier à l'établissement religieux que l'abbaye de Fontenelle avait anciennement possédé à Pierrepont. Il avait disparu avec la ville, chef-lieu du fisc mérovingien qui subsistait encore dans toute sa splendeur au commencement du IX° siècle. Là s'étaient retirés pour y finir leurs jours, deux abbés de Fontenelle. Guy le Laïc y était mort en 787 ; après lui, saint Gerbold, en 806, y avait terminé sa carrière, laissant un grand renom de sainteté. Cet ancien abbé de Saint-Pierre de Fontenelle avait donné une grande illustration au monastère ou prieuré bénédictin de Saint-Sauveur de Pierrepont. C'est une figure qui sollicite l'attention de l'archéologue et de l'historien. Nous devons la dégager des ombres du passé et arracher sa mémoire à un trop long oubli.

Saint Gerbold que l'on appelle encore Gerbaud ou Gerbou, Gerrolde, Gervald ou Gervold, Gerould ou Gerbode *Gerbolddus, Gerbodus*, issu d'une famille illustre, eut pour père Walchaire et pour mère Walda. Il entra dans le clergé et fut admis à la cour de Charlemagne. Il fut même chargé par ce prince de diverses négociations avant sa retraite. Lorsqu'il eut embrassé la vie monastique, Bertrade ou Bertrude, mère de Charlemagne, le choisit pour directeur et le fit son premier chapelain.

Ce fut par sa protection que Gerbold monta, vers 775, sur le siège épiscopal d'Evreux. A la mort de Witlaïcus ou Guy le Laïque, abbé de Fontenelle, Gerbold, par amour pour la retraite, demanda cette abbaye au roi qui la lui accorda en 788, et se démit alors de son évêché.

La reine Bertrade était morte depuis trois ans, lorsque Gerbold échangea le bâton pastoral contre la crosse abbatiale de Saint-Wandrille.

Cette retraite ne le fit point oublier de la cour. Charlemagne qui l'honorait de sa confiance, et en avait fait un de ses secrétaires intimes, lui donna la charge de percepteur des impôts en diverses villes et ports de son empire. Il l'envoya même vers Offa, roi des Anglais Nerviens, et Gerbold, après avoir eu le bonheur de convertir ce prince à la foi chrétienne et de lui conférer le baptême, lui fit signer un traité d'alliance avec l'empereur.

Tout en donnant ses soins aux affaires séculières, Gerbold ne négligeait ni l'œuvre de sa sanctification personnelle ni le bon ordre de son monastère. Il fit tant pour la restauration de Fontenelle, à l'égard des bâtiments et de la discipline régulière, qu'il en avait été comme le second fondateur, et que sa mémoire y demeura toujours en bénédiction dans la suite. Il usa de son crédit à la cour pour faire restituer à sa communauté les biens dont elle avait été injustement dépouillée sous les abbés, ses prédécesseurs. Il augmenta le nombre des religieux, et comme la plupart de ceux qu'il y avait trouvés ignoraient les lettres, il les fit instruire. Comme il avait une très belle voix, il leur enseigna lui-même l'art du chant qu'il possédait à fond. Il rebâtit la sacristie, et outre les ornements et les livres qu'il donna pour l'église et pour la bibliothèque, il offrit au monastère des terres qu'il avait acquises de son propre patrimoine dans le diocèse d'Evreux.

Mais là ne se bornaient pas les efforts de ce grand homme. Quand il se vit chef de cette maison célèbre, que les Rois avaient comblée de faveurs et de richesses, il voulut donner un concours de plus en plus efficace aux essais de réorganisation sociale tentés par Charlemagne. Il était aussi bien aise d'augmenter l'influence de sa maison en donnant une importance nouvelle à une de ses lointaines dépendances. Il y avait, au diocèse de Coutances, un monastère ou prieuré, situé à Publeville (*Publica villa*), dans le territoire de Pierrepont (*Petreus pons*). C'était une dépendance de Fontenelle. On trouve un diplôme de Charles le Chauve, roi de France, de 840 à 875, qui confirme à l'abbaye de Fontenelle la possession de Pierrepont.

Cette villa de Pierrepont paraît avoir été une résidence de prédilection pour lui comme pour plusieurs abbés de Saint-Wandrille. Son prédécesseur s'y était retiré et y était mort.

Ce lieu était alors considérable; le fisc y était établi pour la région; l'établissement religieux que l'abbaye de Fontenelle y possédait fut détruit par les Normands. Ceux-ci, après l'invasion, le trouvèrent mieux placé à Saint-Sauveur-le-Vicomte et ils l'y transférèrent avec le nom même de Saint-Sauveur. L'église de Pierrepont était, en effet, sous le vocable du Saint-Sauveur, et le chœur actuel de cette église pourrait bien être antérieur à l'invasion ; il est d'architecture romane, et serait, d'après l'abbé Le Canu, avec les églises de Sainte-Marie de Poupeville et de Bréville, le plus ancien monument religieux du diocèse. Il est à croire que si cette modeste église de Pierrepont n'existait pas avant l'invasion de la Neustrie, elle fut bâtie peu de temps après, sur l'emplacement qu'occupaient encore, au IXe siècle, l'ancien fisc mérovingien et la villa du monastère de Fontenelle.

C'est sans doute sa charge de percepteur fiscal et son goût décidé pour la retraite qui appelèrent Gerbold à Pierrepont. Car il est certain qu'il se démit de la dignité abbatiale quelque temps avant sa mort, et qu'il passa dans Publeville les dernières années de sa vie.

Tout en surveillant dans la région la collection des deniers publics, il se voua, dans sa retraite, aux austérités d'une vie pénitente. Sa sainteté éclata par de nombreux miracles, pendant sa vie et après sa mort, qui arriva à Pierrepont, le 14 juin 806 (1).

Le culte de saint Gerbold dut avoir une certaine célébrité dans le diocèse de Coutances au moyen âge. Son nom est inscrit dans un ancien calendrier de cette église, au 7 décembre, qui est peut-être le jour de sa translation. Nous avons trouvé ce calendrier dans un manuscrit de la Bibliothèque Nationale

(1) Cf. *Gallia christiana*, t. XI, col. 35 et 408. — FISQUET, *La France pontificale*; Evreux, p. 8; Rouen, p. 390; Bayeux, p. 15. — LANGLOIS, *Essai historique et descriptif sur l'abbaye de Fontenelle ou Saint-Wandrille*, 1834, p. 87.

Fonds français, n° 5336, collection Bigot, Coutume de Normandie.) Le volume commence par le calendrier. Il est du XV° siècle. Cette mention est d'autant plus remarquable que ce catalogue des Saints contient fort peu de fêtes propres au diocèse de Coutances.

Il ne faut confondre notre saint abbé ni avec saint Gerbold, treizième évêque de Bayeux, qui vivait un siècle auparavant, ni avec un Gerbold ou Gerbode, évêque déposé au Concile de Francfort, en 794. On doit élaguer ce prélat du catalogue des évêques d'Evreux. Rien en effet dans les actes du concile n'indique le siège occupé ou usurpé par Gerbode, et c'est bien gratuitement qu'on l'a donné à Evreux sur le simple fondement que son métropolitain s'appelait Magenard ou Mainard, et qu'à cette époque le siège archiépiscopal de Rouen était occupé par un prélat de ce nom. D'ailleurs l'évêque déposé à Francfort ne put faire preuve d'ordination, ni montrer qu'il appartenait à une Eglise quelconque, tandis que le nôtre était bien connu. C'est donc avec la critique peu judicieuse qui lui est ordinaire que Rouault, dans son *Abrégé de la vie des Evesques de Coutances* (p. 128), identifie l'évêque déposé avec son homonyme saint Gerbold. Un peu de réflexion lui aurait fait remarquer que saint Gerbold démissionnaire du siège d'Evreux, en 788, ne pouvait en être déposé en 794, alors qu'il était abbé de Saint-Wandrille depuis six ou sept ans déjà.

Nous parlerons plus tard dans cet ouvrage du

culte rendu à notre saint dans les diocèses de Coutances et d'Avranches.

Il y avait déjà plus d'un siècle que saint Gerbold était descendu dans la tombe, quand les nouveaux maîtres de Pierrepont songèrent à relever non l'éclat de l'ancien fisc mérovingien, mais le nom même de Saint-Sauveur qu'y avait jadis porté l'établissement religieux possédé par l'abbaye de Fontenelle. Ils attribuèrent ce nom à l'église de leur résidence, tout en maintenant le prieuré de Pierrepont avec son église et en les donnant à leur nouvelle fondation.

Richard avait attribué quatre prébendes à sa collégiale en 996, et l'évêque de Coutances, Hugues I*er*, avait confirmé cet établissement. C'était alors la coutume d'ériger des collégiales dans les grands châteaux.

Celui du comte de Mortain eut aussi la sienne. On vit même les seigneurs de Néhou, ancien dédoublement de Saint-Sauveur, ne pas vouloir rester en arrière de ceux qui avaient été leurs suzerains.

La chapelle du château avait été dédiée sous le vocable de la Sainte-Trinité et de Saint-Sauveur.

Les membres de la collégiale fondée par le comte Richard de Saint-Sauveur, père de Néel et de Roger, possédaient par droit de donation de grands tènements et possessions démembrés des terres et domaines de ce seigneur. Mais ces chanoines se rendirent indignes des bontés de leur fondateur par leur mauvaise conduite. C'est ce qui engagea Néel à chasser ces chanoines et à les dépouiller de leurs revenus pour les donner à des bénédictins qu'il plaça dans l'église que son frère Roger avait commencée et dont il avait lui-même complété l'établissement (1).

D'ailleurs, une communauté était trop à l'étroit dans l'enceinte du château. Les fondateurs le comprirent et songèrent à la transférer non loin de leur demeure. Il y avait sur la rive droite et à très peu de distance de la rivière d'Ouve, au milieu de prairies et d'herbages d'une très grande fertilité, une position charmante et très salubre. Les points de vue que l'on a dans ce site sont délicieux. C'est là que fut transférée la communauté. A cette époque Guillaume II, duc de Normandie, avait conquis l'Angleterre sur Harold II.

Néel II, un des compagnons du Conquérant, eut l'honneur de consolider l'œuvre de ses pères et de jeter les fondements de la nouvelle abbaye. On était en l'année 1067. Les auteurs de la *Gallia Christiana* et de la *Neustria Pia* disent : « *Tempore Guillelmi II nothi, normaniæ ducis Angliæque Regis, constructum esse hoc monasterium constat ab illustrissimo Nigello.* »

« *Itaque Nigellus viccomes constantiensis qui bello paceque clarus toties memoratur... Ex animo operam dedit, ut hujus modi monasterium in suo pago seu oppido extrueretur.* »

La nouvelle église de cette abbaye, comme celle

---

(1) *Archives de la Manche*; registre en papier ayant pour titre : *Ce sont les essays du pouillier de labaye de Saint-Sauveur-le-Vicomte.*

de la collégiale fut dédiée par Néel à la Sainte-Trinité. C'est ce que rapportent les chartes. « *In nomine sanctæ et individuæ Trinitatis.* » L'abbaye eut donc pour titulaire la Sainte-Trinité ; le château et la ville prirent le nom de Saint-Sauveur. La *Neustria Pia* dit en parlant de Néel III « *fratrem reliquit Rogerium ; Etenim eo tempore, ipse Nigellus et Rogerius dicuntur vicecomites Sancti Salvatoris* (1) ; » et la *Gallia Christiana* ajoute que Roger, frère du fondateur, commença les bâtiments « *Abbatiam inchoavit* (2). »

Il est probable que ce Roger, frère de Néel, dut à sa place et en son absence, donner ses soins à l'édification du monastère.

Néel II étant mort en 1074, Néel III, son fils et successeur, donna, selon toute probabilité, une charte en 1080 pour assurer la fondation de ses ancêtres.

C'est lui qui fit venir des bénédictins de Jumièges à la place des chanoines. Les moines de Fontenelle avaient autrefois gouverné le prieuré bénédictin de Saint-Sauveur de Pierrepont. C'est encore à un monastère bénédictin du diocèse de Rouen, à Jumièges, que Néel allait s'adresser pour assurer l'avenir de sa fondation.

Jumièges, véritable cité monacale, avait abrité, à la fin du VIIe siècle, jusqu'à neuf cents moines et quinze cents servants, qui y remplissaient l'office de

---

(1) *Neustria Pia*, p. 541.
(2) *Gallia Christiana*, t. XI, col. 922.

frères convers. Neuf cents religieux avaient été massacrés par les Danois en 841, d'après *le Martyrologe de France*. L'abbaye s'était relevée de ses ruines et repeuplée depuis le traité de Saint-Clair-sur-Epte. Néel fut attiré sans doute par la grande réputation des bénédictins de Jumièges. C'était l'époque, vers 1080, où florissait à l'abbaye, le moine Guillaume, surnommé de Jumièges, qui a laissé en huit livres une *Histoire des Normands*, empruntée en partie à Dudon de Saint-Quentin et dédiée à Guillaume le Conquérant. L'abbaye avait alors à sa tête saint Gontard.

C'est le saint abbé qui accorda Bénigne aux prières du vicomte de Cotentin, Néel. La charte de fondation porte ces paroles : « *Ego Nigellus vicecomes... dignum duxi in Ecclesia Sancti-Salvatoris monastica religionis ritus ponere et conventum sub abbate. Ad quod faciendum, elegi domum de Jumièges, quam audivi majoris auctoritatis in religione præ cæteris; et Deo auxiliante adduxi ex ea personas religiosas, inter quas religiosissimum virum nomine Benignum quem abbatem constitui.* »

Outre les biens de la collégiale, il accorda aux religieux de son abbaye dans Saint-Sauveur deux cent quarante acres de terre, soit neuf cent soixante vergées environ.

La charte (1) de Néel commence par ces mots : *Ego Nigellus*. Elle est rapportée au cinquième feuillet du Livre noir. Vers la fin on lit : « *Hæc omnia supra-*

---

(1) Voir cette charte, aux preuves, n° 1.

dicta et præfatam libertatem dedi ego monachis supradictæ Abbatiæ cum tenementis et possessionibus illis quæ tenuit ecclesia Sancti Salvatoris in tempore canonicorum. »

Et dans la charte du même Néel intitulée « *In nomine sanctæ Trinitatis*, fol. 3ᵉ du Livre noir, au verso, on lisait : « *et ducentas quadraginta acras terræ in villa Sancti Salvatoris* (1). »

Item, les mêmes seigneurs donnèrent à l'abbaye cinq prairies (2).

« Je donne aux moines de Saint-Sauveur, ajoute leur fondateur, la dîme de mes moulins, de mes pêcheries, de mes marais ; la dîme de ma forêt et haye de Selsouef (haye et haya signifiait alors un enclos boisé, entouré de palissades) ; autorise les religieux, poursuit le zélé donateur, à faire moudre tout leur blé au moulin du village, sans attendre leur tour et sans droit de moulte. Je les autorise à faire paître leurs bestiaux dans toutes mes possessions. Je leur accorde pour leurs porcs la glandée dans mes bois, et notamment dans le Breuil de Haineville et dans la forêt de Colomby. Je donne encore aux religieux la dîme de tous mes revenus en espèces à Colomby et au château de la Roche ; Je leur donne le tiers de la dite forêt de Colomby... La moitié des gerbes du champart dans tous ceux de mes manoirs où le champart est établi, etc. » On voit que les

---

(1) Bibl. Nation. *Regestrum cartarum*, etc., n° 12.
(2) Fonds français, Bibl. Nat., n° 4901. Cartulaire des églises de Normandie. *Index chartarum abbatiæ Sancti Salvatoris vicecomitis in Diocesi Constantiensi*, fol. 63.

barons dévots ne marchandaient pas, lorsque, afin d'expier leurs péchés, ils abandonnaient leurs biens à l'Eglise. La charte du vicomte Néel a pour signataires, outre le donateur, Guillaume, roi d'Angleterre et duc de Normandie ; Guillaume, archevêque de Rouen ; Robert, comte de Meulan ; Maurice, chancelier ; Guillaume, fils d'Amyos ; Henry de Bellemont. Tous ces avantages furent confirmés et augmentés même par Henri II, roi d'Angleterre.

Néel III avait aussi fondé auprès de son château de Néhou le prieuré de Saint-Jean, dans lequel il recueillit cinq ermites qui habitaient la forêt du lieu : il les chargea de desservir la chapelle du château. Il avait encore établi à l'emplacement de l'antique abbaye de Pierrepont, un prieuré, sous le vocable de Saint-Nicolas. Ce prieuré fut l'origine de la paroisse actuelle.

A cette époque c'était un usage reçu parmi les gens de qualité de prendre l'habit religieux avant la mort. Cet usage était toujours précédé de donations en faveur du monastère. Si le malade se rétablissait, il était obligé de venir habiter le monastère et d'en suivre la règle. Néel se conforma à cet usage, car nous le voyons se retirer au Mont-Saint-Michel en qualité de frère convers. Un manuscrit de la Bibliothèque Nationale *(Fonds latin, n° 11,818, fol. 253)* dit de la retraite du saint vieillard : « *præclaris in bello facinoribus insignis, postquam facultates in honorem sancti Archangeli Deo consecrasset, ipse jam ætate grandævus, obedientiæ jugum tanto fervore subiit, ut ipsis etiam junioribus in virtutis exemplum proponeretur circiter annum 1040 floruit. Suppone Montenses regente.* »

L'on peut se demander pourquoi le vicomte de Cotentin n'eut pas plutôt la pensée de se retirer dans son abbaye de Saint-Sauveur. Peut-être voulut-il se soustraire aux honneurs et aux égards dont il aurait été l'objet dans une maison qui lui appartenait. Peut-être aussi voulut-il augmenter la grandeur du sacrifice en s'éloignant des siens. Enfin, un motif de particulière dévotion au glorieux archange saint Michel put bien déterminer son choix.

En se faisant moine, au Mont-Saint-Michel, Néel y porta son fief de Guernesey. C'est ce que nous apprend dom Huynes : « Néel de Saint-Sauveur, vicomte et seigneur de Cotentin, donna à ce monastère tout ce qu'il possédait en l'île de Serc et ès autres voisines, et après s'y donna lui-même. »

Néel fit entrer dans sa dot en faveur de l'abbaye du Mont l'église de la Colombe.

On sait d'autre part que cette église lui avait déjà été donnée par le duc Richard II, qui régna de 996 à 1026, dans la même charte qui constituait la baronnie de Saint-Pair. « *Columbam sitam in eodem pago (Constantiensi) cum ecclesia et molendino.* » De là la difficulté de comprendre comment le vicomte de Cotentin trouvait quelque chose à donner dans la même église après le duc de Normandie, et comment les moines du Mont pouvaient accepter ce qu'ils avaient déjà. Toutefois la présentation à la cure appartenait en dernier lieu à l'abbaye de Saint-Sauveur-le-Vicomte, soit par suite d'un accommodement entre les deux abbayes, soit qu'à l'origine la propriété eût été transférée à l'abbaye du Mont, sans le droit de présentation : ce qui se voyait souvent.

Le vicomte ou plutôt le frère Néel ne vécut pas longtemps dans le monastère de l'Archange. Mais il y porta le froc aussi saintement qu'il avait glorieusement brandi l'épée (1).

Le Livre noir de l'évêché de Coutances nous apprend qu'il y mourut au mois d'août de l'année 1092, et que l'évêque de Coutances, Geoffroy de Montbray, son parent, vint présider la cérémonie de ses funérailles, le jour même de l'Assomption. Il fut enterré dans l'église souterraine, près de l'autel Saint-Martin, à côté des ducs de Bretagne, Conan Ier et Geoffroy son fils, de Roland, évêque de Dol et de Norgot, ancien évêque d'Avranches (2). Quoique Eudes-au-Capel et Robert Bertran aient été vicomtes du Cotentin, sous le règne de Guillaume le Conquérant, le titre de vicomte était irrévocablement attaché à la seigneurie de Saint-Sauveur, et Néel le porta jusqu'à sa mort (3).

Avec Néel III s'éteignait dans la ligne masculine la race de Richard le Danois. Ses biens et ses dignités allaient passer aux mains d'une autre famille normande, celle des Laroche-Tesson. Le der-

---

(1 *Semaine relig. de Coutances*, 2e année, p 368.

(2 Cette chapelle, située sous l'aile méridionale du transept, porte aujourd'hui le n° 23 du Guide-Livret.

(3 L. DELISLE, *Histoire du château et des sires de Saint-Sauveur-le-Vicomte*, p. 24.

nier baron de Saint-Sauveur, que nous avons vu mourir sur la cendre et sous l'habit religieux, au Mont-Saint-Michel, ne laissait pour toute héritière de ses vastes et riches domaines qu'une fille fort jeune, nommée *Lætitia*, *Létice* ou *Liesse*.

On la maria quelques années après la mort de son père à Jourdain de la Roche-Tesson. Elle portait ainsi la baronnie de Saint-Sauveur dans la famille Tesson.

Le nouveau sire de Saint-Sauveur fut un des courtisans les plus intimes de Henri I", roi d'Angleterre. Ce puissant seigneur n'eut pas moins d'affection pour l'abbaye de Saint-Sauveur que les barons qui l'avaient fondée. Ce fut sans doute à son influence que l'abbaye dut les libéralités du roi d'Angleterre.

Le comte-roi Henri I" donna à Saint-Sauveur-le-Vicomte l'exemption de toute charge en Normandie et en Angleterre pour tous les biens que l'abbaye y possédait (1). Il lui donna en outre la chapelle de Martragny, avec les terres et aumônes qui en dépendaient; l'église de Sainte-Marie de Bry, avec les chapelles Saint-Denis, Saint-Thomas et Saint-Pierre; l'église Saint-Martin-de-Groac à Jersey, avec les autres églises de Saint-Brelade, de Saint-Jean-des-Champs, Saint-Clément, Saint-Pierre-du-Désert, Saint-Hélier, la chapelle Sainte-Marie de Bonne-Nuit et la sixième partie de toute les dîmes de cette

---

(1) Bibl. Nat. fonds franç., *Cartul. des églises de Normandie*, *Index Chartar.*, fol, 62 verso.

ile. Roger Tesson donna à la même abbaye 240 acres de terre à Saint-Sauveur, trois pêcheries, cinq prairies, la dîme des moutons et les églises de Saint-Sauveur, de Saint-Jean Duboscq, Catheville, Tréauville, Saint-Germain-du-Derech, des Pieux, de Géronville, du Val-de-Sie, de Pierre-Pont, de Saint-Rémi, la chapelle de la Colombe, Saint-Etienne d'Auvers, Fréville, Liéville, Bruscheville, Salmonville, Estraville, Tournebu, etc. (1).

La famille Tesson devait posséder Saint-Sauveur pendant un siècle environ. Ce siècle sera une ère de paix et de prospérité pour l'abbaye.

Le nom des Tesson figure bien plus dans les annales de ce monastère que dans celles du château. Il se retrouve à chaque page du cartulaire bénédictin.

Jourdain Tesson profita de la faveur royale pour le bien des religieux de Saint-Sauveur. C'est sans doute à son instigation que Henri II donna à plusieurs reprises des lettres pour confirmer la communauté dans la possession de ses biens. « *Postea Henricus II, rex Angliæ duxque Normaniæ, cuncta bona monasterii Sancti Salvatoris semel et iterum confirmat.* »

Si l'on voit les églises, les abbayes et toutes les maisons religieuses attacher une grande importance à obtenir de nombreuses chartes de confirmation, non seulement de la part des donateurs et de leurs descendants, mais aussi de la part des rois, des

---

(1) Rich. Séguin. *Histoire archéologique des Bocains*, p. 180.

princes, des papes et des évêques, c'est que dans ces temps de guerres et d'abus, on craignait toujours d'être violemment dépouillé. Par le même principe, comme on peut le constater par les grands rôles de l'Echiquier de Normandie, les barons et les grands seigneurs faisaient des dons au roi, afin d'être maintenus en jouissance de leurs terres, franchises ou privilèges. On est frappé de cette observation, pour peu qu'on veuille jeter un coup d'œil sur le rôle normand des oblats.

CHAPITRE II

Les premiers Bienfaiteurs de Saint-Sauveur.

Létice ou Liesse, femme de Jourdain de la Roche-Tesson, fut digne de son père par sa piété. Elle eut trois fils: Raoul, Roger et Jourdain, et deux filles : Mathilde et Cécile. Elle avait aussi une sœur, qui fut mère de Foulques des Prés et qui, moyennant une indemnité, renonça en faveur de Jourdain Tesson aux droits qu'elle eût pu réclamer sur la baronnie de Saint-Sauveur-le-Vicomte [1]. La construction et la dédicace de l'église semblent avoir attiré toute l'attention de cette noble famille. C'était l'âge d'or de l'abbaye.

Eudes le Vicomte, frère de Néel, l'enrichit de ses biens. Une de ses donations fut approuvée avant l'année 1100, par Henri I, fils de Guillaume le Conquérant [2]. Une autre, dans laquelle figure Rohaïs, la vicomtesse, est de l'année 1104. De son côté, Roger, autre frère de Néel et oncle de Létice, d'accord avec Cécile, sa femme, fait dresser un acte solennel par lequel il donne aux moines de Saint-

[1] Rotul. norman. p. 16.
[2] L. Delisle, *Hist. du château et des sires de Saint-Sauveur-le-Vicomte*, preuves, p. 55-58.

Sauveur la dîme de ses chasses et la dîme de ce qui se dépensait à sa table. En présence d'Algare, évêque de Coutances, il confirme solennellement tous les biens qu'il avait octroyés à l'abbaye. Après en avoir fait dresser un état détaillé, il dit à haute voix dans l'église du monastère : « Moi, Roger le Vicomte, je confirme toutes ces aumônes de ma parole et de ma charte (1). » De son côté. l'évêque de Coutances lance l'anathème contre tous ceux qui oseraient aller à l'encontre. Cécile, femme de Roger le Vicomte était la fille d'Enguerrand de Port. Son nom figure dans le cartulaire de Saint-Sauveur (2). Roger et Cécile durent mourir sans postérité, puisque leur héritage fut recueilli en grande partie par leur nièce. Létice, femme de Jourdain-Tesson.

Le comte et la comtesse de Cotentin employaient les grands biens dont ils avaient la disposition en œuvres de piété. Non contents de contribuer à l'achèvement de l'église abbatiale de Saint-Sauveur, ils donnèrent à l'abbaye le prieuré de la Couperie. Et quand l'église fut en état d'être consacrée, ils appelèrent l'évêque de Coutances, Algare, pour en faire la dédicace.

Par une charte sans date, mais certainement postérieure à l'an 1150, on voit que Jourdain de la Roche-Tesson, sa femme *Létice* et ses trois fils assistèrent, au milieu d'une nombreuse affluence de seigneurs, à la cérémonie solennelle de cette con-

1. L. Delisle. *Hist. du château et des sires de Saint-Sauveur-le-Vicomte*, preuves, p. 64.
2. *Ibid.*, preuves, p. 65.

sécration. On peut lire une partie de cet acte dans la *Neustria Pia*.

Cette solennité est de l'année 1150. Il faut abandonner la date que donnent les auteurs de la *Neustria Pia*. Ils ne la présentent que d'une manière dubitative : « *Postea ferunt ex traditione veteri, eam abbatialem ædem dedicasse circa annum 1165* ».

Jourdain de la Roche-Tesson octroya plusieurs chartes à l'abbaye de Saint-Sauveur (1). Ainsi fit Létice, devenue veuve de Jourdain, en 1178 (2). Elle aumôna à la communauté le tènement de Raoul du Parc (3) et lui confirma le don que Roger de Turqueville lui avait fait d'une rente de quatre quartiers de froment à prendre sur les moulins de Méri. La piété de Létice se signala encore envers d'autres établissements religieux. Elle prit place parmi les bienfaiteurs de l'abbaye de Hambie.

Les enfants de la vicomtesse étaient dignes de leur mère. Raoul Tesson figure parmi les bienfaiteurs des deux monastères de Saint-Sauveur et de Blanchelande.

Roger, son frère puîné, ne se montra pas moins généreux. Saint-Sauveur eut aussi part à sa libéralité.

Raoul Tesson, après avoir pris la croix, donna en 1188, à Dieu, à la bienheureuse Marie, et à l'abbaye de Saint-Sauveur-le-Vicomte, pour l'amour de Dieu et le salut de son âme et de ses ancêtres,

---

(1) L. DELISLE, *Hist. du château et des sires de Saint-Sauveur-le-Vicomte*, preuves, p. 66 et 70.

(2) D. BOUQUET, XIII, 321.

(3) *Cartulaire de Saint-Sauveur*, n° 22.

l'ermitage de Sainte-Marie de la Colombe avec les revenus qui en dépendent, savoir : dix quartiers de froment sur ses moulins de la Roche et de la Colombe, et la dîme de ses provisions en pain, en viande et en poisson, tant que lui ou sa femme demeurerait à la Roche, c'est-à-dire au château de la Roche-Tesson, près duquel Jourdain Tesson, son père, et Létice, sa mère, avaient fondé le prieuré de la Couperie (1).

Il donnait donc à l'abbaye de Saint-Sauveur le prieuré, pour y mettre deux religieux.

Les autres seigneurs rivalisaient avec la noble famille de la Roche-Tesson.

Roger de Torteville donna en 1196 les églises de Torteville et de Virandeville à l'abbaye de Saint-Sauveur-le-Vicomte.

Deux religieux de cette maison devaient desservir la chapelle Sainte-Croix de Virandeville et avoir les deux tiers du bien et un vicaire l'autre tiers.

Le prieuré de Saint-Pierre de la Luthumière fut donné à Saint-Sauveur, l'an 1106.

Les Bruis qui devinrent rois d'Ecosse et dont descendaient les Stuarts, par ligne féminine, fondèrent aussi des lieux de piété. Adam de Bruis ou de Brix donna à l'abbaye de Saint-Sauveur-le-Vicomte deux gerbes de la paroisse de Brix, la présentation de Saint-Martin-le-Gréart, celle de Canville et de Saint-Christophe, à charge de desservir la principale église de Brix et les chapelles qui en dépendaient;

---

(1) *Annuaire de la Manche*, année 1874, p. 36.

mais Adam et Robert de Bruis, son fils, ayant fondé le prieuré de la Luthumière, ces donations y furent transportées (1).

Jourdain Tesson, frère de Raoul, avait une fille nommée Mathilde, ou plutôt Jeanne. Celle-ci épousa, en 1198, Richard d'Harcourt qui par ce mariage acquit à sa puissante famille la riche baronnie de Saint-Sauveur. A l'époque de ce mariage l'église abbatiale de Saint-Sauveur était consacrée, depuis près de cinquante ans: elle n'était cependant pas encore terminée. Les armes d'Harcourt se voyaient à la voûte du transept méridional.

Ainsi cette église fut le travail successif de trois grandes familles, de Roger et de Néel (le jeune, *junior*), de Jourdain-Tesson avec ses fils et des d'Harcourt. On peut encore distinguer le travail le plus ancien au portail occidental et à la nef; celui de la seconde moitié du xii° siècle, et enfin celui des d'Harcourt à la partie où sont leurs armes. Nous verrons combien ces travaux d'une époque de tranquillité eurent besoin d'être réparés et restaurés dans la suite.

La famille d'Harcourt devait posséder paisiblement les domaines de Saint-Sauveur jusque vers le milieu du xiv° siècle. Elle fit des donations considérables et multipliées à l'abbaye; mais ceux de ses membres qui méritèrent bien de cette communauté furent Richard d'Harcourt, Jean d'Harcourt et ses fils, Robert et Guy d'Harcourt.

(1) SEGUIN, *Histoire des Bocains*, p. 190.

HARCOURT (Richard d'). — Richard d'Harcourt, chef d'une des plus célèbres maisons de Haute-Normandie, épousa Mathilde Tesson, troisième fille de Raoul, et, à ce titre, succéda à son beau-père dans la baronnie de Saint-Sauveur. Il fut un des onze barons invités à assister au couronnement de saint Louis à Reims, le 29 novembre 1226. Il mourut en 1237. Sa veuve jouit de la baronnie jusqu'en 1243, époque de sa mort. Richard d'Harcourt avait possédé, au droit de sa femme, Saint-Sauveur-le-Vicomte, Auvers et Avrilly. Raoul, leur second fils, aurait été la tige des seigneurs d'Avrilly, que l'on donne aussi à Jean d'Harcourt, son aîné.

Raoul épousa Agnès de Vendôme, mourut en Aragon, en 1285, et fut inhumé dans l'abbaye du Parc, à Harcourt. Il avait eu de son mariage Jean et Guillaume. Jean fut seigneur d'Avrilly et décéda en 1287, deux ans après son père. Il avait épousé la fille du vidame de Chartres, dont sortit Raoul, second du nom, dit aussi Raoul III.

Ayant pris alliance dans la maison de Trie, il eut une fille nommée Jeanne, mariée d'abord à Philippe de Sully, puis à Amaury de Meulan, baron de Neufbourg, qui vivait en 1316 (1).

HARCOURT (Jean d'). — Jean d'Harcourt, fils aîné de Richard et de Mathilde Tesson, surnommé *prud'homme* était sire et baron d'Harcourt, vicomte de Saint-Sauveur et seigneur d'Elbœuf, d'Auvers,

1 *Dictionn. hist. de toutes les communes du département de l'Eure*, v. Avrilly.

de Néhou, de Cailleville, de Beauficel, de Blouville, de Potigny, etc. Il épousa Alix de Beaumont-sur-Oise, qui donna le jour à Robert et à Guy d'Harcourt.

Il fit plusieurs fondations pieuses dont la plus considérable fut un prieuré, de l'ordre de Saint-Augustin, qu'il établit en 1254, près de son château d'Harcourt, sous le titre de *Notre-Dame-du-Parc*.

Nous le verrons confirmer aux religieux de Saint-Sauveur la permission d'élire leur abbé.

C'est Jean d'Harcourt qui, au mois de février 1277, accorda aux religieux de Saint-Sauveur le droit d'avoir des fourches patibulaires dans l'étendue de leur territoire afin de punir par la peine capitale les voleurs qui seraient arrêtés par eux ou par leurs serviteurs (1).

L'année suivante, le même seigneur accordait à l'abbaye sept vergées de pré, outre les cinq acres et demi de terre qu'il lui avait donnés. En échange l'abbaye s'engageait à lui payer, à lui et à ses héritiers douze deniers tournois le jour de Saint-Michel (2).

En 1270, il prit part à la seconde croisade de saint Louis et mourut le 5 novembre 1288.

HARCOURT (Robert d'). — Robert d'Harcourt n'est pas la moindre illustration de cette grande famille dont les membres ont contribué, dans les trois derniers siècles du Moyen-Age, à la gloire

---

(1 Bib. Nation., fonds franç., 4901, *Cartul. des églises de Normandie. Index cartarum*, fol. 67 recto.

2 *Ibid.* fol. 67 recto.

du Cotentin, et non moins souvent à ses malheurs.
Docteur en théologie et en droit canonique, chanoine régulier de Saint-Victor de Paris, Robert
était encore archidiacre de Coutances quand il
donna à l'abbaye de Saint-Sauveur 64 acres de forêt,
situés auprès de la sienne (1). Bientôt sa grande
naissance, sa vertu et sa science le recommandèrent aux suffrages de ses confrères, à la mort
d'Eustache, leur évêque, Robert fut élu évêque de
Coutances en 1291, au mois de septembre, et sacré
peu après son élection. Deux ans auparavant, le
16 août 1289, Robert d'Harcourt, n'étant encore
qu'archidiacre du Cotentin, avait fondé l'anniversaire de ses parents, Jean et Alix, dans la cathédrale
de Coutances ; il y avait affecté le produit du manoir
d'Yvetot et de la cohue de Valognes, qu'il avait
achetés de Gaultier de Chambly, évêque de Senlis,
et dont il donna l'usage aux archidiacres, ses successeurs, moyennant le payement d'une rente de
14 livres tournois. Dès le commencement de son
épiscopat, il eut soin de clore d'une muraille son
palais, la cathédrale et les maisons des chanoines,
afin de mettre son église en sûreté contre les troubles
publics. Par là il assurait la possibilité de vaquer
librement en tout temps au service divin. Il présenta
à cet effet une requête au roi. Philippe le Bel chargea
Lucas de Villiers, grand bailli du Cotentin, de vérifier l'exposé. Sur son rapport favorable, l'autorisation fut accordée en janvier 1293, et le mur d'en-

---

(1 Bibl. Nation., fonds franç., 4901. Cartul. des églises de Normandie. Index cartarum, fol. 67 verso.

ceinte s'éleva aux frais de l'évêque et du chapitre.

Robert d'Harcourt prit une part des plus actives aux regrettables démêlés de Philippe le Bel avec Boniface VIII. Il siégea dans les conseils du roi aux mois de janvier des années 1296 et 1298. En 1302, il fut membre de la chambre des enquêtes de l'Echiquier de Normandie. La même année, il avait été député par l'assemblée du clergé de France, avec les évêques de Nevers et de Béziers, vers Boniface VIII, pour lui porter des paroles de paix et plaider la cause du roi. Mais tandis qu'ils s'efforçaient d'opérer la réunion, Boniface lançait une sentence d'excommunication contre le roi, et chargeait Nicolas de Bienfaite, archidiacre de l'évêque de Coutances, de la publier en Normandie. Mais l'archidiacre fut arrêté par les gens du roi et jeté en prison avant de remplir sa mission. La conduite du Pape était la condamnation visible de la conduite de Robert d'Harcourt dans l'affaire des démêlés du roi avec le Saint-Siège. Ainsi le Pape manifestait-il son mécontentement à l'évêque, qui avait participé à la fameuse réponse faite, en 1296, à la Constitution *Clericis laicos*, et qui depuis soutenait avec trop de chaleur le parti du roi. Il sacra, en 1303, par délégation de l'archevêque de Rouen, son frère Guy d'Harcourt, nommé à l'évêché de Lisieux.

Robert était riche, mais il usait de ses biens avec générosité. L'abbaye de Saint-Sauveur-le-Vicomte lui doit sa restauration. Dans une de ses chartes, celle qui porte la date de 1290, Robert d'Harcourt autorise les moines de l'abbaye à prendre du bois dans ses forêts. Il appelle l'ancienne collégiale du château *la vieille abbaye « qua vetus abbatia dici solet. »* Il fonda, en 1303, dans la cathédrale, les chapelles de Saint-Louis, de Saint-Gilles et des Docteurs. En 1314, il y fonda six enfants de chœur, et les dota chacun de six deniers par jour. Il augmenta la fondation du collège d'Harcourt due à l'initiative de son frère Raoul, archidiacre du Cotentin. Grâce à ses munificences, ce collège qui devait devenir l'un des plus florissants de la capitale, comptait, dès 1311, vingt-huit boursiers, dont seize artistes ; et les douze bourses de théologie furent réparties entre les diocèses de Coutances, de Rouen, d'Evreux et de Bayeux.

Zélé pour le bon ordre et le maintien de la discipline, Robert tint régulièrement ses synodes. Il y publia un grand nombre de statuts qui furent recueillis en un seul corps d'ouvrage, peut-être par ses ordres, et adoptés dans plusieurs diocèses, tels que celui de Tréguier. Ils ont été imprimés en 1538. Le même esprit d'ordre lui fit soumettre à la décision du pape Boniface VIII un différend survenu entre lui et ses archidiacres. Ceux-ci s'étaient établis juges de toutes les affaires pendant le cours de leurs tournées, excepté des affaires en matière criminelle qui ressortirent toujours du tribunal de l'évêque. Mais Robert voulait réduire ses archidiacres au seul rôle qui leur convenait dans toutes les affaires, celui d'informateurs, et non de juges. Porter la cause au tribunal du Saint-Siège était la terminer conformément aux prétentions trop légitimes de l'évêque. Ainsi fit-il revenir, par sa fermeté, de ses archidiacres à lui-même et à ses successeurs, une juridiction trop longtemps usurpée, grâce à la négligence de ses devanciers. Il fut convenu que l'évêque serait seul juge, que le grand archidiacre recevrait deux cents livres de dédommagement, et chacun des trois autres cent livres. L'arrangement fut ratifié de part et d'autre. Robert d'Harcourt avait assisté, en 1299, à un concile tenu à Rouen, au mois de juin ; en 1304, au concile tenu à Deville près de Rouen. En 1306, il assista à la translation du chef de saint Louis en la Sainte-Chapelle. Convoqué nommément au concile général de Vienne par un bref à la date du 12 août 1310, il déféra aux ordres du Souverain Pontife.

Robert d'Harcourt mourut à Paris, le 7 mars 1315 (1), et fut inhumé dans l'église Notre-Dame, devant le maitre-autel. Son cœur fut apporté au prieuré du Parc, près d'Harcourt, qu'il avait fondé.

Voici la notice nécrologique qui accompagne la mention de sa mort sur le registre de l'église de Rouen :

« Evêque excellent parmi les meilleurs, recommandable sous tous les rapports, et en particulier pour sa fidélité envers son roi, son zèle pour le maintien de la discipline ecclésiastique et le soin de son troupeau, sa sollicitude à l'égard de toutes les églises, sa charité sincère envers tous, et ses dispo-

(1) Abbé Deslandes, *Catalogue des manuscrits de la Bibliothèque du Chapitre de Bayeux, Ordinarium Constantiense et Cartularium Domus Dei Constantiensis*. p. 64, n° 124. gr. in-8, 1889.

sitions pacifiques et bienfaisantes envers chacun. »

En 1538, François Le Glos et les autres vicaires généraux de Philippe de Cossé, évêque de Coutances, publièrent à Rouen, en 81 articles, les statuts synodaux de Robert d'Harcourt. On les retrouve dans les archives de Rouen et de Guingamp, au diocèse de Tréguier, où ils avaient été adoptés. Le diocèse de Coutances, moins jaloux de leur conservation, en avait laissé périr un certain nombre.

HARCOURT (Raoul d'). — Fils de Jean d'Harcourt et frère du précédent, n'est célèbre dans les annales littéraires de l'Église de France, que par la fondation à laquelle il a attaché son nom. En 1280, il acheta, à Paris, quelques maisons pour loger des écoliers indigents. Plus tard il leur donna des maîtres, qu'il établit dans les maisons voisines achetées de ses propres fonds; enfin l'an 1300 il acheva d'y constituer un collège avec une dotation suffisante. Le fondateur du Collège d'Harcourt était devenu archidiacre du Cotentin, quand il mourut en 1309, instituant l'évêque de Coutances son légataire universel. La fondation fut augmentée par Robert d'Harcourt qui n'avait pas été étranger dès le début à l'œuvre de son frère, et qui eut à cœur de la continuer. Le même collège d'Harcourt est devenu le collège, et plus tard le Lycée Saint-Louis.

HARCOURT (Guy d'). — Guy était fils de Jean, seigneur d'Harcourt et d'Adélaïde ou Alix de Beaumont-sur-Oise.

Chanoine de Lisieux, il fut élu évêque de ce siège et sacré par son frère, Robert, évêque de Coutances. Il obtint la remise de la régale le mardi 27 février 1303.

En 1304, il assista au concile provincial de Deville près de Rouen, et se trouva en 1305 à celui de Pont-Audemer. Le 17 mai 1306, il prit part à la translation solennelle du chef de saint Louis dans la Sainte-Chapelle de Paris. En 1308, il confirma Guillaume Le Vasseur en qualité d'abbé de Grestain, et fit connaître au roi Philippe la conduite qu'il avait tenue avant cette confirmation abbatiale. Trois ans plus tard environ il assista à la consécration de l'église d'Ecouis. Il institua la charge de pénitencier, le 31 mars 1317, et assura cette fondation par des revenus suffisants.

En 1321, Guy tint un synode diocésain dans lequel il publia cent quarante-sept statuts, sous le titre de *Praecepta synodalia*. Ce corps de règlements n'est qu'une compilation de statuts, qui appartiennent en propre à l'archevêque de Rouen, Pierre de Colmieu, ou à Guillaume d'Asnières, prédécesseur de Guy d'Harcourt, sur le siège de Lisieux. En novembre 1325, le Parlement le condamna à une amende de 15.000 livres, parce que ses officiers avaient malmené ceux du roi Charles IV. Ce monarque, cependant, fit remise au prélat du tiers de cette amende, le 18 août 1326, à la condition que les deux autres tiers seraient payés pendant les trois années suivantes. L'évêque de Lisieux soutenait un procès devant l'Echiquier de Normandie contre

Raoul du Bois et d'autres personnes ; il ne put que se faire représenter au concile provincial tenu à Rouen au mois de septembre 1335. Ce prélat jeta les premiers fondements du collège de Lisieux, à Paris, en 1336. Les bourses étaient à la nomination de l'évêque de Lisieux et de l'abbé de Fécamp, supérieur du collège. Il donna beaucoup de biens et de privilèges aux moines du Val-Richer. Il mourut le 24 avril 1336, et fut inhumé dans un tombeau de marbre noir vis-à-vis du grand-autel de la cathédrale.

Un manuscrit sur parchemin, cité par les auteurs de la *Gallia Christiana*, porte que « c'était un homme magnanime, et que, s'il ne fut pas, pour la science, l'égal de son frère Robert, évêque de Coutances, il ne lui cédait en rien par le zèle qu'il déploya toujours pour la défense de l'Eglise. » Guy d'Harcourt avait pour armoiries : *de gueules à deux fasces d'or* (1).

Un autre membre de cette illustre famille d'Harcourt mérite de trouver place dans les annales de notre abbaye. Il s'agit d'Agnès d'Harcourt.

---

(1) LE CANU, *Histoire du diocèse de Coutances et Avranches*, 1877, t. I, p. 316, 327, etc. — ROUAULT, *Abrégé de la vie des évêques de Coutances*, p. 220. — N° 128, *Cartulaire B. de la cathédrale de Coutances*. — P. SIMPLICIEN, *Généalogie de la maison d'Harcourt*, t. V, p. 424. — LA ROQUE (de), *Histoire généalogique de la maison d'Harcourt*, Paris, 1662, 4 vol. in-fol. — JEAN LE FÉRON, *Histoire généalogique de la maison d'Harcourt*. — JACQUES D'AUZOLES, sieur de la Peyre, *Généalogie de la maison d'Harcourt*. — GUILLAUME LUCAS, *Histoire d'Harcourt*. — P. LELONG, Trois manuscrits cités par de La Roque, n° 42.695 et suiv.

HARCOURT (Agnès d'). — Naquit du troisième mariage contracté par Jean d'Harcourt avec Blanche d'Avaugour. Agnès fut une des premières religieuses de Longchamp. Elle était très attachée à la personne d'Isabelle de France, fondatrice de ce monastère, et son goût pour la vie cénobitique la décida au sacrifice de la vie séculière. Après la mort des deux premières abbesses, elle fut choisie, en 1263, pour gouverner le monastère que la sœur de saint Louis et le roi lui-même couvraient d'une incessante protection. A peine Agnès était-elle nommée au gouvernement de la maison de Longchamp, qu'Isabelle s'y retira pour ne plus en sortir ; et ce fut au milieu des pieuses filles réunies à sa voix, que la princesse mourut, sans, néanmoins, avoir jamais pris l'habit religieux, à l'âge de quarante-cinq ans. Agnès d'Harcourt survécut à l'illustre amie dont elle vénérait la mémoire, jusqu'en l'année 1291. Les religieuses célébraient l'anniversaire de sa mort le 25 novembre. L'on peut supposer que le souvenir de sa prudence et de sa piété ne fut pas étranger au choix qui fit tomber un peu plus tard le gouvernement de l'abbaye aux mains de sa plus jeune sœur, Jeanne d'Harcourt. Quoi qu'il en soit, Agnès avait eu le titre d'abbesse de Longchamp durant vingt-sept années, et non pas seulement durant dix-sept, comme l'ont écrit les auteurs de la nouvelle Gaule chrétienne.

Bouillard a écrit la Vie de Madame Isabelle de France, sœur de saint Louis. Nous lui empruntons ce passage sur Agnès d'Harcourt :

« Sœur Agnès de Harecourt, la perle et l'élite des vierges de son siècle, soit en gentillesse d'esprit, élégance de style et surtout en pureté de mœurs et sainteté de vie qui l'avaient rendue si agréable à Madame Isabelle, sa bonne tante et maîtresse. Vêtue dès la première fondation de Longchamp, et deux fois élue abesse, elle composa ce gentil ouvrage de la vie de sa sainte mère qui a servi de fondement au nôtre. Son âme bienheureuse s'alla joindre au ciel avec elle, le 25 novembre 1291. Son corps fut inhumé au milieu d'une belle chapelle qui est du côté des religieuses et est sa tombe de même façon que celle de la sainte mère, hormis qu'elle n'est point relevée comme elle de quatre piliers, mais plate et au ras de terre, ce qui a fait qu'à force de passer et de repasser dessus à la longue, se serait effacée son épitaphe qui était en vers hexamètres et pentamètres latins ».

Dès le temps de Bouillard, il ne restait plus de cette épitaphe que le vers suivant :

« *Exemplo doceor quam brevis orbis honor.* »

« L'expérience m'a montré combien sont courts les honneurs de ce monde. » Que venait-il après ce vers isolé? On n'en sait rien. Pour le savoir, il faudrait le demander aux diverses générations qui, en se rendant à leurs propres tombeaux, effacent ceux des autres sous leurs pas. C'est ainsi que disparaît l'histoire, et que les morts meurent en quelque sorte une seconde fois.

Voici une autre épitaphe que Bouillard a faite pour sœur Agnès.

> Vierge de rare esprit ! O vraie historienne !
> Pour ta sainte Isabelle, je t'épanche des fleurs ;
> Car l'écrit de sa vie éternise la tienne,
> Et toujours en auras la grâce de tes sœurs (1).

Nous avons de cette fille des sires de Saint-Sauveur un ouvrage qui lui assigne une place dans l'histoire littéraire de la France, au XIII° siècle. C'est la Vie d'Isabelle de France. On a conservé jusqu'à la Révolution un manuscrit de cette Vie, remontant à la fin du XIII° siècle ; il formait non pas un livre, mais un rouleau dont l'écriture était tracée sur une peau de vélin. Le P. Souciet, jésuite, qui l'examina en 1741, le croyait autographe. A défaut du texte qui a disparu, nous avons dans les Mémoires du sire de Joinville, édités par Ducange, la même Vie d'Isabelle de France collationnée sur un manuscrit, aussi perdu aujourd'hui, et que M. de Vion d'Hérouval avait confié à l'illustre éditeur. C'est d'après l'édition de Ducange que les Bollandistes ont fait leur traduction latine. L'ouvrage d'Agnès d'Harcourt écrit, avec naturel et simplicité, offre de l'intérêt, parce que tout y respire un parfum de candeur et de naïveté. D'ailleurs, quelques traits épars çà et là se rattachent aux événements contemporains et ne sont pas étrangers à la connaissance des mœurs anciennes. Enfin au point de vue purement philologique, l'écrit français d'une femme est, au

(1) DANIELO, Vie de Madame Isabelle, Paris, 1840. p. 230.

XIII° siècle, un monument dont il serait aujourd'hui superflu de faire sentir l'importance.

C'est Charles d'Anjou, depuis roi de Sicile, qui invita Agnès d'Harcourt à écrire la Vie de sa sœur, Madame Isabelle de France. Agnès, ayant accompagné la princesse partout, fut en tout point le Joinville de la sœur de saint Louis.

Laissons la parole à Bouillard. L'historien d'Isabelle nous donnera son appréciation sur la pieuse compagne de son héroïne :

« Pour concilier plus de foi, dit-il, et donner plus de poids à la présente histoire, le lecteur présupposera, s'il lui plaît, que je l'ai recueillie et tissue d'une petite légende jadis tracée par sœur Agnès de Harecour, domestique familière de notre sainte Isabelle dès ses plus tendres années, et qui fut une des premières voilées à Longchamp, et ensuite élue pour troisième abbesse du moutier. Elle rapporte elle-même avoir dressé son écrit à la semonce de Charles, comte d'Anjou et roi de Sicile, frère de notre sainte. C'est ainsi que le sire de Joinville récite avoir été invité par la reine Marguerite, femme du roi saint Louis, à écrire sa vie et ses gestes, comme en ayant été témoin oculaire, pendant les vingt-quatre ans qu'il avait été à son service, dedans et dehors le royaume, et en guerre et en paix.

« La vérité est que par le petit ouvrage de cette sœur Agnès, on reconnait qu'elle avait l'esprit fort gentil, et que justement elle s'était trouvée digne d'être mise à la suite de la grande princesse. Son style, doux et naïf pour son temps, ressent tout à fait sa fille, mais sa fille sainte, éclairée, relevée par-dessus le vulgaire.

« Sa piété envers Dieu, son zèle envers sa maîtresse et son extrême soin de l'immortaliser, y paraissent à jour. Elle avait de la candeur et sincérité à suffire pour ne rien écrire que de vrai ; nulle ruse ou finesse pour y apporter de l'artifice ou du déguisement.

« Le malheur est qu'elle avait écrit un peu confusément, et sans ordre, ou distinction des lieux ni des temps, ce qui fait croire qu'elle prenait le papier à mesure que les choses lui venaient en mémoire. Il y a aussi omission de plusieurs points soit qu'elle ne les ait point crus notables, ou les ait oubliés (1). »

On ne pourrait pas copier mot à mot le texte d'Agnès. Son style suranné par endroits, bien que si frais dans tant d'autres, fatiguerait l'attention. Mais tout en conservant la construction originale de sa phrase, on peut traduire avec simplicité son expression obscure et inintelligible.

HARCOURT (JEAN III D'), neveu de l'évêque de Coutances, Robert, lui succéda dans la baronnie de Saint-Sauveur. Il avait épousé Alix de Brabant, dont il eut trois enfants : Jean IV, qui fit ériger en comté la terre d'Harcourt; Louis et Geoffroy, dont il est parlé plus loin, dans cette histoire.

(1) DANIELO, *Vie de Madame Isabelle*. Paris, 1840, p. 34 ; *Acta SS.* 31 Aug. t. VI, fol. 787 ; t. VII, fol. 945. — DUCANGE. Edition de Joinville, 1ʳᵉ part. p. 169 ; *Hist. litt. de la France*, t. xx, p. 98.

HARCOURT (Louis d'). — Jean III céda, de son vivant, la baronnie de Saint-Sauveur à Louis, son second fils, dont Charles IV reçut l'hommage en janvier 1325.

HARCOURT (Godefroy d'). — Vers 1330, Godefroy d'Harcourt succéda à son frère, Louis, dans la seigneurie de Saint-Sauveur et devint l'un des plus puissants barons du Cotentin.

CHAPITRE III

Les Abbés depuis la fondation jusqu'à la révolte de Godefroy d'Harcourt.

Afin de donner une idée du milieu social où allaient vivre les nouveaux habitants de l'abbaye de Saint-Sauveur, l'on nous permettra de jeter un coup d'œil rapide sur les hommes et les choses d'alors en Normandie, en France et dans l'Europe catholique. Nous aimons à suivre cette méthode historique ; elle nous paraît la seule propre à mettre le lecteur au courant des événements qui se rattachent le plus étroitement à l'histoire de l'abbaye.

Lorsque les moines de Jumièges prirent possession du monastère où les appelait la Providence par la voix de Néel, Guillaume le Conquérant venait de se couvrir de gloire sur les champs de bataille en Angleterre et de conquérir une couronne. Il était devenu le duc-roi.

Geoffroy de Montbray, l'un des plus grands évêques dont l'Eglise de Coutances puisse s'honorer et l'un des plus grands hommes auxquels le Cotentin ait donné le jour, gouvernait le diocèse avec beaucoup de gloire et de profit pour l'Eglise (1049-1053).

L'Eglise catholique était gouvernée par le grand pape Grégoire VII (1073-1085), cet homme doué du génie qui conçoit les desseins vastes, de l'énergie qui en poursuit l'exécution, du courage que n'effraye pas le péril et de la fermeté d'âme qui brave l'adversité.

Philippe Ier régnait en France (1060-1108) et méditait sans doute de quelle façon il pourrait enlever à la féodalité une grande partie de ses domaines et de son autorité. Ses successeurs, Louis VI, dit le Gros, Philippe-Auguste, saint Louis et Philippe le Bel devaient réussir dans cette entreprise, malgré l'opposition qu'ils allaient rencontrer dans les empereurs d'Allemagne et les rois d'Angleterre. Il semble que la fondation de Saint-Sauveur venait à une heure relativement favorable, et bientôt sous le souffle de la Providence, la jeune abbaye fondée par le vicomte de Cotentin, allait briller d'un vif éclat.

Bénigne était venu de Jumièges pour être le Supérieur, le Père, l'Abbé de la nouvelle colonie de Saint-Sauveur (1). A cette époque la dignité abbatiale n'emportait pas encore avec elle l'idée des insignes pontificaux. L'abbé recevait seulement de l'évêque diocésain la bénédiction solennelle avec le pouvoir de porter la crosse, emblème de l'autorité religieuse.

Bénigne est surtout connu par sa grande piété.

Il est mentionné dans la réponse des religieux de

---

(1) Bibl. Nat., fonds franç., n° 4901. Cartulaire des églises de Normandie, *Index chartarum*, fol. 64.

Saint-Sauveur aux Sœurs de la Sainte-Trinité de Caen au sujet de la mort de leur abbesse, Mathilde.

Bénigne eut la consolation de donner l'habit monacal à l'un des seigneurs du voisinage, Pierre de Pierrepont (1).

Cet abbé vivait encore en 1104, si l'on s'en rapporte à un très ancien catalogue des abbés de Saint-Sauveur. L'obituaire de la maison a placé sa mort au 22 mars.

2ᵉ Abbé. — ANCELIN.

Ancelin succéda à Bénigne, d'après Robert de Torigny ou Robert du Mont. Nous ne connaissons aucune des particularités de son gouvernement. Nous savons seulement qu'il mourut le 27 mars, comme nous l'apprend l'obituaire de Lessay.

3ᵉ Abbé. — ANSFROI OU ONSFROY.

Ansfroi, Onsfroi, Ansfride ou Ansfrède, troisième abbé de Saint-Sauveur, devait jeter plus d'éclat dans le gouvernement de sa communauté.

Il était cet ancien disciple et ami auquel Robert de Tombelaine, ancien abbé de Saint-Vigor de Bayeux, dédia son célèbre commentaire sur le Cantique des cantiques (2).

Certains auteurs, il est vrai, ont attribué l'hon-

---

(1) Bibl. Nation., fonds franç., n° 4901. *Index chartarum*, p. 59.
(2) *Patrolog. latine*. MIGNE, t. CL, col. 1362.

neur de cette flatteuse dédicace à un autre Onsfroy, premier abbé de Préaux (1), qui gouverna cette abbaye de 1044 à 1078. Mais leur prétention est insoutenable. Comment Onsfroy, de Préaux, mis à la tête de son abbaye dès l'année 1044, aurait-il pu être l'élève de Robert, qui ne fleurit que vers la fin du xie siècle?

En outre, les Annales de Préaux font honneur à Richard de Fourneaux, troisième successeur de Onsfroy, d'avoir eu pour maître l'illustre abbé de Saint-Vigor de Bayeux. Auraient-elles gardé le silence sur une circonstance analogue, si Robert de Tombelaine avait eu quelque part à la formation du premier abbé du monastère?

Mais à supposer l'épître dédicatoire adressée à Onsfroy de Saint-Sauveur, tout s'explique naturellement. Onsfroy est le contemporain de Richard de Fourneaux. Celui-ci mourut en 1137 et Onsfroy l'an 1147. Ils ont donc pu avoir le même maître et vivre l'un et l'autre dans l'amitié de Robert de Tombelaine, qui les précéda dans la tombe puisqu'il mourut vers 1120.

Voici l'histoire de ce commentaire sur le Cantique des cantiques, composition dont Orderic Vital nous donne une idée très avantageuse. C'est un souvenir littéraire trop intimement lié à l'histoire de Saint-Sauveur et trop glorieux à ses Annales pour que nous le passions sous silence.

(1) L'abbaye de Préaux fut fondée vers 1040, au diocèse de Lisieux.

L'ouvrage était déjà composé à moitié, lorsque des amis de l'auteur allèrent lui rendre visite et prirent connaissance de son œuvre.

Il n'appuyait pas sur des passages de l'Ecriture l'explication qu'il faisait du texte sacré. Ses visiteurs lui donnèrent à entendre qu'il avait eu tort. Robert déféra humblement à la critique de ses amis et suivit leur avis dans le reste de sa composition. Il y avait déjà longtemps que le livre avait vu le jour, lorsque l'abbé Onsfroy, ancien élève de l'auteur, réussit à force de sollicitations à en obtenir un exemplaire. En le lui envoyant, Robert l'accompagne d'une lettre pleine de modestie. Il y exhorte son ami à prendre la peine de la faire transcrire en tête de son ouvrage, s'il entreprend d'en tirer copie. Dans cette dédicace, l'auteur se nomme Robert et prend la qualité de Frère, qui signifiait alors un simple moine.

Le destinataire est son seigneur et son père, autrefois son élève et son ami.

« Au serviteur de Dieu Onsfroy, autrefois son très cher fils et ami, maintenant son seigneur et son père, par la grâce de Dieu qui souffle où il veut, Frère Robert, le dernier des hommes, souhaite vie, joie et gloire solide et véritable. Votre zèle envers Dieu a stimulé ma paresse, en me faisant souvent demander par vos envoyés de vous communiquer le livre que j'ai écrit déjà depuis longtemps sur le Cantique des cantiques. Ce n'est pas sans peine que je me décide à vous l'envoyer. Personne ne devrait le lire, je voudrais pouvoir le soustraire à tous les regards. L'orfèvre maladroit qui a fait un anneau, a peur de le montrer. Moins il a confiance en son jugement, plus il redoute celui d'autrui; parce qu'il n'est pas pleinement satisfait lui-même de son œuvre, il redoute de voir les autres moins satisfaits encore après examen. Telle est ma crainte en exhibant cet opuscule. Veuillez l'accepter des mains d'un ami. Voyez s'il vous plaira et mandez-moi votre appréciation. Peut-être plus d'un trouvera et je crains bien que vous ne le trouviez vous-même, que c'est présomption à moi de commencer et d'achever cet ouvrage; ou plutôt non, je me trompe, je ne devrais pas dire achevée une œuvre qui doit être soumise à tant de bons et savants esprits et qu'il faudra certainement corriger.

« On devra m'en vouloir beaucoup, je l'avoue, à moi qui ai si mal étudié, qui suis d'un esprit si lourd et si abominable par mes péchés, d'avoir osé aborder un ouvrage si antique, si savant et si pur, d'avoir entrepris d'exposer les paroles de Salomon, quand je n'ai peut-être de Salomon que ce que j'en lis, savoir qu'il cessa d'être sage, sur ses vieux jours.

« Croyez-en votre ami néanmoins, je n'ai pas entrepris ce petit ouvrage sans qu'on me l'ait demandé, et c'est après maints bons avis que j'y ai mis la dernière main. Le seigneur Anastase, mon très cher frère, me l'a demandé, et avec lui beaucoup d'autres; mais ils ont eu moins d'égard à la pesanteur de mon génie qu'au désir d'avoir un éclaircissement quelconque sur un texte aussi mystérieux. Et pourtant plusieurs autres avant moi, en particulier le Père

Beda, ont entrepris ce travail ; ils ont mis au jour les secrets de ce livre divin, laissant ainsi à la postérité un très utile sujet de lecture.

« Quant à vous, serviteur de Dieu, vous lirez avec humilité ce que vous trouverez ; et si ce que vous aurez lu vous plaît, vous le transcrirez. Il vous faudra le diviser en deux parties, car il y a deux rédactions diverses, et il ne conviendrait pas de les mettre toutes deux sous le même titre.

« Je travaillais seul dans ma cellule solitaire sur le Cantique des Cantiques, lorsque je reçus la visite de quelques amis. Ils prirent connaissance des fragments que j'avais composés, ils approuvèrent l'œuvre ; mais ils la trouvèrent défectueuse sous un rapport : ils auraient voulu me voir appuyer par des passages de l'Ecriture-Sainte le texte même que je commentais. J'étais persuadé que ces citations n'étaient pas nécessaires ; cependant je me suis mis dès lors à citer les passages de la Bible qui me venaient à la mémoire. Je visais d'abord à la piété dans mon exposition. Mon but n'était pas de prouver, mais de mettre en lumière les secrets de ce livre divin. C'est ce qui fait que citant les textes et visant à la brièveté, le reste de mon commentaire est plus concis et moins pieux.

« La différence de rédaction se remarque à l'endroit où il est dit : *Vadam ad montem myrrhæ, ad collem thuris.* (Cant. IV, 6.)

Après ce passage, commence le second livre qui débute par ces paroles : « Vous êtes toute belle, ô ma bien-aimée, et il n'est point de tache en vous. »

(Cant. IV, 7.) Si vous manquez de parchemin, je vous en enverrai tout ce qu'il en faudra.

« Lisez donc, frère bien-aimé, les paroles du sage Salomon, c'est le Cantique des Cantiques. Et il s'appelle ainsi tant à raison des profondeurs du sens mystérieux qu'il renferme que de l'excellence de l'amour nuptial et du titre : suave union de l'Epoux et de l'Epouse.

« Si dans mon œuvre quelque chose vous déplaît, priez pour mon ignorance. Si d'autres vous plaisent davantage, priez pour un pécheur qui n'agit pas aussi bien qu'il parle.

« Si vous tirez copie de ce livre, ne faites pas comme dans l'original, qui est écrit dans les marges. N'écrivez que dans les pages d'une manière continue, comme on fait dans les autres travaux de ce genre.

« Je désire que cette lettre paraisse en tête du volume. »

On a publié dans la Patrologie latine de Migne, sous le nom de Robert de Tombelaine, cette épître dédicatoire, un prologue et le commentaire des douze premiers versets du Cantique.

Le reste a été mis, par erreur, dans les œuvres de saint Grégoire le Grand. C'est une méprise dans laquelle on ne serait pas tombé, si tous les manuscrits avaient porté en tête la lettre que nous venons de citer. Elle porte la signature de l'auteur, comme du destinataire et la mention du vénérable Bède, postérieure de plus d'un siècle à saint Grégoire le Grand.

Il n'en aurait pas fallu davantage pour empêcher

l'attribution de ce livre à saint Grégoire. Mais cette erreur même fait le plus grand honneur à Robert de Tombelaine.

Dire qu'on attribua longtemps son livre à saint Grégoire, c'est faire l'éloge du style, de la piété et de la science du saint abbé ; c'est convenir qu'il y a dans son œuvre des beautés qui ne sont pas jugées indignes du génie du grand Pontife.

Comme on vient de le lire dans l'épître d'envoi à l'abbé de Saint-Sauveur, l'auteur était dans sa vieillesse quand il composa son œuvre. Il était sans doute de retour de Rome, où l'avait appelé la confiance de saint Grégoire VII.

Son abbaye de Saint-Vigor avait été dispersée. Il en avait été le premier et dernier abbé.

Peut-être Onsfroy y avait-il été son disciple avec Richard de Fourneaux. Peut-être avait-il simplement connu Onsfroy, moine et étudiant au Mont-Saint-Michel.

Quoi qu'il en soit, cette lettre de Robert nous donne la date approximative de sa mort.

Robert mourut certainement après 1104, puisque à cette date le premier abbé de Saint-Sauveur vivait encore et qu'il y eut entre son gouvernement et celui d'Onsfroy la prélature de Ancelin. Il semble que l'on est fondé à placer la correspondance de Robert de Tombelaine avec Onsfroy, vers l'année 1110 ou 1115 (1).

Il est intéressant de voir figurer dans cette épître

---

(1) *Hist. littér. de France*, t. VIII, p. 334; Migne, t. CL, col. 1362.

un autre contemporain de l'auteur et du destinataire; c'est saint Anastase, assez peu connu au pays normand et dont le nom vénéré mérite cependant de passer à la postérité.

Anastase était l'ami, ou mieux le frère en religion de Robert de Tombelaine. Il s'était aussi lié d'une étroite amitié avec saint Anselme, qui enseigna quelque temps à Avranches.

Anastase, qui n'appartenait pas au diocèse d'Avranches, s'était fait religieux au Mont-Saint-Michel. Mais en 1062, il apprit que son abbé était regardé comme coupable de simonie; il n'en fallut pas davantage pour le décider à quitter une maison, où il était venu chercher une société édifiante. Il se retira donc du Mont-Saint-Michel pour vivre en ermite dans la contrée. C'est de lui que saint Anselme écrivait à Robert de Tombelaine: « Plaise à Dieu que je sois un autre Robert, et qu'Anastase me soit attaché par des liens intimes comme ceux qui l'unissent à Robert, dont la réputation de sainteté remplit le pays [1]. »

De son côté, Robert, dans le prologue de son Commentaire sur le Cantique des Cantiques, écrit à l'abbé Onsfroy: « Je n'ai pas entrepris ce petit livre sans qu'on me l'ait demandé, et c'est après maints bons avis que j'y ai mis la dernière main. Le seigneur Anastase, mon très cher frère, a joint ses instances à celles de beaucoup d'autres, qui tous ont eu moins égard à la pesanteur de mon esprit qu'au désir d'avoir

---

[1] *Anselmi Opera*. lib. I, ep. 3. « *Dilectissimo reverendo monacho Roberto.* »

un éclaircissement quelconque sur un texte aussi mystérieux (1). » L'on voit par ces paroles l'estime et l'affection qu'avaient les uns pour les autres ces trois grandes âmes : saint Anselme, saint Anastase et Robert de Tombelaine.

Anastase ne devait pas finir ses jours dans le diocèse d'Avranches. Le Pape, saint Grégoire VII, l'envoya évangéliser les Sarrasins d'Espagne. Il reçut cette mission en 1074 et mourut, après onze années d'apostolat. Sa mort arriva le 16 octobre 1085, jour où l'on célébrait sa fête à Saint-Martin de Doydes, dans le diocèse de Rieux (2).

Onsfroy vit augmenter les biens de son abbaye vers 1135, Simon de Mary donnait aux moines de Saint-Sauveur toute l'église de Saint-Martin de Liesville, avec toute la dîme de la paroisse, toute la terre d'aumône de la même église, c'est-à-dire onze acres de terre, ainsi que la dîme de ses moulins et de ses pêcheries de Mary.

---

1) MIGNE, *Patrolog. Latine*, t. CL, col. 1362.

2 Le corps de saint Anastase était conservé dans l'église Saint-Martin de Doydes, au diocèse actuel de Pamiers ; mais il fut profané par les calvinistes du XVIe siècle, et on ne put en conserver que quelques parcelles, qui ont été retrouvées et qui sont encore exposées à la vénération des fidèles. Près de cette église on voit aussi la fontaine de Saint-Anastase, dont les eaux sont recherchées par les fiévreux qui viennent en pèlerinage à la chapelle du Saint. On faisait mémoire de saint Anastase dans l'abbaye du Mont-Saint-Michel, et il a été représenté tantôt comme moine tantôt comme ermite. (Cf. MABILLON, *Acta Sanctorum Ordin. S. Benedict*, t. VI, p. 487 ; MABILLON, Annales, lib. LIX, num. 80, p. 513 ; D. CEILLIER, *Hist. générale des auteurs sacrés et ecclés.*, t. XX. p. 696 ; GODESCARD. *Vies des Pères*, t. X, p. 168 ; Revue cathol., *Semaine relig. de Coutances*, année 1868, p. 546.)

Cette donation fut confirmée par Néel et Roger le Vicomte et par Henri d'Agneaux, qui en plaça la charte de sa propre main sur l'autel.

L'abbé Onsfroy et ses religieux eurent la consolation d'associer à leurs prières et à leurs bonnes œuvres Emma, femme de Raoul de Mary, et sa fille Aubrée (*Albareda*). Emma avait donné à l'abbaye pour le salut de son âme, de l'âme de sa fille, de son mari Raoul et de Symon, son fils, la terre qu'elle avait en douaire auprès de Bretteville et de Guillemesnil.

Le pieux abbé donna, en cette circonstance, trente sous à Emma et à sa fille une robe de soie avec sa ceinture. Ce qui fut fait en présence et du consentement de Néel le Vicomte. Roger de Sottevast, en souvenir de son père, Raoul, inhumé dans l'église de Saint-Sauveur-le-Vicomte, donna à Onsfroy et à ses religieux l'église de Saint-Brelade de Jersey. Guillaume de Magneville confirma cette donation, à cause de la mort de Simon de Mary. Ce qui semble indiquer qu'il avait tué Simon, peut-être dans un duel. Il plaça l'acte de cette confirmation sur l'autel, en présence de Néel et de Roger le Vicomte.

Sous la prélature d'Onsfroy, un des prieurs de la communauté appartenait à la famille Picot, car nous voyons Picot, neveu de ce prieur, servir de témoin dans la donation faite par Emma et sa fille. A la même date Robert de Belgeville se fit moine dans l'abbaye.

Les habitants du bourg de Saint-Sauveur rivalisaient de générosité avec les étrangers envers l'abbaye. Picart de Saint-Sauveur et Leceline, sa femme, lui donnèrent à leur mort toutes les maisons qu'ils avaient dans la localité, toute leur terre et tous leurs biens. Roger et Néel consentirent à cette donation (1).

C'est sous l'administration de Onsfroy et trois ans avant sa mort que la communauté s'enrichit d'une donation faite en sa faveur par Adam de Brix. Il donna à l'abbé de Saint-Sauveur l'église de Brix. Nous verrons plus tard un membre de la famille de Brix, Pierre de Brix, confirmer cette donation en 1155. Onsfroy s'endormit dans le Seigneur, le 21 octobre 1147. Les deux obituaires de Saint-Sauveur et de Lessay ont enregistré cette date (2).

4ᵉ Abbé. — HUGUES Iᵉʳ.

Le successeur d'Onsfroy sur le siège abbatial de Saint-Sauveur fut Hugues Iᵉʳ, moine du Mont Saint-Michel.

Robert du Mont le place après Guillaume Iᵉʳ. Mais c'est là une erreur du docte et célèbre annaliste. Il vient dans la liste des abbés avant Guillaume, car il est mentionné dans les plus anciens manuscrits de Normandie sous l'année même qu'ils ont assignée à la mort de Onsfroy, c'est-à-dire l'année 1147. A

---

(1) Archives de la Manche, *Cartulaire de l'abbaye de Saint-Sauveur-le-Vicomte*.
(2) *Annal. Mabilonii*, t. I, p. 139.

défaut d'autre preuve, il suffirait de l'accord passé cette année entre les deux abbayes de Montebourg et de Saint-Sauveur au sujet de l'église Saint-Pierre de Fontenay-sur-les-Veys.

L'abbé Hugues Ier intervient dans cette affaire avec Godefroy, son prieur et Pierre, son sous-prieur (1).

Hugues eut la joie de voir la consécration de son église. Il reçut pour cette imposante cérémonie l'évêque de Coutances, Algare, qui touchait au terme de sa carrière. Le prélat fit la dédicace de l'église Sainte-Trinité de Saint-Sauveur, en présence de Jourdain de la Roche-Tesson, de Létice, sa femme et de ses trois fils Raoul, Roger et Jourdain, accompagnés d'une nombreuse noblesse.

Trois ans après, l'an 1153, Hugues Ier ajoutait aux possessions de l'abbaye l'église de Saint-Pierre d'Artéglise que lui donnait Godefroy d'Auneville. Un autre seigneur, Jean de Méautis, octroyait au même abbé une rente en blé à prendre sur son moulin de Méautis.

Hélie d'Agneaux, seigneur du Houlme, témoigna également sa bienveillance à Hugues et à ses religieux. Il leur accorda tous ses droits sur l'église Sainte-Marie du Houlme appelée plus tard l'Ile-Marie. L'abbé s'engageait à donner l'habit monastique au pieux chevalier, dans le cas où il viendrait à demander cette faveur. Le neveu du donateur, Corbin d'Agneaux, fils de Henri, plaça lui-même sur

---

1 Bibl. Nat., fonds français, n° 9901. *Index Chartarum, Abbat. S. Salvator. Vicecomit.* fol. 78, verso.

l'autel l'acte de cette donation qui portait les signes de Hélie, de Thomas et de Corbin (1).

Hugues eut encore à transiger avec l'abbé de Saint-Nicolas d'Angers au sujet de l'église de Sainteny. Un accord intervint entre eux, le 3 juin 1162, du consentement de Richard, évêque de Coutances, des chanoines, des abbés de Montebourg et de Lessay et de l'aveu de beaucoup d'autres témoins. Henri II, roi d'Angleterre et duc de Normandie, ne ménageait pas les témoignages de son estime et de son affection à l'abbaye de Saint-Sauveur. Il dispensa ses religieux de payer les droits de coutume pour les marchandises qu'ils achetaient à la foire de Montmartin-sur-Mer. Hugues Ier siégeait encore en 1168.

5me Abbé. — GUILLAUME Ier.

Guillaume Ier ne nous est connu par aucun fait qui se rattache à son gouvernement. Il mourut le 3 juillet, s'il faut en croire le nécrologe de la maison. Il garda peu de temps la supériorité, puisqu'il faut placer sa prélature entre les années 1168 et 1173.

6me Abbé. — ROGER Ier DE SALMONVILLE (2).

Roger Ier de Salmonville avait en main la crosse abbatiale en l'année 1173. C'est probablement lui

---

(1) Archives de la Manche. *Cartul. de Saint-Sauveur-le-Vicomte*, n° 79 ; Bibl. Nat., fonds français, n° 4901. *Cartul. des églises de Normandie. Index chartar.*, fol. 74, verso.

(2) On trouve, à Bricquebosq, un village appelé Salmonville.

qui eut un arrangement à l'amiable avec Henri, abbé de Préaux. Il se vit confirmer la possession de l'église Saint-Sauveur de Pierrepont (1), par Gilles, évêque d'Evreux et par Richard de Bohon, évêque de Coutances, qui lui attribua pareillement l'église de Saint-Clément (1173).

L'abbaye avait des possessions dans l'île de Jersey. Il fallait aux religieux du Mont-Saint-Michel la création d'une chapelle à l'usage exclusif des moines, dans l'endroit de l'île, où s'est élevé ensuite le prieuré de Saint-Clément. Roger Ier accorda aux moines de Saint-Michel la permission dont ils avaient besoin pour l'érection de cette chapelle, dans une des paroisses dépendantes de son abbaye.

C'est Roger de Salmonville qui, en 1180, souscrivit l'accord intervenu entre sa communauté et les pêcheurs de Saint-Marcouf. Ceux-ci s'engagèrent à payer aux religieux de Saint-Sauveur, pour avoir part à leurs bonnes œuvres, un sou par gros poisson qu'ils prendraient (2).

On lit le nom de Roger de Salmonville dans une charte !où il figure comme témoin d'une donation faite à Blanchelande le jour même de la dédicace de l'église abbatiale (1185). Sa mort arriva le 20 juillet, d'après l'obituaire de Lessay.

---

(1) Le curé payait une dîme de trente-deux livres.
(2) L. DELISLE, *Etude sur la condition de la classe agricole en Normandie, au moyen âge*, p. 143, note 52.

7ᵉ *Abbé*. — HUGUES II.

Les auteurs de la *Neustria Pia* ne portent pas Hugues II sur la liste des abbés de Saint-Sauveur. Mais il faut réparer cet oubli. Hugues II occupa réellement le siège abbatial.

Robert de Torigny, connu aussi sous le nom de Robert du Mont, gouvernait l'abbaye de Saint-Michel, lorsqu'il eut un différend avec l'abbé de Saint-Sauveur, au sujet de la chapelle dont Roger de Salmonville avait autorisé l'érection à Jersey, mais la querelle s'apaisa quand l'abbé de Saint-Sauveur eut acquis la certitude de la concession faite par son prédécesseur.

Roger de Aseville prit l'habit religieux sous le gouvernement de Hugues II ou de son successeur. Il est certain qu'il avait fait profession avant l'année 1192, date à laquelle son fils Roger accorda à l'abbaye le fief de Goher (1).

8ᵉ *Abbé*. — ROBERT DE VEULES.

Le huitième abbé de Saint-Sauveur fut Robert de Veules, aussi appelé Robuste de Viroles. Il fut élu par les religieux en 1188.

Raoul Tesson, baron de Saint-Sauveur, l'institua et l'évêque de Coutances, Guillaume de Tournebu, l'ordonna et le bénit solennellement.

(1) Bibl. Nat., fonds français, n° 4901. *Cartul. des églises de Normandie. Index Chartarum*, etc., page 59.

C'est à lui et à sa maison que Raoul Tesson donna, l'an 1188, le désert de la Colombe. Le chevalier Raoul Tesson allait partir pour la croisade.

Robert crut nécessaire de soutenir les droits de sa maison contre les prétentions de Eudes, abbé de Cherbourg. L'objet du litige était le prieuré de Saint-Hélier, à Jersey. L'affaire fut portée en cour de Rome. Le pape Innocent III nomma pour arbitres l'évêque, l'archidiacre et le chantre d'Avranches; mais les parties en avaient choisi d'autres qui finirent par régler la contestation. Le choix des parties était tombé sur Vivien, évêque de Coutances et sur les deux abbés de Montebourg et de Blanchelande.

Robert de Veules soutenait si bien les droits de sa maison qu'on avait inclination à l'enrichir de nouveaux avantages. C'est ce sentiment qui porta Guillaume Cortel, chevalier, à faire des dons à l'abbaye de Saint-Sauveur, en présence de l'évêque de Coutances, Vivien, successeur immédiat de Guillaume de Tournebu. Il concédait l'église Sainte-Marie de la Colombe et la présentation à la cure de l'église Sainte-Marie de Marguerey avec la terre de Jourdan Telonearié.

Vivien avait succédé sur le siège de Coutances à Guillaume de Tournebu. Il fonda, en 1209, l'hôtel-Dieu de sa ville épiscopale. Il avait établi en même temps une confrérie de personnes charitables s'engageant au service de l'hospice et à son entretien, sous la surveillance de l'évêque. En échange de leurs aumônes, il leur accorda la remise de la septième partie de la pénitence sacramentelle pour chacune de leurs bonnes œuvres et la confraternité de prières avec l'abbaye de Saint-Sauveur-le-Vicomte, de son chapitre cathédral et des autres abbayes du diocèse.

Il y eut dès lors à Saint-Sauveur-le-Vicomte un service acquitté chaque année pour les confrères enrôlés par Hugues de Morville (1). Cet évêque accorda, en 1216, à l'abbaye deux parts de dîmes de l'église Saint-Pierre d'Artéglise, à charge de payer la moitié des droits à l'archidiacre (2).

C'est sous sa prélature, croyons-nous, que l'abbaye de Saint-Sauveur reçut de Esware de Magneville un singulier cadeau. Ce seigneur fit l'aumône à cette maison d'une pelisse qu'il avait longtemps portée. « *Unam pelliciam quam diu habueram.* » Heureusement le donateur releva l'importance de sa donation par une autre largesse : il accorda à perpétuité sur son moulin de Magneville un quartier de froment pour la confection des hosties de la communauté (3).

Le second objet de la donation méritait bien d'être consigné dans une charte en présence de témoins. Ces témoins furent le prêtre Guillaume du Hommet, et Alain son frère, Guillaume Pinel, Guil-

---

(1) Le Cand. *Histoire du diocèse de Coutances et Avranches*, t. I, p. 285.

(2) L'abbaye avait encore, en 1665, le patronage de Saint-Pierre d'Artéglise.

(3) *Archives de la Manche*, cartulaire de Saint-Sauveur-le-Vicomte ; Bibl. Nation., fonds français, n° 4901. *Index Chartarum*, etc., fol. 73, verso.

laume de Méri, Roger de... et Raoul de Bohon.

Cette donation d'un quartier de froment pour les hosties rappelle une libéralité du même genre faite par Guillaume Bertrand. Il donna aux moines de Saint-Sauveur, tous les quinze jours, un sextier de vin pour chanter la messe, tant pour le repos de son âme que pour celle de sa femme, Mathilde, et de son fils, Robert (1).

Saint-Sauveur-le-Vicomte s'enrichit, à la fin du xiie siècle, d'un établissement qui paraît avoir été le premier en son genre dans le diocèse de Coutances. Au commencement du xiiie siècle, Hugues de Morville (1207-1238) allait créer les deux hôtels-Dieu de Coutances et de Saint-Lô. Un essai antérieur se produisit à Saint-Sauveur, sous la prélature de Roger de Salmonville ou de Robert de Veules. Une sorte d'hôtel-Dieu y fut fondé par Létice, entre les années 1178 et 1202.

Dans sa charte d'établissement, la fondatrice, Létice, dame de Saint-Sauveur, veuve de Jourdain Taisson, déclare donner et concéder en perpétuelle aumône à la maison de Saint-Thomas-le-Martyr, une masure de terre avec un courtillage un emplacement à bâtir avec les dépendances, le tout situé au village ou bourg de Saint-Sauveur, près des maisons des foulons, libre et affranchi de tous droits seigneuriaux : elle accorde à l'hôtelier qui gardera l'hôtellerie et qui prendra soin des malades toutes espèces de droits d'usage dans le village et dans le

---

(1) Bibl. Nation., fonds français, n° 4901. *Index Chartarum*, etc., p. 59.

bois de Saint-Sauveur. Ledit hôtelier pouvait faire moudre son blé en franchise au moulin seigneurial ; il y pouvait aussi faire préparer le grain qu'il employait pour fabriquer sa bière ; il lui était permis de prendre en forêt le bois nécessaire pour son chauffage et pour la couverture de sa maison. D'autres bienfaiteurs concoururent à doter l'hôtellerie ; la charte indique les morceaux de terre qui furent donnés par plusieurs vassaux de Létice, tels que Pierre de Montcérisi, Roger Botier, Robert Fossard et Herbert de Mairi. Ce dernier aumôna une pièce de terre que Guillaume, fils d'Osouf, tenaît Liesville. L'acte qui contient toutes ces donations fut passé solennellement en présence de l'évêque de Coutances, Guillaume de Tournebu. Après sa signature vient celle de Roger de Salmonville ou de Robert de Veules, abbé de Saint-Sauveur, avec celles de Guillaume, abbé de Saint-Lo, d'un prêtre nommé Payen, qui était sans doute le curé de Saint-Sauveur, de l'archidiacre de Cotentin et de deux fils de la fondatrice, Roger le Vicomte et Jourdain.

Une charte de Guillaume, évêque de Coutances, confirme celle de la fondatrice. Ces deux chartes sont sans date ; mais il est facile de suppléer au silence des notaires. Les deux actes datent du veuvage de Létice, qui avait perdu son mari en 1178, et de l'épiscopat de Guillaume de Tournebu, qui gouverna son Église depuis 1179 jusque vers 1202, c'est au dernier quart du XIIe siècle qu'il faut rapporter la fondation de l'hôtellerie de Saint-Sauveur. Il est remarquable de voir le nom de saint Thomas Becquet donné à cet établissement si peu de temps après la mort de l'illustre martyr, arrivée le 29 décembre 1170.

L'existence de cette hôtellerie fut éphémère. On n'en trouve plus aucune trace dans le XIII° siècle. Il est fort probable que les biens en furent bientôt réunis à l'aumônerie de l'abbaye de Saint-Sauveur (1).

En 1223, Robert de Veules conclut un échange avec Richard d'Harcourt, baron de Saint-Sauveur-le-Vicomte, et Richard prie l'évêque de Coutances de faire jouir l'abbaye des dîmes de son fief de Saint-Sauveur.

Robert de Veules reçoit de Herbert d'Aigneaux, en 1224, le champ de Baclordes et celui des Breullang, situés à Auville, sur la paroisse de Tocqueville. Le donateur s'engage à faire un échange raisonnable s'il ne peut livrer sa terre libre de toute redevance et de toute charge (2).

Vers la même époque, Raoul de Théville, fils d'Amaury, qui devait au roi, à raison de son fief, trois soldats et demi, gratifia l'abbaye de Saint-Sauveur-le-Vicomte de tout le tènement de terre de Gauthier de Sauxtourps (3).

(1) *Archives de la Manche*, dossier de l'abbaye de Saint-Sauveur. — M. Léopold Delisle, *L'hôtellerie de Saint-Sauveur-le-Vicomte au XII° siècle*, in-8°, de 7 pages.
(2) *Archives du département de la Manche*, cartulaire de Saint-Sauveur, n° 330.
(3) De Gerville, rép. n° 3, p. 111.

9ᵐᵉ Abbé. — ONFROY II.

On trouve dans les actes du temps le nom de cet abbé sous les années 1230, 1240 et 1248. Nous le voyons, en 1237, de concert avec saint Louis, roi de France, présenter à l'évêque de Coutances, Hugues de Morville, le clerc Hamon pour la cure de Catteville, dont le roi et l'abbé avaient le patronage.

Deux ans plus tard, pendant la vacance du siège épiscopal de Coutances, et avant l'élévation de Gilles de Caen au gouvernement de cette Eglise, l'abbé de Saint-Sauveur entre en accommodement avec l'archidiacre des Iles et du Bauptois, Richard de Petitville. L'accord est du quatrième dimanche de Carême, 1239. L'acte mentionne la vacance du siège épiscopal qui devait se prolonger jusqu'en 1240 (1).

L'archidiacre Jean d'Essey acheta de l'abbaye de Saint-Sauveur, moyennant cent sous de rente, le manoir de Torgistorp, situé sur la paroisse de Clitourps.

10ᵐᵉ Abbé. — PIERRE Iᵉʳ.

Après la mort d'Onfroy, un religieux, nommé Pierre, fut préposé au gouvernement de l'abbaye. Il siégeait dès l'année 1250, époque de la première

---

1. ROUAULT. *Hist. des Evêques*, 211.

visite de l'archevêque de Rouen, Eudes Rigaud, au monastère de Saint-Sauveur-le-Vicomte.

Le 22 août, XI° des calendes de septembre 1250, l'archevêque alla de Blanchelande à Saint-Sauveur-le-Vicomte. Il trouva vingt-cinq moines à l'abbaye, quatorze autres étaient distribués dans six prieurés dépendant de la maison. Le pain de l'aumône lui parut trop grossier. Les deux avocats qui traitaient les affaires de la communauté étaient notés pour vivre avec des femmes débauchées; ils étaient ignorants et faisaient trop de dépenses. L'archevêque visiteur trouva encore que l'abbé ne rendait pas ses comptes; que la règle était mal observée: il corrigea tous ces abus et l'on profita de ses avis.

Les moines n'observaient ni le jeûne ni l'abstinence, dans leurs voyages. Les religieux des prieurés se donnaient la même liberté. Ordre fut donné à l'abbé de maintenir l'une et l'autre observance et de rendre ses comptes au moins deux fois par an devant quelque membre de la Communauté délégué à cet effet.

Le monastère avait 980 livres de revenu. L'archevêque reçut six livres 13 sous 6 deniers pour droit de visite [1].

Cinq ans après, le chevalier et seigneur de Saint-Sauveur-le-Vicomte, Jean d'Harcourt, témoignait sa confiance et son affectueuse estime aux religieux de son abbaye. Il leur renouvelait et confirmait pour lui et pour les siens la permission

---

(1. *Regestrum Visitation. Archiepisc. Rothomag.* Edité en 1522, p. 88. Cf. Sauvage, *Histoire archéolog. des Bocains.* p. 232.

d'élire leur abbé. Auparavant, à chaque vacance du siège abbatial, ils étaient tenus de demander au seigneur l'autorisation d'élire un abbé et après l'élection, d'en obtenir la confirmation. Le seigneur d'Harcourt met à cette grâce une condition, c'est qu'on lui présentera, à lui et à ses héritiers, le nouvel élu en quelque ville du royaume qu'il se trouve. L'acte est du mois d'avril 1255 (1).

L'abbé Pierre dut assister, le mercredi avant la fête de Saint-Denis, au synode, où il avait été convoqué avec tous les abbés, doyens ruraux, pasteurs et curés du diocèse. L'évêque de Coutances, Jean d'Essey, leur fit souscrire dans cette assemblée l'accord passé entre l'archevêque de Rouen d'une part et ses comprovinciaux de l'autre. Cet accord, porté par Jean d'Essey à la connaissance des dignitaires de son clergé, mettait heureusement fin aux contestations qui s'étaient élevées sur la juridiction.

Le Pape Innocent IV avait, par sentence arbitrale, jugé tous les points en litige, en faveur des suffragants. Cependant la Bulle portait : que le Chef de l'Église n'avait pas entendu préjudicier aux droits des parties, jusqu'à ce qu'elles en fussent venues à un jugement rigoureux. Le but du concile de Pont-Audemer avait été de pacifier tout ce différend.

En 1257, l'abbé Pierre voyait Thomas Néel, fils du chevalier Jean, confirmer à l'abbé et aux religieux de Saint-Sauveur les donations que leur avaient faites ses prédécesseurs. Ces biens dépen-

---

(1) Bibl. Nation., fonds français, 4001, *Index Chartarum*, etc., fol. 66, verso.

daient de sa seigneurie du château d'Ollande à Canville.

Saint Louis qui partageait avec l'abbaye de Saint-Sauveur-le-Vicomte le patronage de l'église Saint-Ouen de Catteville, reconnut, le 1ᵉʳ juillet 1264, qu'ayant exercé son droit lors de la dernière vacance en nommant Pierre-aux-Epaules, c'était à l'abbé à présenter à l'Evêque, à la prochaine vacance, une personne qui convint aux fonctions de curé.

Pierre eut sans doute connaissance de cet acte royal, car il siégeait encore en 1264. Il mourut le 10 juillet, d'après le nécrologe de l'abbaye de Lessay.

11ᵐᵉ Abbé. — GUILLAUME II.

Ce fut cet abbé qui demanda, en 1266, à l'évêque de Coutances de confirmer son élection.

Son monastère eut l'honneur de recevoir l'archevêque de Rouen, Eudes Rigaud, dans la seconde visite que fit le prélat, en 1266. Le visiteur enjoignit à l'abbé de punir ceux qui transgresseraient la règle du jeûne et de l'abstinence. L'abbaye possédait plus qu'elle ne devait. Grâces à Dieu, dit le Registre des visites, le spirituel était en bon état. L'abbaye devait 520 livres, mais elle avait 400 livres de créances, bien ou mal assurées, *« tam bene solubilibus quam male. »*

Le monastère avait été quelque temps sans abbé, après la mort de Pierre II. Celui que les moines venaient de nommer n'était pas à l'abbaye pour la réception de l'archevêque visiteur; il était allé faire confirmer son élection par son évêque (1).

On rapporte sa mort au 30 septembre.

12ᵉ Abbé. — THOMAS Iᵉʳ.

Il prit en main la crosse abbatiale après Guillaume. Nous n'avons aucun acte de son administration.

C'est sans doute sous son gouvernement, que, l'an 1277, au mois de février, Jean d'Harcourt accorda aux moines de Saint-Sauveur la faculté d'avoir des fourches patibulaires à Saint-Sauveur, même sur ses terres, pour pendre ou faire pendre les brigands qui pourraient être arrêtés par ses gens ou ses officiers (2).

L'année suivante, la communauté recevait du même baron la donation de sept vergées de prairie, en outre des cinq acres et demie de terre qu'il lui avait déjà concédés. La seule condition imposée dans l'acte aux moines de Saint-Sauveur était de payer à ce seigneur et à ses héritiers, à la Saint-Michel, la rente annuelle de douze deniers tournois (3).

D'après Arthur du Moustier, il mourut le 21 novembre.

---

(1) Regestrum Visitation. Archiepisc. Rothomag., p. 299.
(2) Bibl. Nation., fonds français, n° 4901. Index Chartarum, fol. 67, recto.
(3) Bibl. Nation., fonds français, n° 4901. Index Chartarum, fol. 67 recto.

13ᵉ Abbé. — Jean Iᵉʳ de Condren.

Jean de Condren succéda à Thomas Iᵉʳ. Appartenait-il à la famille de Condren fixée à Périers, et dont un membre allait être à la fin du siècle suivant bailli de Saint-Sauveur-Lendelin et de Pontorson ? L'histoire ne le dit pas. Il eut la satisfaction de voir, l'an 1290, l'évêque de Coutances, Eustache, terminer par sentence arbitrale un grand procès qui durait depuis longtemps entre le seigneur de Saint-Sauveur, Jean d'Harcourt et les religieux de l'abbaye. Le différend avait pour cause les prétentions rivales des deux parties sur une forêt voisine. Le fils de Jean d'Harcourt, Robert qui allait bientôt monter sur le siège épiscopal de Coutances à la place de Frère Eustache, s'empressa de témoigner sa joie à l'abbaye, en lui accordant le bois de sa forêt pour restaurer la chapelle de son château, qu'on appelait l'ancienne abbaye. L'acte est du samedi avant la Conversion de saint Paul l'an 1290 (1).

Peu de temps après, le chapitre de Coutances écrit aux moines de Saint-Sauveur, pendant la vacance du siège, sous la date du mois de mars 1291. Le chartrier de l'abbaye a conservé cette pièce relative à la cure de Vaudreville. Vincent Tanqueray, bailli du roi en Cotentin, tenant l'assise à Valognes, le 22 septembre 1291, avait adjugé aux religieux le

---

(1) Bibl. Nation., fonds français, n° 4901, *Index Chartarum*, etc., fol. 68, recto.

patronage de Vaudreville. Ce patronage leur était contesté par Hamon de Juguehon et par Pierre et Robert de Lestre. Le bailli, ayant informé le chapitre de Coutances de sa décision « *sede vacante,* » celui-ci reconnut la légitimité des droits de l'Abbaye (1).

Jean de Condren vivait encore en 1298. Sa mort est marquée au 27 août dans le nécrologe du monastère.

14° Abbé. — THOMAS II D'AUBIGNY OU D'AUBIGNÉ.

Cet abbé, qui avait été procureur de l'abbaye (2), est mentionné, dès l'an 1299, dans un acte passé aux assises de Valognes. Là, en présence de Fr. Thomas, abbé de Saint-Sauveur, Richard, abbé de Montebourg, se désistait de la poursuite de ses prétentions contre l'abbaye de Saint-Sauveur, en vertu d'un bref pontifical (3).

En l'an 1301, sous le gouvernement de Thomas II, l'évêque de Bayeux, Pierre, confirma à l'instar de ses prédécesseurs toutes les donations faites à l'abbaye et situées dans son diocèse (4).

En l'an 1300, l'évêque de Coutances, Robert d'Harcourt, permit aux religieux de Saint-Sauveur d'amener les eaux à leur abbaye en passant par ses

---

(1) ROUAULT. *Hist des Ev.*, p. 225.

(2) Bibl. Nation., fonds français, n° 4901. *Index Chartarum,* etc.

(3) Bibl. Nation., fonds français, n° 4901. *Index Chartarum,* etc., fol. 70, verso.

(4) *Ibid.*, fol. 73, recto.

terres. La concession est du samedi après la fête Saint Jean (1).

L'année suivante, il y eut un compromis entre l'abbaye de Saint-Sauveur et Madame Agnès, veuve de Jehan de Colombières, au sujet d'un poisson qui avait échoué à Fontenay-sur-les-Veys. L'accord se fit aux assises de Bayeux, par le ministère du bailli de Caen.

La mort enleva notre abbé à ses frères, le 12 novembre 1305, date fournie par les deux obituaires de Saint-Sauveur et de Lessay. Il serait intéressant de savoir si cet abbé appartenait à une des branches de la famille d'Aubigny restée dans le pays, ou bien à celle dont Philippe-Auguste avait confisqué les terres un siècle auparavant lorsqu'elle s'était attachée à la fortune du roi d'Angleterre. Les annales du monastère gardent le silence sur ce point comme sur tant d'autres qui intéresseraient au plus haut point la curiosité du lecteur.

15⁽ᵉ⁾ Abbé. — THOMAS III.

Tout ce que nous savons sur cet abbé, c'est qu'il siégeait en 1307 et qu'il décéda le 20 septembre. En l'année 1311, probablement sous l'administration de Thomas III, l'attourne ou procureur du monastère de Saint-Sauveur se nommait Clément Le Davarious. *Attourne* voulait dire *procureur*. Les Anglais

---

(1) Bibl. Nation., fonds français, n° 9901. *Index Chartarum*, fol. 68, recto.

emploient encore le mot attorney dans le même sens (1).

Le chevalier Guillaume Crespin confirma à l'abbé de Saint-Sauveur et aux Bénédictins de la Luthumière leurs droits dans la forêt de la Luthumière.

Guillaume Crespin avait pour attourne, dans cette affaire qui fut traitée aux assises de Valognes, Robin Rondin.

16ᵐᵉ Abbé. — NICOLAS Iᵉʳ DU JARDIN.

L'abbé Nicolas mit sa communauté en union de prières avec celle de Saint-Pierre-sur-Dives, en 1312.

Les communautés religieuses recevaient des donations à titre gratuit ou à titre onéreux.

Le plus souvent elles s'engageaient à l'égard du donateur à faire des prières et à acquitter des messes; d'autres fois les moines s'obligeaient à fournir au bienfaiteur le vivre et le logement. Nicolas Iᵉʳ eut à signer en 1321, un engagement pris à Coutances par-devant Drouet Evesmes à l'égard de Halis Fansbarbe.

Celle-ci donnait tous ses biens à l'abbaye, s'en réservant l'usufruit sa vie durant, et stipulant que la communauté lui fournirait chaque année un pain blanc, un gallon de cervoise (chervoise) et une pitance qu'elle recevrait des mains du cellérier. Cette charge n'était pas lourde pour la communauté. Celle dont nous allons parler l'était davantage.

(1) *Cartulaire du Prieuré de Saint-Pierre de la Luthumière*, charte n° 8.

Devant le garde-scel de la vicomté de Valognes, Jean d'Ouville, escuyer, de la paroisse de Saint-Julien d'Urville, fit d'importantes donations à l'abbaye. Mais celle-ci s'engagea à lui fournir chaque année, sa vie durant, une robe et un estiveau convenable. Chaque jour on devait lui fournir par la main du cellérier un pain du couvent et un tierchant. On devrait le loger dans une chambre convenable, avec lit, table et doublier, etc. A lui incombait la charge de se procurer le chauffage et l'éclairage, ce que la charte exprime ainsi : « sans busche et sans candèle (1). »

Nicolas Ier mourut le 12 juin 1322. Son successeur, Pierre Morice, devait garder la crosse abbatiale pendant quarante ans. Nicolas Ier terminait une série déjà longue d'abbés qui avaient possédé en paix une maison honorée et enrichie par les plus nobles familles du Cotentin.

Une ère de calamités allait s'ouvrir pour ses premiers successeurs, et le mal devait prendre sa source dans les passions d'un chevalier dont les vertus guerrières eussent pu couvrir son pays de gloire, tandis qu'il appela l'ennemi dans sa patrie.

Sa félonie allait entraîner la ruine d'une maison que ses ancêtres avaient fondée.

(1. Bibl. Nation., fonds français, n° 4901, *Index Chartarum*, p. 50.

CHAPITRE IV

L'Abbaye pendant la guerre de Cent-Ans.

Trois familles normandes, celles des Néel, des de la Roche-Tesson et des d'Harcourt avaient fait successivement la grandeur de l'abbaye. Après deux siècles de tranquillité et d'accroissements progressifs, un événement politique allait la jeter dans une longue suite de désastres, dont elle ne devait sortir qu'au bout de cent ans. La décadence de la maison d'Harcourt allait entraîner la décadence de l'abbaye.

L'évêque de Coutances, Robert d'Harcourt, qui avait tant fait pour elle, était mort à Paris en 1315. Son neveu, Godefroy d'Harcourt, lui succéda dans la baronnie de Saint-Sauveur-le-Vicomte après Jean et Louis d'Harcourt. Heureux si l'ambition et la soif de la vengeance n'eussent pas terni les belles qualités de ce seigneur.

« C'était, dit Froissard, un chevalier de grand courage et moult vaillant de conseil et d'armes, selon sa puissance, car il estait boiteux moult fort, mais pour ce ne demeura mie qu'il ne fût hardi et entreprenant, et ne daigna oncques fuir que bataille. »

Godefroy de Harcourt était un caractère, chose peu commune alors comme dans tous les temps.

Et c'est là ce qui explique la sympathie singulière dont ses contemporains entourèrent le trop célèbre sire de Saint-Sauveur-le-Vicomte.

Godefroy mourut en héros, mais il était en révolte contre son roi. On connaît l'origine de sa félonie.

Il avait été blessé dans son orgueil chevaleresque par son voisin le maréchal Bertrand de Bricquebec, parce que tous les deux voulaient marier leur fils à la fille de Roger Bacon, seigneur de Moley.

Le maréchal l'avait emporté : il avait empêché, au profit de son propre fils, ce mariage que Godefroy d'Harcourt désirait vivement. Celui-ci voulut se venger. Or, pour l'aristocratie guerrière du temps, se venger c'était faire appel à la force, aux procédés sans scrupules.

Dans les mœurs à demi barbares de la féodalité d'alors, pour le grand nombre, la force c'était le droit. La jalousie d'un seigneur contre l'autre alluma la guerre entre eux. De là tous les malheurs dont l'abbaye de Saint-Sauveur allait être victime pendant un siècle.

Godefroy, qui avait beaucoup de troupes à sa disposition, se jeta sur les châteaux de l'évêque de Bayeux, frère du maréchal de Bricquebec.

Il vint mettre le siège devant le château de Neuilly, avec le dessein de le piller et de le saccager, parce qu'il appartenait au frère de son ennemi.

Sur ces entrefaites, Philippe de Valois découvrit l'intelligence que Godefroy s'était ménagée avec Edouard III, roi d'Angleterre, de concert avec Guillaume Bacon, Richard de Bercy et Jean de la Roche-

Tesson. La découverte du complot délivra le château de l'évêque de Bayeux. Les conspirateurs furent arrêtés. Godefroy prit la fuite. Il trouva asile auprès du duc de Brabant, dont il était l'allié ; mais la proximité des Etats de France lui faisait craindre pour sa sécurité. Il passa bientôt à la cour du roi d'Angleterre. Le roi de France avait fait condamner à mort et exécuter sous ses yeux les trois complices de l'injuste agresseur. Leurs têtes furent envoyées à Saint-Lo et exposées sur une roue, en plein marché. Le ressentiment du baron de Saint-Sauveur ne connut plus de frein. Sa haine lui persuada qu'il allait combattre pour les libertés de son pays. « Il disait, rapporte Froissard, que tout ce qu'il avait fait estait pour garder et tenir en droict et soustenir les coustumes et libertés normandes. »

Edouard III l'accueillit avec joie. La trahison était commencée. On était en 1345. Un an plus tard, le 16 juillet 1346, il abordait sur les vaisseaux anglais à Saint-Vaast-la-Hougue.

La lutte se poursuivit dix ans durant entre Godefroy et son suzerain, le roi de France.

Robert de Clermont veut mettre fin à la révolte ; il pousse une pointe vers Barfleur, et en revenant il rencontre les bandes du baron révolté.

Pendant que Godefroy d'Harcourt promettait au roi d'Angleterre un immense butin en Normandie, on lui faisait son procès dans les formes. Il fut condamné par contumace et tous ses biens furent confisqués.

Le roi Jean avait prononcé la confiscation de tous

les biens des condamnés; il voulut la mettre sans délai à exécution; un Bailly grand justicier fut délégué pour cet office, et se rendit, accompagné de gens d'armes, pour prendre possession d'une des terres du feu comte, Jean d'Harcourt; mais il y trouva le redoutable Godefroy, qui lui fit trancher la tête, ainsi qu'aux gens d'armes de sa suite, au nombre de dix-sept. Nul autre bailly n'osa depuis affronter ce terrible mode d'opposition à l'exécution d'un jugement.

Godefroy allait même s'allier avec le roi de Navarre.

En 1353, le bailliage du Cotentin fut donné par le roi Jean à Philippe, roi de Navarre, en dédommagement des justes prétentions qu'il élevait sur plusieurs provinces du royaume.

Dès l'année suivante, ce prince fit naître des soupçons et ses intrigues amenèrent l'occasion que l'on cherchait sans doute de lui retirer les places qu'on lui avait cédées.

Rentré dans le Cotentin, peu de mois après, à la tête des quelques troupes levées dans ses Etats, il fait avec le roi Jean un nouveau traité qui n'est pas mieux observé que le premier. On s'assure de sa personne. Sa détention réunit tous ses partisans contre l'auteur de sa disgrâce. Ils appellent les Anglais à leur secours: de là la guerre des Français contre les Anglo-Navarrais.

Enfin, l'armée du roi Jean s'étant formée sur les frontières de la Normandie, Godefroy d'Harcourt et Philippe de Navarre, après avoir placé des garnisons dans les châteaux des proscrits, se retirèrent dans le Cotentin, où Godefroy était propriétaire des châteaux et seigneuries de Saint-Sauveur-le-Vicomte : là fut son quartier-général, d'où il s'élançait sur tout ce qu'il croyait tenir au parti de son ennemi.

Cependant le roi Jean, que l'incendie menaçait d'un côté quand il cherchait à l'éteindre de l'autre, apprenant que le fils aîné d'Edouard, prince de Galles, surnommé *le Prince Noir*, parti de Bordeaux avec une forte armée, avait envahi l'Agenois, le Limousin, l'Auvergne et s'élançait dans le Poitou, jugea nécessaire de porter de ce côté-là ses principales forces.

Le 10 septembre 1356 eut lieu cette malheureuse bataille de Poitiers où tant de Français périrent, et où le roi Jean fut fait prisonnier. Un défaut d'ensemble dans l'action, résultant de l'amalgame hétérogène de tant de milices féodales, indépendantes entr'elles, une espèce de fatalité enfin, mirent le comble par cette défaite aux malheurs de la France. Froissart, dont le mérite paraît plus grand à mesure qu'on l'étudie davantage, dit : « Avec tout ce, les chevaliers et écuyers qui, retournés étaient de la bataille, en étaient tant haïs et si blâmés des communes, qu'avec peine ils traversaient les bonnes villes. » Voilà bien le Tiers-État, levant la tête, se posant comme nation, et, dans son amour-propre national, flétrissant les chevaliers et écuyers qui ont laissé vaincre la France dans les plaines de Poitiers.

Après la bataille et pendant la captivité du roi

Jean, le Cotentin fut ravagé par Godefroy d'Harcourt, qui commandait les troupes navarraises et anglaises pour les rois de Navarre et d'Angleterre alors en guerre avec la France.

Il partit de Saint-Sauveur-le-Vicomte, sa principale place, en 1356, pour aller attaquer la ville de Coutances, qui n'était pas alors fortifiée. La garnison royale de Coutances était commandée par Robert de Clermont, qui avait sous ses ordres plusieurs gentilshommes, tout dévoués à la cause du roi de France. Parmi ces intrépides défenseurs, on comptait les sieurs de Rayneval, de Réville et de Tréauville.

La garnison se retrancha, à l'arrivée de Godefroy d'Harcourt, dans la cathédrale devant laquelle il mit le siège. Il employa, pour la démolir, les machines de guerre usitées dans ce temps, et elle était sur le point d'être emportée d'assaut, quand l'arrivée d'une armée, envoyée par les États au secours des assiégés, força le baron de Saint-Sauveur à se retirer vers son château.

La garnison de Coutances se joignit à l'armée qui venait si à propos la renforcer et se mit à la poursuite des fuyards.

Quand Godefroy d'Harcourt en sut la nouvelle, il désira vivement les rencontrer en plate campagne et assembla tout ce qu'il pouvait avoir de gens d'armes, d'archers et de compagnons. Les gens d'armes portaient l'armure, la lance et l'épée ; les archers étaient une milice légère, armée d'arcs et de flèches ; les compagnons étaient une milice irrégulière à qui on donnait plusieurs destinations. Il leur annonça qu'il allait chevaucher vers l'ennemi ; ils partirent donc de Saint-Sauveur au nombre de cinq cents. « Ce propre jour, dit Froissart, chevauchaient aussi les Français avec des coureurs en avant ; ceux-ci ne tardèrent pas à revenir et à rapporter qu'ils avaient aperçu les Navarrais. D'autre part les coureurs de Godefroy d'Harcourt, qui avaient suivi un autre chemin, ne tardèrent pas à découvrir les Français, à distinguer leur nombre et les bannières qui flottaient au milieu d'eux ; il résulta de leur rapport que les Français étaient les plus nombreux et la plupart des gens d'armes qui étaient avec Godefroy étaient d'avis de battre en retraite ; mais Godefroy dit sans s'émouvoir que, puisqu'il voyait ses ennemis, il les combattrait ; ce qui releva le courage un moment chancelant de sa troupe. Quand les deux armées furent en présence, elles se mirent en bataille sur-le-champ.

L'action s'engagea au passage des Veys. L'armée française avait franchi le bras de rivière formé par le confluent de l'Ouve, de la Sève et de la Taute ; elle défilait sur l'étroite chaussée qui traversait les marais de Brévands, quand arrivée à la hauteur de Escoquebugle (aujourd'hui Cocbourg), elle aperçut à sa droite des bandes embusquées sur un terrain qui était à peine sûr pour les gens du pays. La position était critique : en quelques instants, la troupe de Robert de Clermont pouvait être mise en pièces et culbutée dans des fondrières. Le péril fut conjuré par l'intrépidité de Baudrain de la Heuse et de Rigaud de Fontaines. Ces deux capitaines, soutenus par une quarantaine d'hommes d'armes, firent face à l'ennemi et se jetèrent sur les coureurs que Godefroy d'Harcourt avait envoyés en avant.

Le choc fut si violent que les coureurs durent tourner bride et se rabattre en désordre sur la troupe de leur chef. Il s'en suivit quelques moments de confusion, qui suffirent pour donner aux Français le temps d'achever la traversée du marais.

Godefroy s'élança à leur poursuite et les atteignit près d'un gué par lequel on passait la Vire à marée basse pour gagner le Bessin et qu'on appelait Saint-Clément : Robert de Clermont n'évita pas la rencontre. On en vint donc aux mains, et l'issue du combat ne fut pas un instant douteuse.

Godefroy avait placé les archers pour commencer le combat et blesser gens et chevaux. Quand Raoul de Rayneval aperçut cette manœuvre, il en devina le but et fit descendre tous ses cavaliers, leur recommanda de se tenir à pied sans faire de mouvement, de se bien couvrir de leurs boucliers et de mettre à l'écart leurs chevaux, de manière à laisser l'armée ennemie épuiser toutes ses flèches ; quand les archers navarrais n'en eurent plus, il jetèrent leurs arcs et se retirèrent vers les gens d'armes, rangés le long d'une haie avec Godefroy et sa bannière.

Les archers français ramassèrent alors toutes les flèches éparses sur le terrain et commencèrent à les lancer vivement contre les Navarrais, auxquels ils firent beaucoup de mal, car rien n'était si dangereux que les flèches contre la cavalerie : le cheval une fois blessé ou seulement piqué ne gardait plus son rang et le plus souvent désarçonnait son cavalier par ses mouvements désordonnés. Ce que Raoul de Rayneval avait prévu arriva : quand les Français virent que les Navarrais étaient ébranlés et en désordre, ils fondirent sur eux avec impétuosité, montés sur des chevaux tout frais, armés de lances, de fortes épées et de haches d'armes ; une partie des Navarrais prit la fuite, malgré les cris de leur chef qui leur donnait vainement l'exemple d'un courage qui ne sait pas céder.

Godefroy entra avec un petit nombre de braves qui lui restaient dans un enclos que Froissart appelle un vignoble, entouré d'une haie très forte et très serrée, et n'ayant qu'une entrée escarpée et étroite. A cette entrée s'engagea un combat opiniâtre qui coûta beaucoup de monde aux Français : les cadavres s'amoncelaient au bas de cette fatale brèche ; enfin les Français la forcèrent et la bannière de Raoul de Rayneval fut plantée au milieu de l'enclos.

En les voyant déboucher, Godefroy fit le signe de la croix : « Aujourd'hui, dit-il, en suaire d'armes sera mon corps enseveli. Doux Dieu Jésus-Christ, je vais mourir en me défendant et en vengeant la cruelle mort dont à tort et sans raison l'on a fait mourir ceux de mon sang. »

Puis il s'adossa contre un arbre, et serrant sa lance dans ses mains : « Adieu, s'écria-t-il, adieu ! Jésus-Christ, je te remercie de l'honorable mort que tu m'envoies. »

Le Baudrain de la Heuse, Robert de Clermont et les autres chevaliers qui étaient rangés en bataille devant lui, lui criaient de se rendre. Il leur répondit :

« Par l'âme d'Alix, ma mère, jamais le duc de Normandie ne me tiendra vivant. »

Les combattants restés avec Godefroy voyant la bataille perdue, une partie se rendit, l'autre trouva le moyen de s'enfuir. Godefroy resta seul ; et, comme dit énergiquement le précieux historien Froissart, « quand il vit ce et qu'il convenait mourir ou être pris, car fuir il ne pouvait, mais plus cher avait à mourir qu'à être pris, il prit une hache et dit à soi-même qu'il se vendrait. » Il se plaça donc à un des angles de l'enclos, et brandissant sa hache d'armes avec la force prodigieuse dont il était doué, il renversait à terre tout ce qui l'approchait, mort ou dangereusement blessé ; enfin, deux chevaliers, pour en finir, montèrent, armés de toutes pièces sur leurs chevaux, et les aiguillonnant vivement de l'éperon, fondirent impétueusement tous deux à la fois, la lance en arrêt sur Godefroy, qui eut le corps transpercé des deux coups de lance qu'il reçut au même instant ; sa hache échappa de ses mains, il tomba à terre et ne donna plus aucun signe de vie. Les noms des deux chevaliers qui combattirent ainsi contre un ennemi à pied, avec la supériorité que leur donnaient leurs chevaux et leurs lances, n'ont pas été conservés par les chroniqueurs, heureusement, doit-on dire, pour l'honneur de leur mémoire (1).

Ces sortes de détails, d'un intérêt si vif, ne pouvaient figurer dans une histoire générale de France, qu'ils rendraient par trop volumineuse ; mais com-

(1) *Annuaire de la Manche*, 1846, p. 118.

bien ils donnent de prix aux histoires locales, qui sont parfois aussi intéressantes que le meilleur roman, et ont par-dessus le roman l'avantage d'être la vérité.

L'armée française rentra à Coutances avec son butin et ses prisonniers. Le corps du malheureux vicomte fut enlevé le jour même par les soins de Philippe de Navarre, et porté à l'abbaye de Saint-Sauveur, où il reçut les honneurs dus à son rang.

On se prend à regretter que tant d'héroïsme ait été mis au service de la rébellion. C'est ce qui explique la sympathie qu'on portait à Godefroy d'Harcourt. Il eut beau être traître à son pays et à son roi, on le jugeait avec indulgence. Sans doute en cédant à la violence de ses passions et de ses haines, il finit par livrer son pays à son plus implacable ennemi; mais dans son crime, il doit trouver quelque excuse aux yeux de la postérité. Pour juger avec impartialité des actes que nos idées modernes proscriraient avec une juste sévérité, il faut se placer dans le milieu social où vivait le puissant baron normand.

Lorsqu'il amena Edouard III sur les côtes du Cotentin, il n'y avait guère plus de cent vingt-cinq ans que la Normandie était conquise sur les anciens ducs, devenus roi d'Angleterre; de plus chaque grande famille avait des représentants et possédait des fiefs sur l'île et sur le continent; la langue normande était parlée sur les deux côtés du détroit; enfin les droits de Philippe de Valois à la couronne de France avaient été très contestés.

Ils n'avaient même dû leur triomphe qu'à une interprétation fort équivoque d'une loi barbare retrouvée à propos et que les Anglo-Normands n'ont jamais reconnue. Peut-être avons-nous dans toutes ces circonstances atténuantes l'explication de cette sympathie qui ne manqua jamais de son temps à Godefroy d'Harcourt.

Nous aimons à mettre sous les yeux du lecteur une ballade inspirée à M. de Coupigny par la mort du sire de Saint-Sauveur.

Un ménestrel, noble enfant du bocage,
Chantait un soir, au foyer d'un château,
De Godefroy l'intrépide courage
Et ses combats et son trépas si beau ;
A sa valeur chacun rendait hommage
Tous à l'envi lui répondaient en chœur :
Honneur et gloire au sir de Saint-Sauveur.
Jehan d'Harcourt, suspect de félonie,
Dans un banquet sous les yeux du bon roi
Fut massacré ; cette horrible infamie
A révolté le cœur de Godefroy.
« De par saint Jean et la Vierge Marie
« Je vengerai mon neveu, mon ami,
« Et je mettrai ces Français à merci. »
« Or sus, dit-il, compagnons d'armes,
« Armons encore Navarrois et Normands
« Et de Crécy réveillant les alarmes,
« Qu'ils meurent tous, ces Français si vaillants !
« C'est de leur sang qu'ils me paieront mes larmes. »
Il part, il vole et déjà la terreur
A devancé son étendard vainqueur.
Mais le Français, à cet aspect funeste,
Pensant revoir les Normands dans Paris
A de Poitiers rassemblé ce qui reste
Pour arrêter ce torrent d'ennemis.
Braves Normands, par l'honneur que j'atteste,
Ils sont nombreux, tant mieux, dit Godefroy,
De mon épée ils vont subir la loi.

> Tout fuit, tout cède à son brillant courage,
> Mais un renfort vient de sang altéré,
> Sur Godefroy s'élancer avec rage :
> Il meurt, le preux, de mille coups percé
> Laissant de gloire un brillant héritage,
> En répétant ce fier dicton aux siens :
> « Mieux vault cent fois estre mort qu'estre prins. »
> Il s'arrête, l'enfant de Normandie
> Le cœur navré de son récit d'horreur ;
> Page et varlet, à face réjouie,
> En l'écoutant prenaient un air rêveur,
> Où la tristesse à la fierté s'allie.
> Dames et preux de crier : honte au roi !
> Honneur et gloire au *vaillant* Godefroy ! »

Cinq ou six cents Anglais ou Navarrais périrent dans ce combat, auquel on donne généralement le nom de bataille du Cotentin (1).

Le nombre des prisonniers est inconnu. Ceux qui échappèrent au désastre se sauvèrent dans la place de Saint-Sauveur-le-Vicomte. Godefroy l'avait non vendue, mais léguée, le 18 juillet 1356, au roi d'Angleterre, avec son immense fortune territoriale, dont il avait juré de frustrer son neveu, Louis d'Harcourt (2).

Celui-ci avait fait à son oncle le refus formel de s'unir à lui pour combattre contre le roi de France.

---

(1) Cette bataille fut livrée au mois de novembre 1356. M. Léopold Delisle en établit la preuve, d'après une chronique inédite. (Bibl. Nation., fonds français, n° 4987, fol. 61.) — Selon l'illustre auteur, l'action engagée au lieu appelé Coebourg, se termina près du gué de Saint-Clément, non loin de l'endroit où Amauri de Meulant, lieutenant du dauphin Charles en Normandie, avait été battu et fait prisonnier peu auparavant. Toustain de Billy place la rencontre près de Saint-Sauveur-Lendelin, mais il ajoute qu'il est difficile de déterminer le lieu du combat.

(2) Rymer, *Acta publica*, vol. III, p. 382.

L'inimitié de Godefroy prenait donc sa source dans l'attachement de Louis à son souverain légitime.

Les titres et les honneurs n'avaient pas fait défaut au Sire de Saint-Sauveur : il était vicomte, lieutenant pour le roi en Normandie, connétable et maréchal en Angleterre.

Godefroy d'Harcourt avait amené les Anglais dans sa patrie. Ils firent de Saint-Sauveur une place d'armes importante. Sa nombreuse garnison allait pendant de longues années couvrir toute la basse Normandie de deuil et d'horreurs.

Mais en se fortifiant dans le château, ils allaient détruire presque entièrement l'abbaye, parce qu'ils craignaient que les moines fussent plus fidèles au roi de France qu'au souverain étranger. Après Cherbourg, Saint-Sauveur devint la place de guerre la plus forte que les Anglais possédassent en Normandie.

Edouard III lui donna Jean Chandos pour gouverneur. Chandos, « le plus courtois chevalier que l'Angleterre eût produit depuis cent ans, » fit exécuter de grands travaux dans l'espace de neuf mois. Après la mort du fameux guerrier, le roi d'Angleterre donna Saint-Sauveur à Alain Bouryselle, qui eut lui-même pour successeur, vers 1370, Jehan de Dreux, Alain Boxhall et Thomas Kadrington. C'est à cette époque qu'il faut rapporter la démolition du bâtiment et de l'église de l'abbaye de Saint-Sauveur.

Le roi d'Angleterre l'avait ordonnée pour enlever tout refuge et toutes ressources au corps d'armée qui pouvait faire le siège de la place. L'église ne fut pas entièrement rasée ; mais elle souffrit beaucoup, et ce fut probablement alors que disparurent les monuments des fondateurs.

Pierre Langlois, qui était abbé, survécut à tant de désastres et ne mourut qu'en 1376.

La Communauté ne devait relever ses ruines qu'en 1450. En attendant, les moines se dispersèrent pour aller les uns dans l'abbaye de Cherbourg, les autres dans l'île de Jersey, où ils avaient des possessions. Ces paisibles habitants avaient cédé la place aux gens de guerre.

Anglais et Français firent tour à tour de l'abbaye un point stratégique pour la défense ou l'attaque du château. L'envahisseur s'empressa d'établir des postes fortifiés dans l'abbaye qui aurait pu favoriser les travaux de l'assiégeant. Ils établirent encore des bastides au manoir de Garnetot, sur la rive droite de l'Ouve, en face de l'abbaye et enfin à Grondeville, sur la route de Saint-Sauveur à Montebourg. Puis, le roi de Navarre comprenant l'odieux de sa conduite et voulant garantir la tranquillité du Cotentin, obtint du roi d'Angleterre, vers 1371, qu'il ne resterait à Saint-Sauveur que la garnison nécessaire à l'occupation du château. Les détachements cantonnés à l'abbaye et à Garnetot devaient sortir du Cotentin ; on devait aussi raser les fortifications de Garnetot.

Le pays tout entier était enveloppé comme dans un réseau de violences. Ce n'étaient que destruction, que ruines, que possessions incertaines et livrées à la fureur et aux caprices des invasions. En un mot c'était le temps dont le vieux Prieur de la Bloutière écrivait qu'il voyait alors « ce pays si merveilleusement rapeticé et détruit par les guerres et par trois mortalités. » Les loups en effet ravageaient les campagnes, et, chose remarquable, Tollevast ne comptait plus un seul habitant en 1394.

Tant de calamités attirèrent enfin l'attention de la Cour. Le roi Jean était mort à Londres, en 1364. Charles V, son fils, lui succéda.

Il occupait le trône de France depuis dix ans déjà, lorsqu'enfin il se résolut à une action décisive pour secourir la basse Normandie.

Les Etats de la Province, par leurs plaintes réitérées sur les dévastations et les brigandages exercés par les Anglais, avaient fini par émouvoir le jeune prince et par lui faire comprendre de quelle importance était pour sa couronne la possession de Saint-Sauveur-le-Vicomte. Il donna l'ordre à Du Guesclin, en 1375, de faire le blocus, puis le siège de la place et de s'en rendre maître.

Au connétable il adjoignit les maréchaux de Blainville et de Sancerre, l'amiral Jean de Vienne, le comte d'Harcourt, le dauphin d'Auvergne, Yvain de Galles et Sylvestre de la Cervelle, évêque de Coutances.

Les Anglais, maîtres du château depuis 1356, en avaient augmenté les fortifications et les entretenaient avec soin. La garnison était forte et nombreuse. Il ne fallait pas moins que cette élite de capitaines pour faire le siège de Saint-Sauveur. Il fut long et meurtrier. L'amiral Jean de Vienne fut chargé par le connétable de la direction du siège. Il fit allumer contre une des tours du château un feu si violent, qu'elle fut détruite *(funditus eversa)* et que le feu fit fondre plusieurs cloches neuves que les Anglais y avaient apportées. Une de ces cloches tenait six boisseaux, mesure de Saint-Sauveur (1).

En outre l'artillerie tonnait contre la place. La grosse artillerie avait pris position à l'est du château ; des batteries avaient été établies sur le mont de la Place à Rauville et dans l'enceinte de l'abbaye.

Pendant que les Anglais lançaient sur les assiégeants de grosses pierres, anciens matériaux de l'abbaye démantelée, les ruines de celle-ci fournissaient aux Français des projectiles abondants. Mais parmi les engins de guerre qui figuraient dans l'artillerie de l'armée française était un gros canon dont on attendait le plus grand effet. Cette pièce de canon avait été forgée dans les halles de Caen par quatre maîtres forgerons, dont l'un venait du Sap et s'appelait Nicole.

Bernard de Montferrat en avait dirigé la construction. Le canon arriva sous les murs de la place, vers le 10 mai 1376. Il fut aussitôt mis en batterie devant la bastide de l'abbaye. On commença par lui faire lancer deux grosses pierres qu'on avait taillées d'avance en forme de boulet et qu'on avait pris la

---

(1) « *Quarum una habebat sex buccellos ad mensuram Sancti Salvatoris.* » On verra, dans le dernier chapitre de cet ouvrage, que le boisseau de Saint-Sauveur-le-Vicomte était de 20 pots. La contenance de cette cloche était donc de 120 pots ou 240 litres.

précaution d'apporter de Caen, pour être en état de tirer dès qu'on serait à portée du château.

Il produisit des effets si terribles que, dès le 21 mai, les Anglais parlèrent de capituler.

Les assiégeants, persuadés que Saint-Sauveur était imprenable « par engins et par assault, » ne se montrèrent pas difficiles sur les conditions. Il fut stipulé que les assiégés rendraient la place le 1ᵉʳ juillet, s'ils n'étaient pas secourus; qu'on leur donnerait 60,000 francs d'or.

De leur côté, les Anglais remirent les clefs du château à l'amiral Jean de Vienne avec huit otages. C'est ainsi qu'après vingt-neuf ans, Saint-Sauveur fut délivré de la domination anglaise. Mais le Cotentin devait attendre de longues années encore avant de jouir de son ancienne prospérité, tant avaient été profonds les ravages de l'occupation étrangère.

En 1394, les commissaires du duc d'Orléans reconnaissaient les misères de la situation, eux qui accordaient une décharge au prieuré de Saint-Erbland, parce qu'il avait été ruiné « par la fortune des guerres et mortalités et par espécial des Anglais qui ont tenu derrainement le chastel de Saint-Sauveur-le-Vicomte (1). »

17ᵉ Abbé. — PIERRE II MORICE.

Commencée en 1322, sa prélature devait durer quarante ans.

(1) M. Léopold DELISLE, *Histoire des Sires de Saint-Sauveur*, p. 232.

Il avait pour attourne et procureur, en 1327, Guillaume le Hagueiz (1). Sous la même prélature Jehan Langlois était attourne et procureur de la communauté (2).

On rencontre le nom de Pierre Morice dans les Actes, en 1333. Sous son administration, Jean Blondel, bailli du Cotentin, adjugea, le 1ᵉʳ mars 1336, aux Assises de Valognes, l'église de Vaudreville à l'abbaye de Saint-Sauveur.

Pierre Morice fut témoin des premiers exploits de Godefroy d'Harcourt. Il l'avait vu se couvrir de gloire dans la guerre de Flandre, en 1328. Il était loin de soupçonner alors les tristes événements qui allaient désoler sa communauté.

Il avait eu la douleur de voir le vicomte de Saint-Sauveur faire cause commune avec les ennemis du Royaume et les appeler sur le sol de la patrie.

Philippe de Valois avait tout pardonné à Godefroy d'Harcourt en 1346. Celui-ci rentra dans ses domaines plus puissant et plus redouté qu'il n'avait été avant son exil. Le roi l'avait autorisé à relever son château complètement ruiné dans la dernière guerre par l'armée royale. Les premiers d'Harcourt s'étaient plus occupés du soin paisible d'achever et d'embellir l'abbaye que d'augmenter les fortifications de leur château, à une époque où le pays n'avait aucune guerre à soutenir.

---

(1) *Cartulaire du Prieuré de Saint-Pierre de la Luthumière*, charte n° 10
(2) *Ibid.*, charte n° 35.

L'intrépide Godefroy avait des goûts plus belliqueux, il mit une grande activité à fortifier Saint-Sauveur et il en fit une des meilleures places du pays.

En attendant l'achèvement des travaux, il alla résider au manoir du Ham (1), propriété de l'abbaye de Saint-Sauveur, que l'abbé Pierre Morice lui avait prêtée. Il y fit d'importantes réparations. Mais en 1349, le duc de Normandie fit saisir ce manoir, sous prétexte que Godefroy y avait fait exécuter des fortifications, qui étaient une perpétuelle menace pour la sécurité du Cotentin. La saisie dura peu de temps.

L'archevêque de Rouen, lieutenant du roi et du duc de Normandie, déclara que le duc avait été induit en erreur. Ses lettres sont du 24 mars 1350 (2). Le manoir du Ham fut rendu aux religieux de Saint-Sauveur, ses légitimes propriétaires. Adam de Dammartin, bailli du Cotentin, tenant les assises à Valognes le mardi avant la Saint-Clair de l'an mil trois cent cinquante, donna « congé et licence à dis religieux de joir et exploiter du chastel du Ham par la main du dit Seigneur tant que autrement en ayons ordonné,…. donnant mandement à tous ceux à qui y peut et doit appartenir que eulx les en laissent joir et en exploiter paisiblement (3). »

(1) Il existait au Ham, il y a quelques années seulement, un vieux manoir seigneurial. Il était vaste et possédait un escalier renfermé dans une tour à toit conique. C'est sans doute de ce manoir, château ou hôtel qu'il est ici fait mention.
(2) V. pièces justificatives, n° 5.
(3) *Annuaire de la Manche*, 1870, p. 26.

C'est Pierre Morice qui eut à rendre les honneurs funèbres à la dépouille mortelle de l'infortuné Godefroy d'Harcourt. Il lui donna la sépulture dans l'église de son abbaye. Il eut la douleur de voir les Anglais s'emparer du château de Saint-Sauveur et se livrer à mille brigandages contre les paisibles habitants de la contrée. Pierre II Morice trépassa le 25 août 1362.

18ᵉ Abbé. — PIERRE III LANGLOIS.

A peine Pierre Morice fut-il descendu dans la tombe qu'on lui donna pour successeur Pierre Langlois. C'était un moment bien dur pour prendre en main la crosse abbatiale.

Il vit l'Anglais ruiner, piller et saccager son monastère, en emporter les pierres dans les cours et les bastions du château pour les lancer au besoin contre les assaillants, pour faire des postes avancés dans l'enceinte du couvent. Les moines se dispersèrent ; les uns allèrent demander l'hospitalité à l'abbaye de Cherbourg, d'autres partirent pour Jersey, où ils avaient des revenus, d'autres enfin furent contraints d'aller chercher dans des monastères étrangers le moyen de vivre qu'ils ne trouvaient plus dans le leur.

Pierre Langlois s'était d'abord retiré à Cherbourg ; de là, à Jersey, dans les possessions de son abbaye. Mais ni lui, ni les religieux qui l'y avaient accompagné ne purent y faire un long séjour, car la haine d'Edouard III les y poursuivit et les biens qu'ils y possédaient furent confisqués.

L'obituaire de la maison place sa mort au 10 juin 1376.

19ᵉ *Abbé*. — Thomas IV du Bigard.

L'élection de Thomas IV du Bigard (1) est du jeudi après la Fête-Dieu, en 1376, d'après les auteurs de la *Neustria Pia*. Le malheureux abbé fut frappé de la peine de la suspense ecclésiastique par le Pape, parce qu'il ne remplissait pas l'obligation où il était de payer les Annates (2).

Le Saint-Siège, informé de la détresse du monastère, aurait évidemment compâti à son extrême pénurie, bien loin de forcer les religieux à faire honneur à leur obligation. Mais, dans ces temps, les communications étaient difficiles et l'abbé de Saint-Sauveur dut porter pendant quatorze ans, c'est-à-dire pendant toute sa prélature, le poids de la suspense ecclésiastique.

Thomas du Bigard obtint du roi de France, Charles, l'an 1382, une charte confirmative de la charte de fondation de son abbaye (3).

Il mourut le 24 novembre 1390.

(1) Ou le Bigard ou du Bingard.
(2) On appelait *Annate*, du mot latin *Annus*, le revenu d'une année que la Chambre apostolique prélevait sur chaque bénéfice ou prébende, lorsque le Pape donnait des bulles d'institution aux titulaires nommés par le roi.
(3) Bibl. Nat., *Cartulaire des églises de Normandie*, fonds français, n° 4901, *Index Chartarum*, etc., fol. 127, recto.

20ᵐᵉ Abbé. — DENIS LOQUET (1).

Les deux successeurs de Thomas IV devaient être plus heureux dans leurs rapports avec la Chambre Apostolique. Il est vrai qu'avant son élection, Denis Loquet, désigné pour succéder à Thomas IV, était allé auprès du Pape, pour demander la remise des Annates dues par ce dernier. Ce voyage ne fut pas inutile. Clément VII, qui résidait à Avignon, lui fit remise des Annates à percevoir sur son prédécesseur et sur lui-même. Il dut seulement prendre l'engagement de solder régulièrement ses redevances à l'avenir.

Sa mort arriva le 18 janvier 1394, d'après les deux nécrologes de Saint-Sauveur et de Cherbourg.

21ᵐᵉ Abbé. — MICHEL DE LA HOUGUE.

L'état de l'abbaye de Saint-Sauveur était toujours fort précaire.

Malgré l'expulsion des Anglais, la détresse était telle qu'on ne pouvait songer à la relever de ses ruines et précisément à cause de cette pénurie persévérante, Michel de la Hougue obtint encore de la Cour pontificale l'exemption des Annates.

Cet abbé envoya un procureur au concile de Pise, tenu, en 1409, pour favoriser l'extinction du grand schisme d'Occident.

(1) Les auteurs de la *Neustria Pia* l'appellent Soquet, col. 540.

Il dut prêter foi et hommage au roi d'Angleterre, et l'on voit Henri V donner au bailli de Cotentin l'autorisation de recevoir cet hommage en son nom.

Michel de la Hougue fut longtemps infirme.

Il eut l'initiative d'une enquête, faite en 1422 par l'official de Valognes, sur les pertes essuyées par l'abbaye pendant les guerres entre la France et l'Angleterre.

Cette enquête, entreprise à la sollicitation de Michel de la Hougue, avait pour objet de faire imposer à la Communauté une taxe moins élevée pour les Annates. Elle fut dressée par ordre des États de Normandie, assemblés à Vernon, avec la permission du duc de Bedfort, régent du royaume pour Henri V, roi d'Angleterre. Elle est conservée dans les *Archives du département de la Manche*. Le rouleau de parchemin sur lequel elle est écrite a vingt pieds de longueur.

A son retour, Michel de la Hougue et ses religieux trouvèrent leur maison en ruine. En 1422, époque de l'enquête dont nous venons de parler, malgré tous leurs efforts et toute la dépense qu'ils avaient pu faire, ils étaient encore contraints de célébrer l'Office divin dans le réfectoire. Un appentis en bois, élevé contre les murs de l'église, leur servait de cuisine : circonstance qui peut encore se constater jusqu'à un certain point par les traces de l'action du feu que l'on remarque actuellement sur quelques-unes des murailles. Ils couchaient sur la paille; plusieurs voûtes de l'église, qui avaient échappé à la démolition, leur servaient de dortoir(1). Leur dénuement était tel qu'ils étaient à peine vêtus et qu'ils ne pouvaient acheter le moindre morceau de viande ou de poisson pour subvenir à leur subsistance. Sans la charité des habitants de Saint-Sauveur, ils seraient morts de faim et de misère.

Michel de la Hougue décéda en son abbaye, le 14 juin, vers 1422(2).

22ᵐᵉ Abbé. — GUILLAUME III LE RÉVÉREND.

Cet abbé fut le successeur immédiat de Michel de la Hougue. Mais son élection fut entravée pendant plusieurs années.

Le vicomte de Valognes fit, en 1417, une enquête au sujet des réparations à faire dans le château de Saint-Sauveur. Il était trop tard. Le duc de Glocester, envoyé par Henri V, rentra, le 25 mars 1418, dans la place de Saint-Sauveur. Cette fois l'Anglais devait y rester pendant trente-deux ans : il y avait moins d'un demi-siècle qu'il en était sorti.

Ce sont ces événements politiques qui retardèrent l'élection de Guillaume le Révérend.

Il fut pourvu, en 1429, du siège abbatial qu'il devait garder pendant dix années. Il obtint un délai avant de rendre hommage à Henri V, roi d'Angleterre : la grâce obtenue est du 24 septembre 1430. Mais les Anglais étant maîtres de Saint-Sauveur, il

(1) « *Jacebant sub certis toutis quæ adhuc superfuerant.* »
(2) Cf. Obituaire de la Maison.

ne put différer au delà du 18 décembre de l'année suivante la prestation du serment de fidélité à la couronne d'Angleterre.

Le concile de Bâle s'ouvrit en 1435 pour se terminer par un schisme déplorable après plusieurs années de sessions. Guillaume le Révérend fut député à ce concile.

Nous ne savons s'il était habile théologien et quelle part il dut prendre aux opérations de cette assemblée. Mais il y a lieu de croire que fidèle témoin de la croyance de son monastère et de l'Église de Coutances à l'Immaculée-Conception de la Sainte Vierge, il opina avec les prélats et les docteurs qui, en 1439, l'autorisèrent « comme doctrine conforme à la piété, au culte ecclésiastique, à la foi, à la droite raison, à l'Écriture sainte, et qui devait, en conséquence, être approuvée, suivie et soutenue par tous les catholiques. » Il est vrai que le concile de Bâle, dans la session 36e où il rendit ce décret, n'était plus légitime, étant alors entièrement séparé du Saint-Siège; mais il n'en est pas moins le sentiment d'une assemblée de savants théologiens qui exprimaient sur ce point la doctrine communément reçue.

Le gouvernement de Guillaume le Révérend se prolongea jusqu'en 1439.

23e *Abbé*. — ETIENNE DU HAUQUET.

Guillaume étant mort en 1439, Etienne du Hauquet fut élu à sa place l'année suivante. On lui doit la restauration de la chapelle de la Vierge et la transcription des livres de chœur.

Il eut aussi le bon mouvement de mettre sa Communauté en union de prières et de bonnes œuvres avec celle de Jumièges. Cette œuvre de piété fut un des derniers actes de son gouvernement, car elle est du 22 avril 1444, et il mourut le 24 août de la même année.

En souvenir des travaux qu'il avait exécutés en l'honneur de la Mère de Dieu, il fut enterré, devant son autel, au côté de l'épître (1).

Etienne du Hauquet savait prendre soin des affaires de sa maison. Il fit reconnaître par Guillaume aux Epaules, chevalier, seigneur de Sainte-Marie-du-Mont, l'obligation que lui avaient transmise ses prédécesseurs de payer chaque année vingt sols tournois de rente sur le fief et la seigneurie du Homme, pour l'entretien du luminaire dans l'église abbatiale de Saint-Sauveur-le-Vicomte. La reconnaissance est du 15 octobre 1441 (2).

24ᵉ Abbé. — Louis Iᵉʳ Hermon ou Hervieu.

Louis Hermon appartenait à la famille de Senoville. Il fut choisi par ses confrères, en 1444, pour remplir le siège de l'abbé. La victoire de Formigny, si glorieuse pour les armes françaises, n'avait pas encore expulsé les Anglais du château de Saint-Sau-

---

(1) *Gallia christiana*, t. xi, col. 925.
(2) *Chartrier* de M. le vicomte Robert d'Aigneaux, fol. 19.

veur. Ils y soutinrent un siège, après cette journée qui ramena la paix dans notre province, soumise depuis si longtemps au joug de l'étranger.

Mais le vénérable abbé Hermon eut à peine le temps de jouir de la liberté recouvrée après la capitulation du château de Saint-Sauveur. Il mourut le 17 avril 1451, laissant à son successeur de grands travaux à accomplir pour la restauration du monastère. Il avait gouverné ses frères pendant sept ans environ.

Nous croyons utile, pour l'intelligence des événements que nous avons à raconter, d'indiquer sommairement au lecteur les propriétaires successifs de la seigneurie de Saint-Sauveur-le-Vicomte jusqu'en 1789.

Après l'expulsion des Anglais par Jean de Vienne, en 1375, Charles V avait ordonné qu'on mît en état de défense le château de Saint-Sauveur. Il donna à son chambellan, le sire *Bureau de la Rivière*, la châtellenie de Saint-Sauveur, Néhou, Auvers et autres dépendances.

En 1392, ce seigneur fut accusé de trahison, et le faible Charles VI le bannit de la cour. Cette disgrâce lui fit perdre la baronnie de Saint-Sauveur et les gens du roi s'en mirent en possession. Le 19 décembre 1392, Pierre de la Rocherousse en fut nommé capitaine.

Deux ans plus tard, à la fin de l'année 1394, Charles VI concédait le domaine de Saint-Sauveur à son chambellan, *Charles d'Ivry*, qui porta le titre de seigneur de Saint-Sauveur-le-Vicomte jusqu'en

1415, époque de la bataille d'Azincourt, où il fut tué.

En 1399, la garde du château fut confiée à Robert de Fréville, qui resta capitaine jusqu'en 1418. Alors les Anglais, commandés par Jean Robersart, reprirent le château. Celui-ci posséda la seigneurie jusqu'en 1450, mais après la bataille de Formigny, le connétable de Richemont envoya son lieutenant, Jacques de Luxembourg, assiéger Saint-Sauveur.

Les Anglais se rendirent, et on leur donna huit jours pour sortir de la place et se rendre à Cherbourg.

Le 7 septembre 1418, Charles VI avait donné la baronnie de Saint-Sauveur à Jean d'Harcourt, comte d'Aumale, qui mourut en 1424. Charles VII la concéda ensuite au célèbre bâtard d'Orléans, Jean, comte de Dunois et de Longueville ; mais celui-ci y renonça. Alors le roi l'accorda à son chambellan et conseiller, André ou Adrien de Villequier, écuyer, qui avait épousé Antoinette de Magnelais, dont on connaît les liaisons coupables avec Charles VII. André de Villequier mourut en 1454. Sa veuve resta plusieurs années la favorite du roi et continua à jouir des biens accordés à son mari. Mais Antoinette de Magnelais n'eut pas même le mérite de la fidélité dans ses coupables amours, elle trahit la confiance de son royal amant, et lui préféra François II, duc de Bretagne. Elle se compromit dans les événements de 1467, et attira sur elle la vengeance de Louis XI, qui confisqua la seigneurie de Saint-Sauveur.

La seigneurie de Saint-Sauveur dut rentrer dans

la famille de Villequier, car Michel du Mesnil renouvelait, en 1528, à Jean-Baptiste de Villequier, baron de Saint-Sauveur et de Néhou, l'aveu rendu en 1486, pour les fiefs de Tocqueville et du Tourps-en-Néville (1). Jean-Baptiste de Villequier était sans doute fils d'Arthur de Villequier, baron de Néhou, seigneur de Vrasville, mort à Vrasville en 1486. L'on voyait encore avant la Révolution, dans le chœur de l'église paroissiale, l'épitaphe de ce seigneur (2).

Au XVIe siècle, la place de Saint-Sauveur avait perdu toute son importance : aussi le comte de Matignon ne demanda-t-il, en 1562, qu'une garnison de trente hommes, afin de maintenir l'autorité du roi dans le Cotentin.

En 1574, Montgommery s'empara du château de Saint-Sauveur, au compte des huguenots ; mais la place fut reprise après la reddition de Saint-Lo.

Les ligueurs, en 1589, attaquèrent Saint-Sauveur, dont le capitaine, Guillaume Lambert, leur résista ; mais Devicques s'empara du château par surprise, à la fin d'octobre de la même année. Son occupation ne fut pas de longue durée, car les troupes du roi y rentrèrent l'année suivante.

Le domaine de Saint-Sauveur était sorti des mains de la famille de Villequier et avait fait retour à la couronne quand Henri III, en 1575, le vendit à Christophe de Bassompierre.

---

(1) *Archives du château de Fontenay.*
2) L. DROUET, *Rech. histor. sur les 20 comm. du canton de Saint-Pierre-Eglise.* p. 487.

Frédéric, duc de Wurtemberg, devenait à son tour en 1605, engagiste de ce domaine ; mais en 1617, il le retrocédait à Marie de Médicis, mère du roi, moyennant une somme de 756,000 livres 11 sous 8 deniers.

Quatre ans après, en 1621, la reine concédait et transportait le domaine, terre, châtellenie et seigneurie de Saint-Sauveur à Jehan Phelippeaux, sieur de Villesavin, conseiller du roi en son conseil privé.

En 1697, Louis XIV engagea à Mgr Louis-Alexandre de Bourbon, comte de Toulouse, le domaine de Saint-Sauveur-le-Vicomte.

Après la mort du comte de Toulouse, ce domaine passa à son fils, Louis-Jean-Marie de Bourbon, duc de Penthièvre, dont la famille l'a possédé jusqu'au moment de la Révolution de 1789 (1).

(1) *Revue hist.*, etc., *de l'amateur Manchois*. 3ᵉ année, p. 113, etc.

CHAPITRE V

L'Abbaye après l'expulsion des Anglais.

25ᵉ *Abbé.* — Jean II Caillot.

Quand Jean Caillot monta sur le trône abbatial de Saint-Sauveur, il avait à réparer les désastres accumulés par un siècle de guerres. Elu abbé en 1451, il obtint de la Cour un délai pour la prestation du serment de fidélité. Il prêta enfin ce serment à Charles VII le 4 février 1452, et à Louis XI le 21 décembre 1461. Il eut tout à créer dans son abbaye dévastée par les malheurs des guerres.

Ses frères rentrés depuis 1422 dans le vieux monastère délabré avaient gémi en silence sur leur triste sort durant les dernières années de l'occupation anglaise.

L'expulsion des Anglais du château de Saint-Sauveur et de toutes les provinces de Normandie releva leurs espérances. L'élection de Jean Caillot leur permit d'attendre avec confiance une ère nouvelle de paix et de prospérité.

Leur attente ne fut pas déçue. Jean Caillot se mit à l'œuvre avec courage. Il fit reconstruire ou plutôt restaurer le monastère, car les gros murs et une partie de l'église subsistaient encore.

Il dut refaire quelques arcades de la nef qui furent surchargées comme beaucoup d'autres parties de l'édifice d'ornements de sculpture. Mais ces motifs de décoration n'appartenaient pas à l'architecture sévère des premiers temps de la construction.

Le pieux abbé dut évidemment sacrifier au goût de son époque. On voit aisément que les arcades de la nef près du transept furent refaites alors. On substitua au sanctuaire roman un nouveau sanctuaire d'une délicatesse remarquable : il avait de l'analogie avec celui de la magnifique église du Mont-Saint-Michel.

Les ressources ne manquèrent pas pour les travaux, et l'œuvre de Jean Caillot fut tellement complète que depuis ce temps jusqu'à la Révolution, l'église de l'Abbaye n'offre plus de modifications qui méritent d'être signalées.

L'œuvre de restauration était terminée, les vestiges de la domination anglaise avaient à peu près disparu de l'Abbaye, quand Jean Caillot alla recevoir au ciel la récompense d'une vie de privations et de labeurs.

Les soins que le pieux abbé avait donnés à la restauration de son abbaye ne lui faisaient pas perdre de vue le maintien de ses privilèges. Un des plus authentiques et des plus anciens était le droit de patronage, dont jouissaient ses prédécesseurs sur l'église paroissiale de Sainte-Marie-du-Homme. Ce droit est contesté, en 1403, par Richard aux Epaules, chevalier, seigneur de Sainte-Marie-du-Mont. Le procès est porté aux assises de Valognes tenues par Robert Josel, lieutenant général, seigneur et baron du Pont et de Rosternen, bailli du Cotentin. Après un débat contradictoire des parties représentées par l'attourne ou procureur du seigneur de Sainte-Marie-du-Mont et frère Pierre Courtel, bailli et procureur de l'abbaye, les abbé et religieux sont maintenus dans leur droit de présenter à la cure du Homme. A la place de Clément, dernier recteur et curé, qui était décédé peu auparavant, ils avaient nommé Michel des Prés. La nomination est maintenue sauf appel en l'Echiquier de Normandie [1].

L'abbé de Saint-Sauveur se fit délivrer par l'official de Coutances un extrait du *Livre Noir* et du *Livre Blanc*, à l'effet d'établir ses droits. L'acte de l'officialité est du 1ᵉʳ août 1463 [2].

Quatre ans plus tard, 27 juin 1467, les choses sont modifiées. Richard aux Epaules est décédé. Michel des Prés a accepté un autre bénéfice incompatible et le bailli du Cotentin est Allain de Plumangar, écuyer ; ce qui oblige les religieux à se pourvoir aux assises de Valognes, le jugement définitif étant toujours pendant à l'Echiquier de Normandie.

Robert Josel, lieutenant général de Allain de Plumangar, écuyer, bailli du Cotentin, déclare vacante la cure de Sainte-Marie-du-Homme et reconnait provisoirement à l'abbé et aux religieux de

[1] *Chartrier* de M. le vicomte Robert d'Aigneaux, fol. 25.
[2] *Ibid.*, fol. 17.

Saint-Sauveur le droit de présenter à cette cure « personne ydoine et suffisante (1). »

Un autre acte dressé aux assises de Valognes, le 22 octobre 1467, est relatif à cette affaire. Il y est demandé comparution en personne de l'abbé de Saint-Sauveur et du prêtre Michel des Prés pour savoir le jour précis où ledit Michel a accepté un autre bénéfice incompatible avec la cure du Homme (2).

Jean Caillot ne vit pas la fin de ces démêlés. Il était mort, le 7 février 1470, et l'affaire n'était pas encore terminée en l'Echiquier de Normandie en 1474.

On l'enterra au milieu du sanctuaire. N'était-il pas juste d'attribuer cette place d'honneur à celui que l'on devait regarder comme le second fondateur de l'Abbaye ?

Le 15 avril 1462, les religieux de Jumièges rédigèrent une circulaire dans laquelle ils demandaient des prières pour deux de leurs abbés, Simon et Nicolas, pour soixante-quatre moines et pour plusieurs personnes associées à leur monastère. Ils étaient en union de prières avec les moines de Saint-Sauveur, qui reçurent cette lettre (3).

26° Abbé. — JACQUES I" CAILLOT.

Le vingt-sixième abbé de Saint-Sauveur fut Jacques Caillot. Nous n'avons de son court passage sur le

---

(1) *Chartrier* du vicomte Robert d'AIGNEAUX, fol. 10.
(2) *Chartrier* du vicomte Robert d'AIGNEAUX, fol. 6.
(3) L. DELISLE. *Rouleaux des morts du IXe au XVe siècle*, 1866, p. 486.

siège abbatial aucune date certaine. Il était sans doute proche parent de son prédécesseur. Il fut inhumé comme lui dans l'église abbatiale vers la fin de l'année 1471. Cet abbé ne figure pas sur la liste des abbés de Saint-Sauveur, telle qu'elle a été dressée par les auteurs de la *Neustria Pia*. Après lui commença la série des abbés commendataires.

Jacques Caillot n'existait plus. Après lui avoir rendu les derniers devoirs, les religieux profès de Saint-Sauveur pensèrent à lui donner un successeur et à se donner à eux-mêmes un chef capable de continuer l'œuvre si bien commencée par Jean Caillot. La prélature du dernier abbé avait duré trop peu de temps pour produire des résultats appréciables.

L'œuvre matérielle sans doute avait été menée à bonne fin, mais après tant de secousses on sentait le besoin de ranimer l'esprit primitif. Malheureusement un fléau menaçait l'Abbaye : elle était sur le point d'être mise en commende. La commende allait devenir la lèpre de l'institut monastique.

Des historiens ont sévèrement apprécié le concordat de 1516, qui devait donner force de loi à l'abus. Il ne nous appartient pas de critiquer cette concession de Léon X, mais tout le monde voit que pratiquement elle fut préjudiciable à l'Église de France et surtout aux ordres religieux. Le concordat accordait au roi le droit de nommer à toutes les abbayes et à tous les prieurés conventuels du royaume. Il demandait bien que l'élu fût un religieux du même ordre; mais le plus souvent cette clause devait rester sans effet. On sait ce qui advint.

Les abbayes ne furent plus que des fermes exploitées par des étrangers. L'abbé régulier est un père au sein de sa famille et vivant de la vie de ses enfants, auxquels il doit l'édification de la parole et de l'exemple.

L'abbé commendataire ne fut plus ordinairement qu'un séculier, parfois même un laïque, toujours inconnu, n'ayant aucune juridiction spirituelle sur les religieux et ne les voyant jamais. Il ne connaissait son couvent que pour lui enlever chaque année les deux tiers de ses revenus.

Loin de pourvoir à l'entretien des bâtiments et aux besoins des pauvres, le plus souvent il laissait les religieux dans un état de gêne qui les forçait à murmurer. Ne vit-on pas même des abbés commendataires chercher à diminuer le nombre des vocations, pour mieux satisfaire une basse cupidité?

Le concile de Trente devait essayer en vain d'apporter un remède à un abus si révoltant. Le désordre était universel et incurable. Un peu plus tôt ou un peu plus tard, nous voyons toutes les abbayes du royaume tomber en commende.

Désormais l'on ne verra guère que des abbés commendataires, éloignés de leur abbaye, et n'y paraissant de temps à autre que pour y déployer un faste incompatible avec l'austérité monastique, quand ils n'allaient pas jusqu'à afficher une conduite scandaleuse. Retirant de leurs maisons, pour leurs plaisirs personnels, une partie considérable des revenus destinés aux bonnes œuvres, ils amenaient le relâchement parmi les moines. Ils introduisaient dans le cloître l'amour de la bonne chère, quand ce n'étaient pas des vices plus déplorables encore. Bref, le régime de la commende fit le plus grand mal aux communautés religieuses. Pouvait-il en être autrement à une époque presque anti-religieuse, où les princes ne soutenaient la religion que comme un frein à opposer aux passions du peuple et ne voyaient dans les revenus des menses abbatiales qu'un moyen de récompenser des favoris?

Dans le cloître, comme dans le siècle, les hautes dignités ecclésiastiques appartenaient alors à l'aristocratie militaire. Elles étaient le plus souvent distribuées par la faveur ou par le népotisme, en raison de la naissance et non de la capacité.

Aussi l'on vit des militaires, des hommes immoraux, des philosophes envoyés avec le titre d'abbés dans les maisons religieuses. Avons-nous besoin d'ajouter qu'au lieu d'y favoriser l'observance de la règle, ils n'y apportaient et n'y prêchaient que le désordre?

L'abbaye de Saint-Sauveur fut une des premières à perdre son privilège d'abbaye régulière et élective.

Dès l'an 1472, l'heure néfaste de la commende avait sonné pour elle. La Cour mit la maison en commende, et en pourvut Réginald ou Renaud de Bourbon, évêque de Laon.

27ᵐᵉ *Abbé.* — RÉGINALD OU RENAUD DE BOURBON.

C'est cet évêque, en effet, qui ouvrit selon toutes les apparences la liste de nos abbés commendataires. La crosse abbatiale tombait en de tristes mains. Et c'est ici le cas de rappeler les paroles de Montalembert, dans ses *Moines d'Occident* (1).

« Dès lors, le titre d'abbé, porté et honoré par tant de saints, tant de docteurs, tant d'illustres pontifes, tomba dans la boue. » Ces paroles ne furent que trop justifiées la première fois que la commende s'attaqua comme un chancre à l'abbaye de Saint-Sauveur. Le nouvel abbé était le deuxième fils naturel de Charles Iᵉʳ, duc de Bourbon et d'Auvergne. Le triste prélat ne démentit pas sa triste origine, puisqu'il laissa lui-même deux enfants naturels : Charles, qui mourut évêque de Clermont le 24 février 1504, et Suzanne, sur le sort de laquelle l'histoire se tait. Il était déjà sans doute abbé de Saint-Sauveur-le-Vicomte, lorsque les chanoines de la cathédrale de Coutances écrivirent dans les actes du chapitre cette mention, sous la date du 25 février 1472 :

« Messire Lamiral fait connaître au chapitre de la part de notre roi, que pendant la vacance du siège de Coutances, le temporel de cette église appartiendrait au Révérend Père en Jésus-Christ, Messire l'évêque de Laon. »

(1) Introduction, p. 160.

Il est à croire qu'il cessa d'être abbé de Saint-Sauveur-le-Vicomte, lorsqu'il devint archevêque de Narbonne, car d'une part nous le voyons prêter serment de fidélité au roi le 6 février 1473 et reçu dans le chapitre de Narbonne le 20 décembre suivant; et d'autre part, le serment de fidélité de son successeur sur le siège abbatial est du 7 novembre de la même année. Il portait pour armoiries : *d'azur, à trois fleurs de lys d'or, à la barre d'argent*. Il mourut le 7 juin 1482.

28ᵉ *Abbé*. — GUY LAUVET OU LAURET.

Il était protonotaire apostolique quand il fut élu en 1473, à la place de Renaud de Bourbon. Il prêta serment de fidélité au roi en 1473. Nous connaissons peu de choses sur son administration. Frère Nicolle Coquoin le représenta, lui et ses religieux, en qualité de procureur à l'Echiquier de Normandie, le jour de saint Michel 1474. Il s'agissait, pour l'abbaye de Saint-Sauveur-le-Vicomte, de maintenir ses droits au patronage de l'église Sainte-Marie-du-Homme, droits depuis longtemps attaqués par les héritiers de Richard aux Epaules (1). On le trouve encore en 1480.

29ᵉ *Abbé*. — HYACINTHE CHAMILLARD.

Si nous en croyons les inscriptions tumulaires de notre abbaye, il faudrait insérer cet abbé dans la

(1) *Chartrier* de M. le vicomte R. d'AIGNEAUX.

liste de ses supérieurs. L'épitaphe porte que ce prélat releva le monastère de ses ruines et qu'il l'enrichit de vêtements liturgiques, de vases précieux et d'autres ornements. Il avait dû donner sa démission, puisque sa mort arriva en 1490, et qu'à cette date, nous voyons Rodolphe ou Raoul Boniface pourvu de son titre depuis 1486 et le conserver jusqu'en 1505.

30e *Abbé*. — GUILLAUME IV DE SAINT-FÉLIX.

Il portait déjà ce titre d'abbé de Saint-Sauveur en 1483. Deux ans plus tard, en 1485, il assista aux États généraux de Normandie. C'était le privilège de son titre. L'abbé de Saint-Sauveur avait droit de séance à l'Echiquier de Normandie.

L'abbé de Saint-Sauveur se trouva à cette assemblée en compagnie de l'évêque de Coutances, Geoffroi Herbert et des abbés du Mont-Saint-Michel, de Hambie et de Montebourg.

31e *Abbé*. — RODOLPHE OU RAOUL BONIFACE.

D'abord simple moine, Rodolphe Boniface devint évêque de Carpentras, puis il fut pourvu, en 1486, de l'abbaye de Saint-Sauveur. Nous retrouvons son nom dans les actes de 1497 et 1505. Il mourut le 18 septembre de cette dernière année.

32e *Abbé*. — JACQUES II MAHIEU.

Jacques-Ange Mahieu était fils de Robert Mahieu. Il mourut le 28 janvier 1514. C'est tout ce que nous savons sur cette prélature qui ne fut pas de longue durée. La suivante fut encore plus courte.

33ᵉ Abbé. — JACQUES III LANGLOIS.

La Cour avait rendu, en 1505, à la communauté le droit d'élire son abbé. Jacques Langlois fut choisi parmi ses frères. Il garda la crosse jusqu'à sa mort, arrivée le 3 janvier 1517. On voyait sa sépulture dans le sanctuaire, à côté de celle de Jean Caillot.

34ᵉ Abbé. — GUILLAUME V TROUSSEY.

Un moine de l'abbaye lui succéda. Les religieux, qui s'étaient déjà remis en règle, à la mort de l'abbé Rodolphe, essayèrent encore de se donner un gouvernement régulier, en portant Guillaume Troussey sur le siège abbatial. Il semble que cette élévation fut traversée par les prétentions du roi ou par quelque compétition, car Guillaume ne devint abbé qu'en 1522. Il fut le dernier des abbés réguliers.

Guillaume Troussey appartenait à une famille que les actes mentionnent sur la paroisse de Surville au XVIᵉ siècle. En ......, Jacques Troussey, écuyer, sieur des Monts, était vassal de la seigneurie de Surville 1.

Sa mort est inscrite au 8 janvier 1529. Il fut

---

1) Collection des *Inventaires sommaires des Archives départementales*, Manche, Iʳᵉ partie, p. 351.

enterré à la droite de Jean Caillot. Voici l'inscription qu'on lisait sur sa tombe :

Hic jacet venerabilis et discretus
D. Guillelmus Troussey, qui, dum viveret
Inter multa alia bona quæ ipse ad utilitatem.... ædificavit....
Et decessit ab humanis anno Domini 1529.
Die Januarii 8 (1)

35ᵉ Abbé. — CHARLES Iᵉʳ DE PANYOT.

Il obtint la commende après Guillaume et mourut en 1548.

Le dernier feuillet d'un manuscrit de la Bibliothèque Nationale (fonds latin, n° 2663) nous a gardé le souvenir d'une vêture religieuse datant du 19 juillet 1534, sous la prélature de Charles de Panyot. La note est d'une concision désespérante pour la curiosité du lecteur. Elle s'abstient des détails que l'on aimerait à rencontrer dans un compte-rendu de cérémonie et n'a que la sécheresse d'un état du personnel de la communauté. Mais, tout concis qu'il soit, ce document est précieux, parce qu'il groupe sous une même prélature, des religieux dont les noms figurent dans cette histoire. Nous les retrouverons presque tous dans l'épitaphier de notre abbaye.

Furent faits religieux, Frère Robert Lastelle et Frère Michel Cheminée.

Monsieur Le Grand était alors prieur claustral. La note lui adjoint :

---

(1) *Gallia Christiana*, t. XI, fol. 925.

Frère Jehan d'Anneville ;
Frère Jehan Le Griffon, prieur de Bonne-Nuit ;
Frère Vincent Messent, curé de Taillepied ;
Frère Jouannes Hubert, panetier ;
Frère Guillaume Mignot, sous-prieur ;
Frère Jehan Paisant, sacristain ;
Frère Thomas Boschier, infirmier et prieur de Celsoëf ;
Frère Guillaume de Lhermite ;
Frère Michel Blanchard ;
Frère Michel Legier, osmonier, sous-chantre ;
Frère Eloy de la Haye ;
Frère Pierre-Marie, sous-panetier ;

Tous prêtres.

Frère Henry de Saint-Lô diacre ;
Frère Michel de Lieuré ;
Frère Pierre Muldrac ;
Frère Jehan Villon ;
Frère Jacques Guillot ;
Et les Frères de Lastelle et Cheminée ;

Tous novices.

Frère Jacques Belin, prieur de Virandeville ;
Frère Le Bourgeois ;
Frère Jacques Gallopin, prieur de Saint-Jouvin ;
Messire Guillemet Morisse, domestique entretenu et alimenté (1).

Un certain nombre de ces religieux paraissent avoir appartenu par la naissance à la paroisse de

(1) Bibl. Nation., fonds latin, n° 2663, fol. 113 verso.

Saint-Sauveur-le-Vicomte ou aux environs. C'est ce qui résulte de la comparaison de leurs noms avec la nomenclature suivante, dans laquelle sont groupées, d'après les actes publics, les principales familles qui furent propriétaires de terres et de maisons sur le territoire de cette paroisse au XVIe et au XVIIe siècle.

De 1542 à 1575 ce sont les familles Hurel, Barbey, Bourgeoise, Gallopin, Pinel, Paisant, Hardy, Morel, Belloy, Pistel, Le Bel, Regnault, de Vasteney, Louet, Le Vast, Le Gendre et Jourdain.

De 1576 à 1577 nous voyons, au même titre, figurer à Saint-Sauveur-le-Vicomte les familles Hardy, Bonpain, Demons, Le Griffon, Langlois, Daesy, Voisin, Belloy, Le Lieupault, Bœuf et Faistel.

De 1581 à 1589, en la même paroisse Saint-Sauveur-le-Vicomte, sont propriétaires de terres et de maisons les familles Le Bas, Le Biez, Hurel, Morel, Lequeurey, Belloy, Lucas, Le Roux, Barbey, Le Dru, Hubert, Bliant et Basire.

1594-1595, nous retrouvons les familles Advisard, Anquetil, Bourgeoise, Bliant, Belloy, Barbey, Basire, Bœufs, Balley, Du Bois, Daesy, Le Duc, Féron, Fossé, Fritot, Galopin, Gervais, Gallys, Hubert, Hardy, Hallepin, Hérault, Hébert, Ingouf, de Langle, Lieupault, Le Louet, Loyer, Langlois, Lhommey, Liurée, Morel, Meslin, Martin, Le Marchand, Le Monnier, de La Mare, Morin, Manyer, Odouard, Le Pigny, Le Pigault, Le Petit, Le Révérend, de La Rue, Roberge, Rouxel, Raoulette, Tardif, Le Vallois.

En 1599, terres et maisons sont possédées à

Saint-Sauveur-le-Vicomte par les familles Bliant, Boufsees, Bourgeoise, Le Blanc, Le Bourdonchel, Blondel, Ballet, Le Boucherot, Bruman, Constans, Le Dru, Folliot, Guillemette, Hubert, Hérault, Jourdan, Lhommey, Lieupault, Langlois, Morel, Le Mesle, Manyer, Morin, Marie, Picquenot, Le Prévost, Lequeurey.

En 1604-1605 nous voyons figurer à Saint-Sauveur les noms des familles Bliant, Belloy, Le Bouteiller, Le Boucher, Choesmy, Duval, Féron, Faucillon, Du Fextre, Fauvel, Fichet, Groult, Le Griffon, Gaston, Hubert, Hérault, Jean, Langlois, Le Lieupault, de Lastelle, Liurée, Messent, Le Monnier, Maresq, Moncuit, Ozouf, Le Perron, Roquier, Le Roux, Tardif et Voisin.

De 1607 à 1680, la paroisse de Saint-Sauveur comptait pour propriétaires les familles Aultin, Bourgeoise, Bliant, Bretel, Bœufs, Le Blanc, Le Bredonchel, Du Chastel, Canu, Le Duc, Le Drenc, Dupin, Féron, Fossé, Fritot, Feye, Gallys, Groult, Guillemette, Giraut, Hubert, Hérault, d'Ingoville, Langlois, Lesculley, Morel, Odouard, Piquenot, Le Pigault, Le Rosey, Sanson, Tardif, Turgis (1).

36ᵐᵉ Abbé. — JEAN III LE GRUYER.

Cet abbé de Saint-Sauveur avait les faveurs de la Cour. C'est ce qui résulte de sa nomination, faite par le roi en 1556, au titre de doyen du chapitre

(1) Collection des *Inventaires sommaires des Archives départementales*, Manche, IVᵉ partie, p. 366-367.

de Troyes. Nicolas Guillemet étant mort le 3 mai 1556, le roi s'empressa de nommer Jean Le Gruyer à cette dignité. Mais le chapitre protesta, et élut Nicolas Guillemet, frère du dernier doyen. Cet acte est du 22 mai 1556. L'abbé de Saint-Sauveur fut évincé par arrêt du Parlement, rendu le 29 octobre 1557, et dut céder la première stalle à son compétiteur.

Jean Le Gruyer termina sa carrière le 20 mars 1560.

Il s'était démis peu auparavant de son siège en faveur de Jacques de Grimouville.

37ᵉ Abbé. — JACQUES IV DE GRIMOUVILLE.

Il était abbé de Saint-Sauveur du vivant de Jean Le Gruyer et tenait déjà la crosse abbatiale en 1557. Il eut à exercer cette année même les droits de son abbaye aux Pieux.

Le droit de patronage ne comportait pas toujours celui de la présentation. Aux Pieux, l'abbé de Saint-Sauveur avait à la fois droit de patronage et de présentation : il usa de son double privilège, l'an 1557, en nommant un curé à la seconde portion de la cure des Pieux.

La première appartenait à l'abbaye de N.-D.-du-Vœu de Cherbourg.

L'abbé de Saint-Sauveur habitait le Cotentin. Il devait appartenir à la famille des seigneurs d'Azeville. On trouve en effet comme seigneurs d'Azeville, de Tournebut et de Tourneville, en 1508-1510, noble homme de Grimouville ; et, plus tard, en

1588, un Jean de Grimouville était seigneur d'Azeville et de Tournebut. Le fief de Tournebut consistait en 100 acres de terre et s'étendait aux paroisses d'Azeville et d'Edmondeville (1).

Jacques de Grimouville était prêtre. Son âme sacerdotale dut être consternée des horreurs que commirent les huguenots dans la région de Saint-Sauveur. Les mémoires du chapitre rapportent que, sous l'épiscopat d'Arthur de Cossé, ces hérétiques, après s'être emparés de Pont-l'Abbé, du Grand et du Petit-Vey, du Pont Saint-Hilaire et de Saint-Sauveur, ravagèrent le pays et pillèrent partout les ecclésiastiques. L'abbaye ne dut pas échapper à leurs brutalités.

Ces faits se passèrent en 1560.

Il est intéressant d'entendre le gentilhomme normand, G. de Gouberville, raconter dans son *Journal* manuscrit, sous l'année 1562, une entrevue qu'il eut à Valognes avec l'abbé de Saint-Sauveur-le-Vicomte.

Jacques de Grimouville dînait à l'hôtel, en cette ville, chez Noël Le Boury, en compagnie du lieutenant Bastard, de Quertot, Quinéville, Grouet, l'élu Pinard et plusieurs autres.

G. de Gouberville s'y rendit, et comme on le suspectait sans doute de pencher vers les doctrines de la Réforme, on lui fit faire sa profession de foi. L'abbé de Saint-Sauveur en fut témoin. Il dut être satisfait des paroles du sire de Gouberville.

(1) Collection des *Inventaires sommaires des Archives départementales*, Manche, 1re partie, p. 370.

« Le dict lieutenant me demanda si je protestays pas comme les aultres. Je respondi ouy, de ce qu'il m'a demandé à ce matin, et que je ne doys croire en la loy et foy de notre Seigneur Jésus-Christ et selon les loys de la sainte Eglise romaine, catholique et apostolique (1). »

Au synode diocésain de 1563, l'évêque de Coutances, Arthur de Cossé, qui le présidait en personne, établit qu'on serait tenu d'exhiber au secrétariat de l'évêché toutes les provisions donnant droit aux bénéfices dans son diocèse. La mesure était bonne à prendre, elle pouvait parer aux erreurs et aux surprises, surtout après les troubles des dernières guerres.

L'abbé de Saint-Sauveur-le-Vicomte, Jacques de Grimouville, s'empressa de se conformer à cet ordre.

Il fut imité par Jean de Ravalet, abbé de Hambye depuis 1561, et par l'abbé de Saint-Sever, Claude Vieux-Pont, pourvu en 1554.

On eut égard néanmoins à l'embarras du titulaire, dont les lettres avaient été la proie des flammes dans les dernières guerres.

En 1567, frère Michel Blanchard était secrétaire de l'abbaye de Saint-Sauveur-le-Vicomte. Comme à cette époque la famille des seigneurs Aux-Epaules, de Sainte-Marie-du-Mont, se montrait très opiniâtrement attachée au parti calviniste, le secrétaire de l'abbaye eut soin de se faire délivrer une copie collationnée d'un acte de 1441, par lequel ladite famille

---

1 *Journal de G. de G.*, p. 765.

reconnaissait devoir à l'église de l'abbaye 20 sols tournois de rente annuelle pour l'entretien du luminaire.

Frère Michel Blanchard sentait le besoin de prendre ses garanties contre une famille, plus soucieuse alors de soutenir les huguenots que de favoriser la décence du culte catholique. François Galoppin et Guillaume Morin, de Saint-Sauveur-le-Vicomte, furent témoins de l'acte dressé, à la requête du diligent secrétaire, le 31 mai 1567 (1).

Michel Cauchard était religieux de l'abbaye à la même date. A sa requête, fut collationnée la donation de Robert Bertran, qui avait aumôné à l'église de Saint-Sauveur-le-Vicomte 20 sols angevins de rente annuelle pour l'entretien du luminaire. L'acte est, comme le précédent, du 31 mai 1567. Le *vidimus* de la charte avait existé successivement le 24 juillet 1403 et le 19 avril 1303 (2).

Jacques de Grimouville fut enterré dans son abbaye, au pied du maître-autel, avec cette inscription :

Jacobus de Grimouville Presbyter
Dum viveret, Abbas commendatarius
Qui obiit 17 Novembris. 1573 (3).

38ᵉ Abbé. — JACQUES V DU CERCEAU.

Cet abbé prit possession de la commende par procureur, en 1576. L'année suivante, un religieux

---

1 *Chartrier* de M. le vicomte Robert d'Aigneaux, fol. 19.
2 *Ibid.*, fol. 18.
3 *Gallia Christiana*, t. XI, col. 926.

de son abbaye, le prieur de Saint-Jouin, fut député par les ecclésiastiques de la vicomté de Saint-Sauveur aux Etats-Généraux de Normandie tenus à Rouen.

Il répondit à l'appel de son nom, le 17 juillet 1577, en même temps que noble homme Jacques du Saulcey, sieur du Mesnil, représentant la noblesse de la même vicomté et M⁸ Guillaume Lambert, sieur du Voieur, bailli et capitaine de Saint-Sauveur-le-Vicomte, comparaissaient au nom de la justice du lieu.

39ᵐᵉ *Abbé*. — LOUIS II DE NOGARET, Cardinal de la Valette.

Jacques de Cerceau eut pour successeur Louis de Nogaret, fils de Jean-Louis de Nogaret, duc d'Epernon et de Marguerite de Foix, comtesse de Candal. Né avec des inclinations martiales, Nogaret les aurait suivies dès sa jeunesse, si les vues ambitieuses de sa famille ne l'eussent obligé à embrasser l'état ecclésiastique.

C'était alors un abus assez commun parmi les grands de chercher, dans les dignités et les biens ecclésiastiques, un moyen de soutenir l'éclat d'un grand nom. Nogaret fut pourvu, de très bonne heure, d'un grand nombre de riches bénéfices, parmi lesquels figurait l'abbaye de Saint-Sauveur-le-Vicomte.

Ses connaissances théologiques et ses capacités

pour les grandes affaires lui firent confier différentes missions dans l'Etat et dans l'Eglise. A l'âge de vingt-un ans, il était promu à l'archevêché de Toulouse, en 1614 ; et il n'en avait que vingt-huit quand le pape Paul V le fit cardinal du titre de Saint-Adrien, en 1627. Il ne se crut pas pour cela obligé d'entrer dans les ordres sacrés, ni même de se livrer aux soins de son diocèse, dont il avait confié l'administration à Philippe de Cospéan, évêque de Lisieux.

Tel était le successeur de Jacques de Cerceau sur le siège abbatial de Saint-Sauveur. Il est à croire qu'il ne vit jamais son abbaye.

L'archevêque de Toulouse échangea son nom de Nogaret en celui de la Valette, quand il fut revêtu de la pourpre romaine ; mais il ne changea rien à sa manière de vivre, qui était plutôt celle d'un courtisan et politique habile que celle d'un homme d'église. Il s'occupa toute sa vie d'affaires politiques et servit le roi en qualité d'ambassadeur à Rome.

Esprit distingué, il appréciait et encourageait les gens de lettres, dont un grand nombre lui dédièrent leurs ouvrages et le reconnurent comme leur Mécène.

Sans vivre en ecclésiastique fervent, le cardinal de la Valette favorisa néanmoins le mouvement de ferveur qui porta plusieurs communautés de son diocèse à faire refleurir la discipline des premiers temps.

Il aida efficacement les Bénédictins de la Daurade à soutenir l'œuvre de la réforme de Saint-Maur, allant jusqu'à donner à ceux qui l'embrassaient un logement dans son propre palais.

Les Annales de Saint-Sauveur ne disent pas qu'il ait rien tenté pour procurer le même bienfait à son abbaye. Il avait d'autres préoccupations ; car, exemple unique dans l'histoire de ce monastère ! l'abbé, cardinal et archevêque, renonça, en 1628, à toutes ses dignités ecclésiastiques pour se séculariser.

Il cessa dès lors de porter le titre d'abbé de Saint-Sauveur-le-Vicomte.

Ce fut sans doute dans l'année même où il résigna son archevêché en faveur de Charles de Montchal, que celui-ci fut nommé à sa place à la dignité d'abbé de Saint-Sauveur.

Nonobstant cette sécularisation, la Cour, sans doute par honneur, continua de donner jusqu'à sa mort à Louis de Nogaret le titre de cardinal de la Valette.

Nous en avons la preuve dans une circonstance qui se rapporte à l'année 1637 et qui révèle en quelle estime Louis XIII tenait l'ancien abbé de Saint-Sauveur-le-Vicomte.

Dans un travail intéressant (1), M. Marius Taupin s'est efforcé, dans ces dernières années, de montrer que Louis XIII ne subissait nullement ce qu'on a appelé le joug de Richelieu.

On lira avec intérêt, à ce propos, un passage des *Mémoires* du maréchal Fabert, qui parle du cardinal

(1) *Louis XIII et Richelieu.*

de la Valette, l'ancien abbé de Saint-Sauveur-le-Vicomte.

C'était en l'année 1637. Louis XIII avait dit quelques années auparavant au marquis de Rambures qu'il voulait abattre cet homme superbe (de Richelieu). « Il l'avait chargé de concerter avec Fabert les mesures pour y réussir ; il leur avait recommandé de prendre si bien leurs précautions, que la chute de M. de Richelieu ne causât aucun trouble dans le royaume. »

Fabert rappelait au roi la commission donnée relativement aux moyens pour abattre la « puissance du ministre, » puis, il ajoute :

« Je les ai trouvés : le cardinal de la Valette, homme d'une fidélité à toute épreuve, commande une bonne armée en Picardie ; avec ces forces, il serait facile de réduire le cardinal-duc et de contenir ses partisans dans le devoir. »

Louis XIII répondit : « Croyez-vous que le cardinal de la Valette voudra bien me servir contre le ministre ? Et quand je serais sûr de cette disposition, puis-je compter qu'il pourra aisément se faire obéir ? J'ai tout lieu de croire le contraire. En effet, les parents de Richelieu occupent les premiers grades de mes armées, ses créatures sont à la tête des meilleurs régiments, tous savent l'ascendant que je lui ai laissé prendre..... Pensez, Fabert, à toutes ces difficultés : si elles sont aujourd'hui insurmontables, elles ne le seront peut-être pas dans quelque temps..... le temps nous fournira des moyens faciles, pour exécuter le projet que vous m'avez présenté (1). »

L'ex-cardinal était devenu général ; on le vit à la tête de nos armées en Allemagne, en Italie et dans les Pays-Bas. Antoine de la Luthumière servit sous ses ordres. D'abord cadet dans le Régiment des Gardes, il fut enseigne et plus tard lieutenant. L'armée ayant souffert à la retraite du cardinal de la Valette, la maladie atteignit sa compagnie. Antoine de la Luthumière visita avec soin ses soldats et contracta la maladie qui l'emporta, à Metz, le 21 octobre 1635.

Son cœur reposait dans l'église des Cordeliers de Valognes (2).

La Valette était dans la quarante-septième année de son âge, quand il mourut à Rivoli, dans le Piémont, le 28 septembre 1639.

Le cardinal de la Valette avait pour armoiries :

« Ecartelé au 1 et au 4 parti et coupé en chef, le premier parti d'argent à l'arbre de sinople, qui est Nogaret ; le second parti de gueules à la croix vidée et pommetée d'or, qui est Toulouse ; le chef de gueules à la croix potencée d'argent ; au deuxième et troisième quartier écartelé, le premier et quatrième d'or à trois pals de gueules, qui est de Foix ; le deuxième et troisième d'or à deux vaches passantes de gueules posées l'une sur l'autre, décornées, accolées et clarinées d'azur, qui est Béarn. »

---

(1) *Vie de M. le marquis de Fabert*, t. 1, p. 248-251.
(2) Bibl. Nation., fonds français, n° 4901. *Cartulaire des églises de Normandie*. Epitaphes et armoiries de l'église collégiale de Valognes et des Cordeliers de la même ville, fol. 164, recto.

40ᵐᵉ Abbé. — CHARLES II DE MONTCHAL.

Cet abbé était fils de Pierre Montchal, apothicaire à Annonay, et de Anne de Guillon. Il était neveu de Bon de Montchal, qu'une ancienne inscription de la chapelle de Saint-Sulpice, à Néhou, porte comme curé de Néhou, en 1592 (1).

Charles de Montchal avait été précepteur du cardinal de La Valette. C'est à la faveur de son illustre élève qu'il dut d'être désigné au cardinal de Richelieu. Aussi fut-il pourvu de l'archevêché de Toulouse dès l'année 1628, lors de la démission de la Valette. Il fut sacré le 9 janvier 1628.

La naissance de Charles de Montchal n'aurait pu

---

(1) Nous avons, sur le chœur de la chapelle de Saint-Sulpice, à Néhou, des renseignements assez précis. La paroisse en est redevable à Messire Bon de Montchal, d'Annonay, curé de Néhou, qui le fit rebâtir à ses frais en 1592. C'est ce qu'indique un écriteau qui se voit encore sur la muraille, du côté de l'Evangile. Nous reproduisons textuellement, et sans en modifier l'orthographe, l'inscription qui y est gravée :

Bonus de Montchal, Annonias provinciæ vivariensis presbiter parisiens., baccalaureus theologus, hujusce parochialis ecclesiæ Sancti Georgii de Nigelli humo pro utraque portione rector, in Dei ac Sancti Martiris patroni honorem hoc conchameratum opus propriis sumptibus et impêsis extrui et exædificari curauit anno Domini millesi. quingētesimo nonagesimo secūdo.

Au-dessous de cette inscription, sont gravées les armes du pasteur et le monogramme de son nom, avec les quatre vers suivants:

Le Mesme au lecteur.

« Languedoc ma faict et tenu,
Paris despuis ma maintenu;
Ce saint lieu pour sien me réclame
Attire, ô Dieu, à toi mon âme. »

lui faire espérer la fortune à laquelle il était parvenu ; mais ses talents, son application à l'étude, sa science jointe à beaucoup de vertu, le rendaient digne des faveurs de la Cour. Il succéda à son ancien élève dans la plupart de ses dignités, et fut pourvu comme lui de l'abbaye de Saint-Sauveur. Nous n'avons pas à nous occuper de l'épiscopat fécond et laborieux de ce digne prélat, nous dirons seulement que s'il s'appliqua à rétablir la religion dans sa pureté, à réformer les mœurs de ses diocésains et à faire lui-même des missions très fréquentes pour l'instruction des peuples et la conversion des pécheurs et des hérétiques, il ne dut pas négliger le soin de son abbaye. Saint-Sauveur en effet fut l'objet de sa sollicitude. Il y vint en personne, en 1636.

Il donna la confirmation dans l'église abbatiale. Catherine Symon de Longprey, une enfant de bénédiction, qui devait plus tard mourir au Canada en odeur de sainteté sous le nom de sœur Catherine de Saint-Augustin, n'avait que quatre ans à l'époque de cette visite. Elle se disposait à recevoir la Confirmation et fit sa première confession. Mais, comme elle n'avait que quatre ans, on n'accéda pas à son pieux désir [1].

C'est l'abbé de Saint-Sauveur, Charles de Montchal, archevêque de Toulouse, qui donna la consécration épiscopale à Jacques Le Noël du Perron, neveu du cardinal du Perron, né à Périers. Déjà abbé de Saint-Taurin d'Evreux, Jacques Le Noël

---

[1] VIEL, *La Révérende Catherine de Saint-Augustin*, p. 11.

était trop bien engagé dans la voie des honneurs pour ne pas monter plus haut. Nommé en 1636 à l'évêché d'Angoulême, il fut sacré à Paris dans l'église de Picpus, le dimanche 14 juin 1637, par Charles de Montchal, assisté de Gilles Boutaut, évêque d'Aire, et de François Malier de Houssay, évêque d'Augustopolis, coadjuteur de Troyes (1).

Nous voyons à cette époque les Pères Jésuites demeurer comme en permanence à Saint-Sauveur. Les PP. Malherbe, Planterose et Legrand vinrent en mission à Saint-Sauveur. L'abbé de Saint-Sauveur dut favoriser de tout son pouvoir le zèle de la famille Jourdan de Launay qui procura ce bienfait au pays.

« Le païs de Saint-Sauveur ayant esté troublé pendant un siècle par des guerres lamentables du temps que les Anglais en voulurent s'asseurer la conquête, les ancêtres maternels de notre sainte fille (Catherine Symon de Longprey) lui avaient procuré ce bien d'avoir des Pères de la Compagnie, lesquels venaient régulièrement en mission au lieu où elle demeurait. D'où il arriva qu'elle retira par elle-même un grand proffit de ce grand zèle qu'avoient eu ses parents pour le salut des âmes, en ce païs de Cotentin, qui en avoit une extrême nécessité pour le peu d'instruction qu'on remarquoit parmy le menu peuple de la campagne. Le fruit qu'y produisirent ces missionnaires fut si considérable que, dix ans après, le païs n'était pas reconnaissable,

(1) LEROSEY, *Histoire religieuse et civile de Périers*, etc., p. 291.

parce que la piété s'y estoit de nouveau implantée et respandue (1) ».

L'archevêque, abbé de Saint-Sauveur, se proposait vraisemblablement de faire transcrire les manuscrits de son abbaye. Car, très savant lui-même, il appelait auprès de lui un grand nombre de savants, auxquels il fournissait les moyens de publier leurs ouvrages. Il les aidait même dans leurs compositions. Peut-être avait-il eu la pensée de procurer à l'un de ses protégés la facilité de s'instruire ou de copier les manuscrits de Saint-Sauveur. Ce que nous savons, c'est que cet abbé enleva au couvent ses manuscrits. « *Abbatiam Sancti Salvatoris codicibus manuscriptis expoliavit* (2) » et leur perte fut irrémédiable. Plusieurs de ces précieux volumes sont allés plus tard enrichir les collections de la Bibliothèque Nationale à Paris. Nous en ferons la description, à la suite de l'indication des documents que possèdent nos archives publiques sur l'abbaye de Saint-Sauveur.

L'abbé de Saint-Sauveur était habile helléniste : l'hébreu ne lui était pas étranger, et le clergé de France, juste appréciateur de son mérite, l'engagea plus d'une fois à publier le fruit de ses travaux sur les Saintes-Ecritures ; mais il ne paraît pas que le prélat ait jamais déféré à ce désir. Il mourut, le 22 août 1651, à Carcassonne, où il s'était rendu pour la tenue des Etats de la province. Son corps

---

(1) *Revue catholique de Coutances*, année 1869, p. 384.
(2) *Gallia christiana*, t. XI, col. 926.

fut transporté à Toulouse, où il fut enterré dans le chœur de l'église Saint-Etienne (1).

41ᵐᵉ Abbé. — CHARLES III DE RUOLZ.

Il était le deuxième fils de Pierre de Ruolz, écuyer et seigneur du Brossain et du Verger et de Marie de Montchal, sœur de l'archevêque de Toulouse.

Charles de Ruolz, docteur de Sorbonne, appartenait au diocèse de Vienne. Il était conseiller aumônier ordinaire du roi, quand il obtint l'abbaye de Saint-Sauveur, par la résignation qu'en fit son oncle en sa faveur.

(1) *Annales ecclesiast. du diocèse de Toulouse*, in-8, 1825, p. 384.

CHAPITRE VI

Les derniers Abbés commendataires ou la décadence de l'Abbaye.

42° Abbé. — JEAN IV D'ORANGE DES ROCHES.

Cet abbé dut prendre possession de son titre vers 1653, à l'époque de l'anoblissement de sa famille. Il naquit à Cherbourg.

L'illustration de cette famille venait de Nicolas d'Orange, sieur des Roches, frère de Jean, qui obtint en 1653, des lettres de noblesse pour lui et pour toute sa postérité, en récompense de ses longs et loyaux services. Il était alors lieutenant d'une compagnie de chevau-légers, dans le régiment commandé par de Clamvilliers. Louis XIV accorda cette distinction à Nicolas d'Orange des Roches, à la recommandation des maréchaux de Grandmont, du Plessis-Praslin, du sieur de Clamvilliers et autres lieutenants généraux des armées françaises. C'est à ces dispositions favorables de la Cour que Jean d'Orange dut sa nomination [1].

[1] Nicolas d'Orange des Roches mourut commandeur de l'ordre royal et militaire de Saint-Louis, brigadier des armées du roi, et gouverneur de l'hôtel des Invalides, le 9 janvier 1705, à l'âge de 85 ans.
Cf. VÉRUSMOR, *Journal de Cherbourg*, article sur Nicolas d'Orange des Roches, 31 mai 1835.

L'Abbaye était alors bien déchue de son ancienne splendeur. Elle ne comptait plus que deux religieux en 1666 : l'abbé de Verneuille et le sieur de Montfiquet. Des ecclésiastiques gagés, sous le titre de prêtres habitués y faisaient les offices et acquittaient les fondations. La part de l'abbé, dans le revenu de l'Abbaye était de dix à douze mille livres de rente. Il payait pour les décimes 1055 livres, 15 sous, 3 deniers. L'abbé était taxé à 250 florins en Cour de Rome pour ses provisions, celui de Lessay à 600 et celui de Blanchelande à 200 1. La mense n'était que de sept mille livres. Jean d'Orange des Roches mourut le 2 novembre 1683.

43ᵉ *Abbé.* — SIMON CUVIER DE LA BUSSIERE.

Il garda le titre d'abbé de 1684 à 1740. L'abbé de Saint-Sauveur était chanoine de Prémery, au diocèse de Nevers. Il fut nommé député par les ecclésiastiques de la province de Sens, le 4 mai 1695, pour les représenter avec l'évêque de Troyes à l'assemblée du Clergé de France, tenue la même année (2).

On lui doit la reconstitution des archives de son abbaye. Il a bien mérité des antiquaires par son application et son zèle à dresser, d'après les titres authentiques, le pouillé de sa communauté. On conserve aux archives du département de la Manche

---

1) LE CANU, *Hist. du diocèse de Coutances*, etc., t. II, p. 102.
2) *Mémoires de l'assemblée du clergé de France*, t. IX, p. 1475.

des registres dressés par ordre de ce prélat. M⁰ Noël Le Marié, prêtre habitué de l'Abbaye, lui servit de secrétaire et rédigea le 30 mai 1710 un essai de pouillé pour servir de base au pouillé général que l'on avait projeté (1).

Nous sommes heureux de remercier publiquement M. le chanoine de Mari de Longueville d'avoir bien voulu mettre à notre disposition de nombreux extraits des archives de la Manche collationnés par M. Dubosc, ancien archiviste du département.

C'est au zèle intelligent du même abbé qu'il faut attribuer le recueil de pièces qui se trouve à la Bibliothèque Nationale (fonds français n° 4899). Ce registre a pour titre : *Eglises de Normandie* et pour sous-titre : *Monuments de l'abbaye de Saint-Sauveur-le-Vicomte, diocèse de Coutances.*

Pour ce recueil, l'abbé de Saint-Sauveur dut frapper à plus d'une porte, comme l'atteste la lettre d'envoi du travail sur Fontenelle. Elle fut écrite en 1685 par dom Alexis Bréard, ancien prieur de Fontenelle 1651-1652. L'envoi des notes sur Saint-Lo par Toustain de Billy est adressé à l'abbé qu'il appelle « Monsieur ». Le mémoire sur Jumièges est adressé à un prélat par Dieudonné Buisson, prieur de Jumièges.

Nous pensons qu'il faut encore attribuer à notre savant abbé le registre du fonds français de la Bibliothèque Nationale, n° 4901. Avec des détails sur l'église de Valognes, il contient des particu-

(1 V. *Mémoire sur Liesville, en la Baronnie de Saint-Sauveur-le-Vicomte.*

larités sur l'abbaye de Saint-Sauveur-le-Vicomte (p. 59). Le monastère n'avait jamais joui du bienfait de la réforme. Il comptait deux religieux au commencement du XVIII° siècle comme en 1666. Toustain de Billy cite leurs noms dans un mémoire qu'il adressait à l'intendant Foucauld, en 1706 : Dom de Verneuille et de Montfiquet. D'après cet écrit, l'abbaye ne valait plus pour l'abbé que 6,000 livres et 3,000 pour les religieux (1).

Notre abbé mourut le 3 mars 1740, après avoir occupé le siège pendant près de soixante années.

Ses armes étaient :

De gueules, à la fasce d'argent, chargée d'un lion léopardé de gueules, accompagnée en chef de trois molettes d'éperon d'or, et en pointe d'un cygne d'argent nageant sur des ondes de même (2).

(1) Bibl. Nation., ms., fonds français, n° 4900, fol. 64.
(2) Cf. Sceau de cet abbé conservé intact aux *Archives de la Manche*.

44ᵉ Abbé. — Louis III Auguste ou Louis François de Rohan Chabot.

Il était le second fils de Louis Bretagne de Rohan Chabot, prince de Léon, duc et pair de France et de Françoise de Roquelaure. Il n'avait pas moins de trente ans, lorsqu'il fut promu par le roi à l'abbaye de Saint-Sauveur, au mois de septembre 1740.

Sa mère était veuve depuis deux ans; il la perdit peu de temps après, le 5 mai 1741, et l'année suivante il avait encore à rendre les derniers devoirs à sa plus jeune sœur, Armande de Rohan-Chabot, Prieure perpétuelle de Notre-Dame du Bon-Secours. Cette pieuse fille était décédée à Paris, dans son couvent, le 29 janvier 1742.

L'abbé de Saint-Sauveur se démit de sa charge et résigna son bénéfice en 1743. Les armes de Rohan sont: *de gueules à 9 macles d'or*, et quelquefois, *mi partie d'hermine*, qui est de Bretagne. Le duc de Rohan, comme issu de Chabot, portait: *écartelé de Chabot*.

45ᵉ Abbé. — Jacques VI Le Fèvre du Quesnoy.

Jacques Lefèvre du Quesnoy, chanoine de Coutances et archidiacre de Léonor II de Matignon, évêque de Coutances, fut nommé abbé de Saint-Sauveur-le-Vicomte, vers le mois de janvier 1743.

Il avait quarante-sept ans, étant né en 1694, au

château du Quesnoy à Golleville, près de Valognes (1).

Le nouvel abbé était frère du célèbre Hervé du Quesnoy, chevalier de Malte et bailli de la Morée. Le prélat était lui-même recommandable par ses fortes études, par sa piété et par la fermeté qu'il avait déployée dans ses fonctions d'archidiacre du diocèse. Mais cette fermeté s'alliait en lui à la bonté et à la douceur. D'un extérieur imposant, vrai gentilhomme, il avait su, par ses manières prévenantes et affectueuses se faire l'ami des prêtres, dans la familiarité desquels il vivait en qualité d'archidiacre. Il les admettait souvent à sa table et ne dédaignait pas d'aller fréquemment s'asseoir à la leur.

Il trouva les bâtiments de son abbaye dans un grand délabrement. Depuis qu'elle avait été portée sur la feuille des bénéfices, et qu'elle avait été concédée à des abbés de cour, elle avait été constamment négligée. Ces abbés commendataires avaient cessé de l'habiter habituellement. Ils ne s'occupaient pas de l'entretien de l'église, ou bien n'y faisaient que les réparations tout à fait indispensables. Les murs noircis par le temps suaient l'humidité. On les voyait çà et là tapissés de petits lichens verdâtres. En un mot, comme tous les usufruitiers, les titulaires ne s'occupaient que de toucher les revenus de la mense abbatiale sans se soucier d'entretenir en bon état des bâtiments qui ne devaient rien leur rapporter. Moins égoïste que ses prédécesseurs, et bâtisseur d'instinct,

(1) L'*Almanach royal* le fait naître en 1707, à Valognes.

Jacques Le Fèvre entreprit de remédier au mal qu'il avait sous les yeux. Singulièrement affectionné à son abbaye, il y prenait tous ses délassements.

Plus tard, devenu évêque de Coutances, en 1757, il se sentit encore plus d'inclination pour cette solitude. Il y trouvait sa distraction.

Les travaux qu'il y faisait faire apportaient une diversion à ses ennuis. Il aurait voulu, en devenant évêque, rester l'ami de ses prêtres, ou plutôt leur père. Mais sa dignité les tenait à distance. Il y a plus, l'esprit d'insubordination lui suscita des tracasseries sans nombre. C'était la récompense de son zèle à maintenir l'observation des statuts, à tenir chaque année son synode, et à forcer ses archidiacres à faire régulièrement leurs visites canoniques. Souvent on traversait ses bons desseins par des tracasseries affligeantes. Son bon cœur en souffrait, et il allait dévorer son chagrin dans son abbaye.

Il était proche parent et intime ami de Mgr Dominique de la Rochefoucauld, archevêque de Rouen, et plus tard cardinal (1). Il en était presque inséparable. Tour à tour, Coutances, Saint-Sauveur et Rouen les possédaient ordinairement tous les deux à la fois.

On conçoit l'affection de l'abbé de Saint-Sauveur pour le futur cardinal de la Rochefoucauld, quand on connaît le grand cœur et l'exquise bonté de l'archevêque gentilhomme.

(1) Né le 26 septembre 1712, Mgr Dominique de la Rochefoucauld fut créé cardinal le 1ᵉʳ juin 1778; il mourut à Munster, le 23 septembre 1800.

Un enfant regarde avec des yeux de convoitise sa croix pectorale.

— Tu veux ma croix, mon fils, dit le prélat, je te la donne et il l'attache à son cou.

On se figure l'étonnement de la mère et la joie de l'enfant. Le prélat questionne la mère, prend intérêt à cette famille pauvre mais méritante, fait élever l'enfant qui devint, dit M. Carron (1), un respectable prêtre, et plus tard, dans l'exil, un confesseur de la foi.

L'archevêque, en voyage, entend le long de sa route une criée pour saisie. Il fait arrêter sa voiture ; il s'informe : il s'agit d'une mère de famille expropriée pour une dette de 8,000 livres. Il y a enchère sur un matelas. « Il est à moi, s'écrie le prélat : inscrivez l'archevêque de Rouen pour 8,000 livres, » et remettant la pauvre femme en possession de sa maison et de son mobilier, il part, emportant les bénédictions de l'assistance (2). C'est l'instinct chevaleresque du gentilhomme uni à l'héroïsme dans la charité de l'évêque.

Pendant le rude hiver de 1788, l'archevêque demande à son receveur, à Gaillon, combien il reste dans la caisse : « Cinquante mille livres, Monseigneur. — Portez-en la moitié aux curés de Rouen, dit-il, leurs pauvres sont bien à plaindre (3). »

Avec la générosité et la charité, il avait l'indul-

---

(1) M. Carron, *Confesseurs de la foi*, t. IV, p. 381.
(2) Sicard, *L'ancien clergé de France*, t. I : *Les évêques*, p. 471.
(3) Abbé Loth, *Histoire du cardinal de la Rochefoucauld*, 1893, p. 647.

gence qui sait pardonner. Voici un trait digne de figurer parmi les beaux faits de la vertu chrétienne : Un homme que le cardinal avait invité à sa table s'était oublié dans la discussion jusqu'à adresser au Prélat des paroles grossières. L'archevêque, sans l'ombre d'un reproche, le ramène d'un ton calme à la discussion. L'interlocuteur, n'écoutant que sa passion, ne répond que par une seconde et plus choquante brutalité. Monseigneur se lève avec une contenance froidement tranquille et se retire en silence, laissant l'insolent à ses réflexions. Une heure après, le malheureux, devenu plus calme, reconnaît toute l'étendue de sa faute. D'un pas lent et timide, il se dirige vers l'appartement de l'archevêque et sollicite son pardon. — Il est trop tard, répond le cardinal, d'un air aussi affable que serein. — Trop tard, Monseigneur, est-il possible? — Oui, mon ami; je viens de faire ma prière, j'ai déjà tout pardonné aux pieds du crucifix (1). » Un tel trait se passe de commentaire. Il est bon à l'occasion de relever les belles qualités du haut clergé du XVIIIe siècle, auquel des écrivains loyaux n'ont pas toujours rendu assez complète justice.

A cette époque, il n'y avait plus qu'un moine à Saint-Sauveur. Suivant la *Gallia Christiana*, leur disparition était un fait accompli dès l'année 1743. Le service divin était confié à quelques prêtres dits habitués, à des enfants de chœur et à un sacristain laïque qui servait de domestique.

(1) Abbé Loth, *Histoire du cardinal de La Rochefoucauld*, 1893. p. 648.

A Saint-Sauveur, comme à Coutances, Jacques Le Fèvre montra son goût pour les bâtiments. Tandis qu'il élevait dans sa ville épiscopale, sur les ruines de l'ancien, le beau palais qui dure encore, il mettait la main à l'œuvre dans son Abbaye. C'est lui qui a fait construire la grande partie des murs qui entourent l'enclos.

Il s'occupa en outre de réédifier la demeure abbatiale. Mais ces travaux qu'il entreprenait successivement, il ne se hâtait pas de les achever. On dit qu'il avait scrupule de conduire son œuvre à terme, ne voulant pas vérifier en sa personne et à ses dépens le dicton normand : « Quand la cage est finie, l'oiseau s'en va. » Il voulait, disait-il, faire l'aumône d'une manière honorable en la transformant en salaire ; car il vaut mieux, ajoutait-il finement, occuper même des estropiés que nourrir des fainéants.

Malheureusement sa générosité ne sut pas assez calculer, et sa famille devait rester accablée des dettes que ses constructions avaient occasionnées.

L'évêque mourut dans son abbaye de Saint-Sauveur, le 9 septembre 1764, à l'âge de cinquante-sept ans et cinq jours. Il fut inhumé dans le chœur de l'église abbatiale, en présence d'une députation du chapitre de Coutances.

Nous verrons plus tard un de ses successeurs sur le siège de Coutances faire rechercher, sous les ruines, les restes mortels de l'ancien abbé de Saint-Sauveur et leur donner une sépulture honorable, dans l'église paroissiale de la ville.

46ᵉ *Abbé*. — DE CHOISEUL.

Cet abbé, très jeune quand il fut nommé, était proche parent du fameux Choiseul, premier ministre de Louis XV. Il ne posséda que très peu de temps l'abbaye de Saint-Sauveur, et la mense abbatiale fut mise en économat jusqu'au mois d'août 1766.

47ᵉ *Abbé*. — AIMAR-CLAUDE DE NICOLAÏ.

Le dernier abbé de Saint-Sauveur-le-Vicomte fut Aimar-Claude de Nicolaï. Né le 4 août 1738, à Paris, d'une famille originaire de Saint-Andéol, bourg du Vivarais, il était le deuxième fils d'Aimar-Jean de Nicolaï, marquis de Goussainville, premier Président de la Chambre des Comptes de Paris, et de Madeleine-Charlotte-Wilhemine-Léontine de Vintimile du Luc.

Il fut pourvu de l'abbaye de Saint-Sauveur en août 1766.

Il était chanoine de Paris depuis l'année 1758, vicaire général de Verdun et de Reims.

Quatre ans après sa nomination à Saint-Sauveur, il était élevé sur le siège épiscopal de Béziers, au mois de juillet 1771. Il fut le dernier évêque de ce siège, comme il termina glorieusement la série des abbés de Saint-Sauveur.

Sans suivre le Prélat dans les vingt années de son épiscopat, nous pouvons dire qu'il versa l'argent à pleines mains dans le sein des pauvres. Il inaugura par la charité son ministère épiscopal, qui, bien que rempli de bonnes œuvres, devait être pour lui la source de beaucoup de tribulations.

L'hospice Saint-Joseph de Béziers était débiteur envers le nouvel évêque d'une somme de quarante mille livres. Les Annales de Saint-Sauveur doivent rapporter que le charitable créancier donna gratuitement quittance à l'hospice. Les sommes de 10,000 et de 12,000 livres sortaient à l'occasion du palais de l'évêque et venaient à temps pour soulager les pauvres de cet hospice.

L'évêque avait un livre de pensions pour les familles honnêtes qui tombaient dans l'indigence. Ces pensions à fournir lui coûtaient 40,000 livres par an.

On cite bien d'autres traits de sa charité.

« Prétendre, dit Sabatier, l'historien de Béziers, énumérer tout le bien que M. de Nicolaï fit dans le cours des vingt années qu'il occupa le siège épiscopal, serait entreprendre une tâche impossible à remplir. »

Sortant un jour en voiture, il voit un rassemblement. Un malheureux est conduit en prison pour dettes; M. de Nicolaï compte immédiatement la somme et le fait délivrer. Ce prélat avait dû se rendre plusieurs fois à Paris pour se faire opérer de la pierre.

En 1787, au retour d'un de ces voyages où la crise avait été particulièrement grave, il fut accueilli dans sa ville par des ovations. On lui prodiguait les noms de « pasteur bienfaisant, bien-aimé père. »

L'habile médecin, M. Deschamps, chirurgien-major de la Charité, qui l'avait traité à Paris, reçut en reconnaissance du Conseil de Ville le « titre de citoyen de Béziers, avec tous les droits de la bourgeoisie. »

C'est l'abbé de Saint-Sauveur qui répara presque à lui seul les affreux désastres causés à Cahors par le débordement du Lot en 1783 (1).

Il y avait comme un besoin de donner chez ce prélat, qui avait le cœur aussi grand que sa naissance, et en qui l'instinct du gentilhomme correspondait si bien au devoir le plus sacré de l'évêque.

Il faut dire que le généreux abbé, en dehors des revenus de son évêché, jouissait de 50.000 livres de rente provenant de son patrimoine et de 6.000 livres que lui valait son abbaye.

L'abbaye, qui n'avait plus que deux religieux en 1666, avait encore un *prieur* claustral sous l'administration de Mgr de Nicolaï. L'ancien titulaire, M. Dussaucey, homme d'un âge fort avancé, mourut vers 1774 et ne fut pas remplacé, malgré les efforts que fit pour s'arroger cette charge le sieur Lefranc, prétendu moine de la communauté. Mgr de Nicolaï eut à se pourvoir devant le Conseil d'État contre les prétentions de ce religieux. Après la mort du dernier prieur, il s'était mis en possession des revenus de la mense conventuelle, avait occupé l'habitation du prieur et s'était porté comme prieur claustral lui-

---

1 SICARD. *L'ancien clergé de France.* I. Les Évêques, pp. 467, 471.

même, en vertu de la profession qu'il avait faite en 1763.

L'ancien abbé de Saint-Sauveur, Mgr Le Fèvre du Quesnoy l'avait autorisé à résider dans tel couvent de l'Ordre qu'il choisirait. Ce religieux avait obtenu une ordonnance provisoire du Lieutenant général au bailliage de Saint-Sauveur-le-Vicomte qui appuyait ses prétentions. Mais l'abbé commendataire refuse d'agréer le prétendu prieur, rejette ses prétentions comme contraires aux édits de 1768 et 1773 en ce qui concerne le rétablissement de la conventualité et le maintien de la discipline régulière et réclame sa sortie du monastère. Le 2 février 1776, Louis XV donne son arrêt en cette affaire. L'acte est daté de Versailles et statue conformément aux réclamations de l'évêque de Béziers.

Ordre est donné à Lefranc de sortir de l'abbaye de Saint-Sauveur, et de se retirer dans telle maison régulière qu'il aura choisie de l'agrément de l'ordinaire. Défense lui est intimée de prendre le titre de Prieur Claustral et de s'immiscer dans l'administration du temporel de la mense conventuelle, laquelle est supprimée par le même arrêt royal avec injonction d'appliquer ses biens et ses revenus à tels établissements ecclésiastiques du diocèse, sous telles charges et conditions convenables qui seront établies, à la requête du promoteur diocésain, et sous l'autorité de l'évêque de Coutances. Sa Majesté ordonne en même temps qu'il soit payé annuellement une rente de 800 livres au sieur Lefranc sur les biens de la mense conventuelle.

Cette rente viagère devra être exempte de toutes retenues, charges et impositions quelconques pour être employée à la subsistance et entretien du religieux dans la maison qu'il aura choisie comme lieu de son domicile. Ses droits à cette rente seront estimés à dater du décès du dernier prieur de l'Abbaye, sauf à faire déduction des sommes qu'il aurait déjà touchées sur les revenus du monastère (1).

A cette époque, les logements du prieur et des moines étaient dans un triste état, surtout à l'intérieur. La maison abbatiale un peu mieux entretenue, était habitée par le receveur de Mgr de Nicolaï. Malheureusement les bâtiments du monastère étaient très négligés. Il en était ainsi depuis qu'il avait été porté sur la feuille des bénéfices. La conventualité exista dans le monastère jusque vers l'an 1774.

Après cette époque, elle fut totalement supprimée: il n'y eut plus de prieur claustral; ce fut le doyen des prêtres habitués qui gouverna la maison au point de vue spirituel. Au moment de la Révolution, le service divin était confié à quatre prêtres habitués, à un enfant de chœur et à un sacristain laïque, qui leur servait de domestique.

La communauté avait compté jusqu'à huit prêtres habitués, dans des temps plus heureux.

(1) Voir, aux Appendices, la pièce justificative, n° 6.

CHAPITRE VII

L'Eglise abbatiale avant la Révolution.

A l'architecte, à l'antiquaire, à l'artiste, à l'amateur de ces pages d'histoire que les siècles écrivent avec des monuments, en guise de caractères, les *Annales de l'Abbaye* doivent rappeler que l'église fut construite au xie siècle.

Trois des plus célèbres familles de Normandie, celles des Néel, des de La Roche-Tesson et des d'Harcourt, contribuèrent à la construction et à l'embellissement de cette église.

Chacune d'elles y avait pris sa part. Le portail, la portion de la nef y attenant, dont les arceaux étaient de style roman, appartenaient à la première : la continuation de la nef et une portion du chœur, à la deuxième, et le transept à la troisième. Les armes de la famille d'Harcourt se voyaient, avant la Révolution, à la voûte du transept méridional.

La forme du monument était celle d'une croix latine. L'église était orientée et l'abside se composait de trois lobes semi-circulaires. Le transept était surmonté d'une tour centrale ou clocher terminé par un toit à batière ou à double égout.

L'église primitive fut consacrée vers 1150, en

présence de Jourdain de La Roche-Tesson, de sa femme et de ses trois fils, par Algare, quarante-troisième évêque de Coutances. L'église n'était pas encore terminée au moment de sa consécration, puisque les armes de la famille d'Harcourt furent sculptées plus tard sur une partie de l'édifice.

Cette église romane ayant été la proie des flammes au XIVe siècle, fut reconstruite au XVe, d'après le style de cette époque. L'on conserva dans la restauration ce que les flammes avaient épargné.

Le chœur fut terminé par une abside hexagone, telle qu'on la voit aujourd'hui. L'ensemble de l'édifice était majestueux, et comme le sol est marécageux, il avait fallut asseoir la construction sur pilotis ou plate-forme. Elle avait à peu près la même dimension que celle de l'abbaye de Montebourg. Sa longueur totale était à peu près de soixante-six mètres, y compris l'épaisseur des murs. Les bas-côtés expiraient à la naissance du chœur. L'église était voûtée dans toutes ses parties. Au XVe siècle on avait substitué au sanctuaire roman un nouveau sanctuaire d'une finesse remarquable : il avait de l'analogie avec celui de la magnifique église du Mont-Saint-Michel. Cette addition produisait à première vue l'effet d'une chapelle, les religieux ayant laissé l'autel là où il était avant le prolongement du chœur. Ce chœur était fort beau ; on y voyait deux autels : en avant le maître-autel, et celui de Saint-Benoit en arrière. L'église comptait en outre quatre chapelles ou autels principaux : Les deux de la Sainte-Vierge, celui de l'*Ecce Homo* et celui de Saint-Antoine. On remarquait en outre six autels dans la nef, savoir celui de Saint-Thomas, de Saint-Martin et de Saint-Côme du côté de l'Evangile, et ceux de Saint-Vincent, de Saint-Blaise et de Saint-Maur du côté de l'Epître. Il y avait encore la chapelle de Saint-Pierre du côté de l'Epître et la sacristie du côté de l'Evangile.

Lorsqu'au xve siècle on rebâtit l'église, quelques arches de la nef furent refaites et surchargées, comme beaucoup d'autres portions de l'édifice, d'ornements de sculpture qui n'appartenaient pas à l'architecture sévère du roman secondaire. Il est très fâcheux qu'à cette époque on ait altéré, en cherchant à l'embellir, l'architecture primitive du monument.

De nos jours, nous sommes généralement mieux inspirés que nos aïeux ; nous restaurons nos églises, mais sans y rien changer, nous laissons même subsister ce que nous appelons leurs défauts. C'est une très bonne méthode ; elle nous permet de conserver intacts les chefs-d'œuvre des maîtres antiques. Ainsi l'on peut connaître l'histoire de l'art et en apprécier les progrès ou la décadence.

Depuis le temps de sa réédification, au xve siècle, jusqu'au temps de sa démolition, en 1793, l'église n'eut pas à subir de modification notable.

Seulement, vers la fin du xve siècle, une petite église, connue sous le nom de *Chapelle-du-Chapitre,* sous le vocable de Saint-Pierre, fut construite dans le style du temps, à l'est du cloître et au sud du chœur de l'église.

Le pavé en était très peu élevé ; aussi était-il très humide et souvent recouvert en hiver de plusieurs centimètres d'eau.

Entre cette chapelle et le transept méridional de l'église, dans l'épaisseur de la muraille, se trouvait un cachot très obscur, espèce de *vade in pace*, qui mesurait un peu plus de deux mètres carrés. A côté de l'église et sur sa partie méridionale était le cloître et le dortoir avec le chapitre, le tout construit à l'antique.

L'église de l'Abbaye était remarquable par ses vitraux, où étaient représentés quantité de sujets religieux.

Elle possédait en outre un grand nombre de statues en pierrre calcaire. Chacune d'elles était surmontée d'un dais, ou espèce de pyramide. Cet ornement, en bois sculpté, finement découpé et peint de diverses couleurs, produisait un bel effet. Parmi les statues, on remarquait un *ecce homo*, une sainte Barbe, une sainte Catherine, un saint Adrien. Entre le chœur et la nef s'élevait un fort beau jubé, qui supportait un magnifique buffet d'orgues. Frère Jean d'Anneville, ancien prieur, avait enrichi l'église de cet orgue, vers le milieu du XVI⁰ siècle. Ce religieux, mort le 24 novembre 1549, avait dans son épitaphe latine un distique rappelant cette particularité :

« *Organa sic nobis voluit conferre sonora*
« *Queis tacito laudes accipit ore Deus.* »

Ces orgues étaient démolies au XVIII⁰ siècle. Les

boiseries qui entouraient le chœur et celles qu'on remarquait dans les diverses chapelles étaient toutes en bois de chêne sculpté, d'un travail exquis.

Les stalles étaient aussi en bois de chêne; on y remarquait des figures grotesques, d'un assez mauvais goût, dont le travail et le fini ne laissaient rien à désirer. Quelques-unes de ces boiseries ont été recueillies et conservées; les stalles les plus belles de l'église de Lessay en ont fait partie.

Comme dans beaucoup d'autres églises, il existait dans celle de l'abbaye une fondation qui consistait dans le lavement des pieds le jeudi-saint.

Chaque année, les jeunes enfants choisis pour cette cérémonie, recevaient après l'ablution, des mains du doyen des prêtres habitués, un sou de monnaie, un petit pain au lait et un verre de vin blanc, lequel était absorbé ordinairement par la bonne qui présentait l'enfant.

Cette pieuse pratique avait aussi son côté plaisant, car les mères et les bonnes qui tenaient leurs enfants se querellaient et se poussaient; aucune ne voulait que son poupon fût lavé le dernier, dans la crainte qu'il fût appelé Judas et qu'il ne ressemblât à cet indigne apôtre du Sauveur.

La fête patronale se célébrait le dimanche de la Sainte-Trinité. Elle consistait dans une grand'messe, dans une assemblée qui se tenait sous les beaux arbres dont la cour et le pourtour de l'abbaye étaient ornés, dans un dîner que les prêtres habitués donnaient à quelques confrères des paroisses voisines, réunis pour honorer et fêter le titulaire de l'église.

La solennité était relevée par le son des cloches : la veille au soir et pendant toute la journée, les sept belles cloches de l'Abbaye faisaient entendre leurs gais carillons. Cette fête n'était plus qu'un vestige de la splendeur et de l'éclat que lui donnaient autrefois la présence de l'abbé et de ses religieux, entourés d'un nombreux clergé.

D'autres circonstances ramenaient chaque année à l'abbaye et dans son voisinage un grand concours de personnes.

En face du portail de l'abbaye, s'élevait une croix célèbre à Saint-Sauveur-le-Vicomte.

Cette bourgade attestait sa foi par un grand nombre de croix, érigées sur son territoire.

Outre les croix du cimetière, de l'Epine, de la Foulerie, de Montbrotin, de Hautmesnil, de Sainte-Marguerite, d'Aillet (1) et la croix Jameau, il y avait la croix de l'Abbaye, la plus honorée de toutes.

Elle s'élevait sur un planitre environné de beaux arbres, en face de la porte d'entrée du monastère. L'emplacement fait actuellement partie d'un herbage, qui ne laisse plus soupçonner aucune trace d'un passé vénérable. Cette croix était un lieu de station pour les processions. Un grand concours de peuple s'y produisait à certains jours de l'année. Les habitants de Saint-Sauveur-le-Vicomte avaient la dévotion d'y porter leurs palmes le dimanche des Rameaux. Peut-être faut-il voir, dans cet acte de

---

(1) Cette croix tirait sans doute son nom de l'une des tours du château de Saint-Sauveur, qui s'appelait la tour d'Aillet.

piété, un vestige du rite autrefois observé en ce jour. Amalaire, qui vivait au IXe siècle, nous apprend que la bénédiction des rameaux se faisait ordinairement hors des villes et des bourgades, et il semble que c'est de là qu'est venu l'usage d'élever des croix près des pays habités. On mettait près de ces croix des tables de pierre, et c'est sur ces tables que l'on déposait les rameaux qui devaient être bénits.

On partait de là pour entrer dans la ville, comme Jésus était parti de Béthanie pour entrer à Jérusalem (1).

La procession des Rameaux n'était pas la seule qui eût pour station la croix de l'abbaye. Il s'y faisait, chaque année, une procession solennelle, le dimanche dans l'octave de la Fête-Dieu. Cette procession avait été fondée en 1545, par Richard Blanchard, curé d'Orguel. Douze pauvres, portant chacun un flambeau, devaient y assister, et quand on était arrivé à la station (portait le titre de la fondation), le précieux corps de Notre Seigneur devait être découvert et montré au peuple pendant le chant de l'antienne *O salutaris hostia*, et le curé ou un autre prêtre à sa place, devait dire à haute voix : « Prions le Sauveur du monde qui, ici, assiste sacramentellement, qu'il luy plaise pardonner les deffaultes et donner paradis au fondateur de cette procession et à tous ses amys, tant vivans que

---

(1) LEROSEY, *Manuel liturgique, Histoire et symbolisme de la liturgie*, p. 140.

trepassez. Je vous supplie de dire *Pater* et *Ave, Maria* (1). »

Malheureusement les titres primitifs de cette fondation ont disparu avec les rentes qu'ils garantissaient. En octobre 1813, toutes les rentes retrouvées en faveur de la fabrique, déduction faite des indemnités dues à cet établissement, ne s'élevaient qu'à la somme de 402 francs; cette somme fut affectée par l'ordinaire à l'acquit de soixante-dix-huit messes hautes, de douze saluts du Très Saint Sacrement et douze processions du Très Saint Rosaire.

(1 *Archives paroissiales de Saint-Sauveur-le-Vicomte.* Travail pour les conférences de 1866, fol. 7.

CHAPITRE VIII

Les Tombeaux.

Une tradition locale porte que l'église de l'abbaye renfermait la sépulture d'un domestique de saint Thomas de Cantorbéry (1), auquel on attribuait des miracles.

Cette tombe était à peu près au milieu de la nef latérale (côté de l'Evangile).

Là, en effet, on voyait une pierre funéraire, offrant sur ses bords des rainures profondes de deux à trois centimètres. Trois trous, dont deux étroits et de forme arrondie, à la partie moyenne, et un troisième plus large, de forme oblongue, pratiqué transversalement à la partie inférieure, étaient l'objet de récits populaires.

On croyait faussement que ces ouvertures traversaient la pierre dans toute son épaisseur. L'on racontait même qu'elles avaient été produites par

(1) Thomas Becquet, archevêque de Cantorbéry, fut assassiné à l'autel même de sa cathédrale, le 30 décembre 1170, sur l'ordre de Henri II, roi d'Angleterre, par quatre gentilshommes normands : Guillaume de Tracy, Hugues de Morville, Richard Le Breton et Renaud, fils d'Ursy. Trois ans après, l'intrépide défenseur des droits de l'Eglise était canonisé par le pape Alexandre III, à cause du grand nombre de miracles qui s'opéraient à son tombeau.

les pouces des mains du défunt et par un de ses pieds, dans les efforts qu'il avait faits pour sortir de sa tombe. Quant à la couleur verdâtre de la pierre présentant assez bien l'aspect d'un corps gras dont on l'aurait enduite, on l'expliquait en disant, ô cruauté! que les moines du lieu avaient versé de l'huile bouillante sur la dalle pour empêcher le mort de se relever. Les plus naïfs allaient même jusqu'à croire que les objets placés durant le jour sur le tombeau disparaissaient pendant la nuit suivante. Inutile d'ajouter que plusieurs ont tenté l'épreuve et n'ont pas manqué de retrouver leur dépôt de la veille. Mais laissons ces données légendaires, pour recueillir sur ce tombeau quelques constatations officielles, seules dignes de l'histoire.

« En juin 1840, Monsieur de Tanley, préfet de la Manche, étant en tournée de révision à Saint-Sauveur, on enleva, en présence de son secrétaire, une pierre tumulaire en CARREAU d'Yvetot, formant pavé du bas-côté gauche de la nef dans la troisième arcade, contre les piliers de la tour, qui étaient sous les décombres. Sous cette pierre on trouva une petite auge en CARREAU qu'elle recouvrait hermétiquement. Cette auge contenait une tête et plusieurs ossements, mais sans aucune description ni indice. Cette auge ne fut point enlevée, ni les ossements relevés, et immédiatement elle fut recouverte par la pierre. Sur cette pierre tumulaire, l'on remarqua, vers la tête, une rosace en relief, et sur le milieu une espèce de bâton surmonté d'un cercle en relief formant pommel; ce bâton occupe toute la longueur.

« Sur le côté droit, il se trouve deux trous irréguliers qui se touchent, et un seul du côté gauche. Ces trois trous ne traversent point la pierre, on s'en est assuré. Il est présumable qu'ils servaient à placer des candélabres.

« On présume que ces ossements sont des reliques placées là, après les convulsions qui ont tant agité le pays et surtout les anciennes communautés. Elles appartiennent peut-être au domestique de saint Thomas de Cantorbéry, mais rien ne le prouve, comme il est possible qu'il y ait quelque inscription sur les côtés de l'auge ou quelque médaille sur les ossements qui n'ont pas été remués, la Supérieure n'ayant pas été prévenue. Les pieds du tombeau sont tournés vers l'Orient, c'est donc un laïque qui repose là (1). »

D'autres pierres tombales, en grand nombre, existaient dans l'intérieur de l'église. Outre celle de Mgr Lefèvre du Quesnoy, évêque de Coutances, on remarquait celle du Sire de Taillepied. On y distingue encore très bien, quoiqu'un peu frustes, les armes de cette ancienne et honorable famille, qui sont : *d'azur aux trois croissants d'or, au chef de gueules, aux trois molettes d'éperon d'or.* Jusqu'ici nous avons cherché en vain des documents sur le monument élevé à la mémoire du fondateur dans l'église de l'abbaye. Rien non plus n'est parvenu jusqu'à nous sur l'infortuné Godefroy d'Harcourt, dont le corps fut inhumé dans cette église.

(1) *Aperçu historique sur l'ancienne abbaye de Saint-Sauveur-le-Vicomte*, par le D' B. In-8 de 24 pp., p. 15.

Mais nous avons trouvé, à la Bibliothèque nationale, deux recueils d'épitaphes de notre abbaye.

L'un est dans le manuscrit du fonds français, n° 4899, p. 174.

L'autre se trouve à la suite de l'*Index cartarum Abbatiæ Sancti Salvatoris vicecomitis in diœcœsi Constantiensi (Bibl. Nat.), Fonds français, n° 4901,*

Nous n'avons pas cru devoir modifier le texte, souvent fort négligé, par lequel le compilateur de notre abbaye a décrit l'épitaphier de sa maison.

Tombe qui sert de marche-pied au grand-autel de l'abbaye de Saint-Sauveur-le-Vicomte, sur laquelle est gravée une figure, et autour de laquelle est écrit en gothique :

Hic jacet Dominus Jacobus de Grimontville. — Presbiter dum viveret Abbas commendatarius hujus Abbatiæ et Rector Ecclesiæ Sancti Salvatoris. — Anno Domini Millesimo quingentesimo septuagesimo tertio. — Requiescat in pace. Amen [1].

Tombe joignant ledit marche-pied, sur laquelle est gravée une figure, et autour de laquelle est écrit en gothique :

Hic jacet venerabilis, et Discretus Pater Dominus Guillelmus Troussey Abbas, et Religiosus hujus Monasterii qui dum viveret inter multa alia bona per ipsum ad utilitatem Domus, multa ædificavit in augmentum prædicti Monasterii, et excessit ab humanis Anno Domini Millesimo quingentesimo vigesimo nono. Die Decima Januarii. Anima ejus requiescat cum Angelis. Amen.

Tombe joignant ledit marche-pied et à côté de la

[1] Fonds français, n° 4899, p. 174.

précédente, sur laquelle est gravée une figure, et autour de laquelle est écrit en gothique :

Hic jacet Venerabilis Pater Hyacinthus-Chamillart Abbas hujus Monasterii, qui tempore suo idem Monasterium multum demolitum reedificare fecit, Vestimentaque plurima, et Vasa pretiosa, et alia ornamenta donavit. Dies suos obiit Anno Domini Millesimo quadragentesimo nonagesimo Die septima Julii. Hujus anima cum Sanctis requiescat in pace. Amen.

Tombe joignant ledit marche-pied et à côté de la précédente, sur laquelle est gravée une figure, et autour de laquelle est écrit en gothique :

Hic jacet venerabilis Pater Dominus Jacobus Angelus filius Roberti Mahieu natus.... Abbas hujus Monasterii qui decessit Anno Domini Millesimo quingentesimo quarto-decimo Die Vigesima octava Januarii. Anima ejus requiescat in pace. Amen.

Tombe joignant les précédentes sur laquelle sont gravées des armoiries, et autour l'épitaphe suivante en gothique :

Frater Joannes nomen Avorum
D'Anneville olim nobilis atque Prior
Hic jacet ast animus superas penetravit ad arces
Et corpus tantum terra palustris habet
Organa sic nobis voluit conferre sonora
Queis tacito laudes accipit ore Deus.
Requiescat in pace. Amen.
Obiit Die Vigesima quarta Novembris. Anno Domini Millesimo quingentesimo quadragesimo nono.

Tombe dans le cœur de ladite abbaye unie et sans graveure, autour de laquelle est écrit en gothique ce qui suit :

Hic jacet Nicolaus Heron Prior claustralis hujus Monasterii qui decessit Anno Domini Millesimo quingentesimo quarto,

Die Vigesima tertia Februarii. Anima ejus requiescat in pace. Amen.

Tombe à côté de la précédente, unie et sans gravure dessus, et autour de laquelle est écrit en gothique ce qui suit :

> *Tout bon religieux venant en ce saint lieu,*
> *Auquel de Dom Michel a son nom Cheminée*
> *Est inhumé le corps comme en terre sacrée*
> *Pour l'âme d'icel y implore le grand Dieu*
> *Affin que si son corps étant en ce bas monde*
> *Joint à l'âme l'avait par péché fait immonde*
> *Par prière de Dieu pardon puisse obtenir*
> *Et de peine en repos à la fin parvenir. Amen.*

Le dit défunt fut revêtu le 10 janvier 1534 (1).
Cy gît dom Michel Cheminée religieux prieur claustral de seans natif de la ville de Paris lequel a élu en ce lieu être son corps inhumé en attendant la résurrection générale et décéda le 28 juillet 1591. L'ame soit avec Dieu. Amen.

Autre tombe à côté de la précédente, unie et sans gravure, autour de laquelle est écrit ce qui suit en gothique :

Hic jacet Pater Petrus Courtel Religiosus hujus Monasterii et Prior de Virandevilla qui decessit Anno Domini Millesimo quingentesimo sexto Die Vigesima prima Decembris. Anima ejus requiescat in pace. Amen.

Tombe, dans la chapelle du côté de l'Évangile, unie sans gravure, autour de laquelle est écrit en gothique ce qui suit :

Hic jacet Pater Thomas Le Mettais qui decessit anno Domini Millesimo quadragentesimo septimo die sexto Octobris. Anima ejus cum sanctis requiescat in pace. Amen. Pater noster.

---

(1) Il faut corriger cette date par l'acte officiel de la vêture de Michel Cheminée, qui porte le 19 juillet 1531. (Bibl. Nat., fonds latin, 2663, fol. 113, verso.

Autre tombe, dans ladite chapelle, unie et sans gravure, autour de laquelle est écrit ce qui suit en gothique :

Cy gît Noble Yvon le Moigne natif de la Comté de Pontieuvre qui trépassa de cette Vie le Vingt deuxième jour d'Octobre l'an de grâce Mil quatre cents soixante quatre, priez Dieu pour luy Vive. Amen.

Autre tombe, dans la même chapelle, unie et sans gravure, sur laquelle est écrit en gothique ce qui suit :

Martius atque die sua viserat dum inhumatur
Hic fuit frater dictus dicus laudus
Grilmonvillensis pastor pius organumque
Templo hujus quem per te frui rogamus. Amen.
Anno Domini Millesimo quingentesimo sexagesimo octavo. Pater Noster. Ave Maria.

Tombe posée dans la nef de ladite église, unie et sans gravure, autour de laquelle est écrit en gothique ce qui suit :

Monachus hujus Claustri jacet hic Nicolaus cui dedit a Geluna cognomen natis prima spiritus astra petit ubi perpete pace quievit moxque Resurgens imperat cor corpore jungi Die prima Maii Anno Domini Millesimo quadringentesimo Vigesimo quarto.

Autre tombe, dans ladite nef et sans gravure, autour de laquelle est écrit en gothique ce qui suit :

Cy gît Jean de Varenne dit le Bacquier, escuyer, natif de la comté d'Armagnac, archer des ordonnances du roy qui trépassa le jour de saint Martin d'esté l'an mil quatre cent soixante dix. Priez Dieu pour luy.

Déchiffré et dessiné sur les lieux par Guillaume Lapierre de Lacour, 1703.

CARTULAIRE DES ÉGLISES DE NORMANDIE.
(Fonds français, n° 4901, fol. 132).

Suite des épitaphes de l'abbaye de Saint-Sauveur-le-Vicomte obmises dans un premier mémoire, que j'ay déchiffrées sur les lieux en recensant les précédentes que j'ai trouvées conformes.

Sur un petit carreau, devant l'autel Saint Anthoine, se voit écrit :

Michel Blanchard prieur de Bonnenuit 1572.

Devant l'autel de la Vierge, au côté droit du chœur, se voit une tombe, sur laquelle est gravée une crosse d'abbé sans légende ni millésime.

Dans la même chapelle se voit une autre tombe, autour de laquelle est écrit :

Hic jacet religiosus et honestus vir frater Michael Legier prior claustralis hujus Abbatiæ, ac curatus de Lierille qui obiit anno Domini millesimo quingentesimo sexagesimo tertio die 28 novembris. Requiescat in pace. Amen.

Dans la même chapelle se voit une autre tombe, autour de laquelle est écrit :

Hic jacet frater Georgius Egentilus nomen avorum nobilis quondam rector ecclesiæ Sancti Remigii de Landis, ac cantor hujus monasterii, qui decessit anno Domini 1595 die decima novembris Requiescat in pace. Amen.

Dans la même chapelle se voit une autre tombe, avec cette inscription :

Cy gît frère Vincent Messent en son vivant religieux et chantre de séant et curé de Saint-Sauveur-le-Vicomte, lequel décéda le dernier jour de janvier l'an 1540.

Dans la même chapelle se voit une autre tombe, autour de laquelle est écrit :

Cy gît frère Michel des Desiereaux prieur de Saint-Léger lequel deceda le dernier jour de decembre 1558. Requiescat in pace. Amen.

Dans la chapelle de l'*Ecce Homo* se voit une tombe, autour de laquelle est écrit :

Cy gît Vincent Ruallem de Branville religieux chantre et aumonier en cette abbaye lequel deceda le saisième jour de decembre 1642. Priez Dieu pour luy. Amen.

Dans la même chapelle se voit une autre tombe, autour de laquelle est écrit :

Cy gît frère Mélyle Coquanni prieur de Torclitour lequel trépassa le penultieme jour d'Août l'an de grace 1496 priez Dieu pour luy. Amen.

Dans la même chapelle se voit une tombe, autour de laquelle est écrit :

Cy gît frère Jean Le Comte lequel trépassa le premier jour d'avril 1479, auquel Dieu fasse pardon à l'âme. Amen.

Dans la même chapelle, proche les dites tombes, se voit écrit sur un morceau de carreau :

Cy gît Richard Fossey lequel trépassa le septième jour de Juillet l'an 1482. Dieu ait son âme. Amen.

Devant l'autel Saint-Thomas, dans la nef, est une tombe, autour de laquelle est écrit :

Cy gît frère Jehan le Griffon lequel décéda le onzième jour de decembre l'an 1526 (1). *Dieu ait son âme. Amen.*

Dans la nef, tout proche la dernière marche du grand portail, se voit la tombe suivante, sur laquelle est gravée la figure d'un religieux en bière, sur laquelle est écrit :

Hic jacet pater Guillelmus Chouquei monachus hujus monasterii fato functus tertio Januarii anno Domini 1311. Cujus anime propitietur Deus.

Vis-à-vis l'autel Saint-Vincent se voit une tombe, autour de laquelle est écrit :

Cy gît Jacques Bellin prieur de Virandeville, lequel décéda le septieme jour d'Octobre 1500. Dieu luy fasse pardon à l'âme. Amen.

Vis-à-vis l'autel Saint-Blaise se voit une tombe, autour de laquelle est écrit :

Hic jacet frater Jouannes Hubert qui obiit anno Domini millesimo quingentesimo Quadragesimo nono die vero duodecima Septembris. Requiescat in pace. Amen.

Proche l'autel Saint-Martin, on voit une tombe, autour de laquelle est écrit :

Cy gît Maistre Isaac Semon de Launey qui deceda le dix-septieme jour de May l'an de grace Mil six cent deux priez Dieu pour Luy.

Dans le chœur, au bas des marches du *Sancta Sanctorum*, on voit une tombe, sur laquelle est écrit :

---

(1) Nous croyons que l'auteur du manuscrit s'est trompé ; il aura lu 1526 pour 1536. Le fait est que nous voyons Jean Le Griffon assister à la vêture de ses frères, le 19 juillet 1534.

Cy gît Dom Gilles Poirier de Taillepied prêtre religieux et chambrier de la royalle abbaye de Caen, Baron de Baupte, et prieur de Nôtre-Dame de Celle-Soef, lequel deceda le deuxième jour d'Avril 1664, âgé de 64 ans, priez Dieu pour le repos de son âme.

D. Gilles Poirier, chambrier de Baupte, avait succédé à D. Cl. Mollé.

Le prieuré et la baronnie de Baupte étaient attachés à l'office claustral de *Chambrier* de l'abbaye de Saint-Etienne de Caen. Ce bénéfice et ce titre sont parfois nommés dans les chartes, prieuré et baronnie du Freine, *De Fraxino*, du nom sans doute du village où se trouvaient le manoir seigneurial et couventuel, ainsi que le principal domaine non fieffé.

Le chambrier ou prieur de Baupte percevait les deux tiers des grosses dîmes sur les terres de Hectot, qui dépendaient de la baronnie ; il retirait 350 livres environ des terres affermées à Baupte, 84 à Picauville, 935 à Méautis, 90 à Hauteville, 10 livres et 200 anguilles pour la pêcherie de Liesville, toutes les rentes seigneuriales du même lieu et de plus celles de Saint-Sauveur-le-Vicomte.

Le revenu du prieur, baron de Baupte, était de plus de 4,000 livres. Mais comme chambrier de Saint-Etienne de Caen, il devait fournir sur les revenus de son riche bénéfice les sommes nécessaires à l'habillement des religieux de cette abbaye. Un arrêt du parlement de Normandie du 7 février 1600, qui nommait des commissaires afin de rétablir la discipline et réformer les mœurs du monastère, nous apprend qu'il était alloué à chacun des religieux non pourvus d'office, quinze écus pour leur vestiaire, indépendamment des trois écus qu'ils recevaient du Chambrier de Baupte.

C'était aussi le prieur de Baupte qui payait le cierge, lequel brûlait nuit et jour devant le Très Saint-Sacrement (1).

On voit une autre tombe à côté et joignant la précédente, avec une pareille figure gravée dessus, autour de laquelle est écrit :

Cy gît Dom François Semond de Laumy prêtre religieux prieur de Sainte-Croix de Virandeville lequel deceda le dernier jour de Decembre 1662, Agé de 73 ans, priez Dieu pour luy. Requiescat in pace. Amen.

(1) RENAULT, *Revue monumentale et hist. de l'arrondissement de Coutances*. p. 478.

CHAPITRE IX

L'Abbaye et la Révolution.

Saint-Sauveur-le-Vicomte prit part, par ses représentants des trois ordres, à l'assemblée générale du grand bailliage de Cotentin, qui se réunit dans la cathédrale de Coutances le 16 mars 1789. Cette assemblée avait été convoquée par lettres du roi, données à Versailles, le 24 janvier 1789, et adressées au grand bailli du Cotentin, M. le marquis de Blangy.

L'assemblée se composait de huit cent soixante-dix-huit prêtres, curés, bénéficiers, procureurs et autres ecclésiastiques. Elle était présidée par Ange François de Talaru de Chalmazel, évêque de Coutances.

L'appel des différents ordres se fit successivement par bailliages, depuis le lundi 16 mars jusqu'au jeudi 19 à midi. Après l'assemblée du clergé, MM. de la Noblesse furent appelés. Le bailliage de Saint-Sauveur-le-Vicomte fournissait 45 députés de cet ordre, tandis que la députation du Tiers-Etat comprenait 35 représentants pour le même bailliage. Le total des gens du Tiers-Etat s'élevait au chiffre de 411 députés.

Le curé de Saint-Sauveur-le-Vicomte, M. Nigault de Lécange, assistait à cette assemblée, à titre de député ecclésiastique. En son absence il s'accomplit à Saint-Sauveur un événement qui marque dans la vie d'une paroisse. Un de ses vicaires, M. Jouenne fit, par délégation expresse de l'évêque et au nom de son curé, la bénédiction solennelle d'un nouveau cimetière. Le procès-verbal de la cérémonie nous est parvenu. « L'an 1789, le 29 mars, le dimanche de la Passion, après les vêpres, on a été solennellement en procession en chantant le *Miserere* pour bénir le cimetière contenant deux vergées tenant aux pièces de l'abbaye de ce lieu. Il a été donné permission à M. Jouenne, vicaire, de la part de Mgr l'Evêque et de M. Nigault de Lécange, curé de cette paroisse, vu son absence, étant occupé à l'état des affaires du Roy en la ville de Coutances, de le bénir, en présence du clergé et des paroissiens soussignez. L. Grouard custos. Bourgeois p^{re}. Jouanne vicaire. »

Ce cimetière fut abandonné dès le temps de la Révolution. On n'y a inhumé que vingt à trente personnes. Son emplacement est actuellement traversé par la route de Saint-Sauveur à la Haye-du-Puits (1).

Pendant ce temps l'assemblée des trois ordres poursuivait ses travaux à Coutances. Les séances furent nombreuses et la rédaction des cahiers fort

---

1) *Archives de la paroisse*. Travail pour les conférences de 1866, fol. 17.

laborieuse. Le bailli de Saint-Sauveur-le-Vicomte, Louis Hector Amédée Angot fut élu député par le Tiers-État.

La prestation du serment des députés choisis pour Versailles et chargés d'une responsabilité si périlleuse eut lieu le 1ᵉʳ avril, en la nef de la cathédrale de Coutances. L'assemblée de clôture se tint le 11 avril 1789.

Ce n'était pas sans peine que les représentants du Tiers-État du bailliage de Saint-Sauveur-le-Vicomte voyaient s'éteindre la gloire de leur antique abbaye. Le souvenir des services qu'elle avait rendus au pays, le respect dont elle avait mérité d'être entourée, leur inspirèrent des doléances qu'ils adressèrent au roi pour protester contre la suppression des monastères.

Peu favorable aux prétentions du haut clergé, le document dont on va lire un extrait demande le maintien des ordres monastiques :

« Un abus criant que le haut clergé fait de son crédit et de son autorité, c'est la suppression des monastères : les familles nombreuses du Tiers-État trouvaient, ainsi que celles de la Noblesse du second ordre, dans les monastères de Saint-Benoît de l'ancienne observance et dans beaucoup d'autres, des places honnêtes pour leurs enfants, qui voulaient se consacrer dans une vie contemplative au service du Seigneur ; ils y trouvaient une très honnête subsistance ; la famille se ressentait souvent de l'aisance du religieux, il fournissait à l'éducation des jeunes frères, à la dot des sœurs, poussait, soutenait les aînés dans un état auquel ils n'auraient pas pu atteindre ; enfin, ces solitaires réunis dans un même lieu y consommaient leurs revenus, y secouraient les pauvres ; toutes ces ressources, les seules dont le Tiers-Etat jouissait, leur ont été enlevées.

« Sa Majesté avait ordonné la réforme des abus qui s'étaient introduits parmi les moines, relativement à leur régime et à leur discipline ; il avait nommé une commission pour la générale réformation de ces abus, et au lieu de les réformer, on a détruit les moines : pour y parvenir, les abbés ont empêché les moines de recevoir des novices et ils ont fait séculariser ceux qui existaient, en les séduisant par la crainte, par l'espérance, et en leur faisant goûter les délices d'une vie libre et indépendante ; cette conduite du haut clergé blesse la religion, la justice et la charité : elle enlève à la religion de pieux solitaires qui cultiveraient avec fruit et édification la vigne du Seigneur ; elle prive les fondateurs des prières perpétuelles qu'ils avaient fondées à grands frais et en donant de gros biens à l'Eglise et elle déchire le contrat synallagmatique *Do ut facias*, intervenu entre les fondateurs et l'Eglise ; enfin elle blesse la charité, en ce qu'elle prive les pauvres des ressources infinies qu'ils retireraient tant au spirituel qu'au temporel si les anciens établissements détruits existaient.

« Le Tiers-Etat demande qu'il soit remédié à cet abus en rétablissant les monastères sur l'ancien pied, ou du moins dans le cas où l'incontinence.

le désordre des moines si scandaleusement prônés par le haut clergé pour parvenir à ses fins, serait si constant, si avéré, que leur rétablissement serait un nouveau scandale dans la religion et ferait même désirer l'anéantissement de ceux qui existent encore; il demande que les abbés soient supprimés, étant absurde qu'il y ait des abbés sans religieux ; il demande que les dîmes des abbayes supprimées soient rendues aux curés, et les biens fonds des dites abbayes mises en économat perpétuel et affermés pour le produit en provenant vertir au payement des pensions des militaires retirés du service et qui les auraient méritées, soit à raison de leurs blessures, soit de la longueur de leurs services (1..»

Malgré toutes ces réclamations, l'abbaye de Saint-Sauveur-le-Vicomte eut le sort de toutes les maisons religieuses du diocèse de Coutances. Elle fut supprimée le 13 février 1790 par le décret attentatoire à la liberté individuelle qui prohibait les vœux monastiques. Le 14 septembre de la même année le costume religieux était aboli et son port interdit dans toute la France.

Le dernier abbé de Saint-Sauveur partagea la gloire des ecclésiastiques fidèles, quand éclata la Révolution. Comme ses collègues, les deux abbés de Lessay et de Blanchelande, il refusa de prêter le serment exigé par la Constitution civile du clergé.

---

(1) *Archives nationales*. B. III, 54, p. 433; cahier des plaintes, doléances, représentations et demandes du Tiers-État du bailliage de Saint-Sauveur-le-Vicomte.

Cf. HIPPEAU, *Le gouvernement de Normandie*, etc., t. v, p. 11.

Il était resté à Béziers et ne prit le chemin de l'exil qu'en 1792. Il se réfugia pendant la Terreur à Florence et y résida jusqu'en 1814.

Il a passé pour avoir refusé sa démission en 1801 et ne l'avoir donnée qu'en 1805. C'est une erreur que les Annales de notre abbaye doivent redresser, d'après Theiner (1). Cet auteur donne deux lettres du prélat, datées de Florence en 1801. L'une, du 29 août, est adressée au roi Louis XVIII, pour lui remettre sa démisson de l'évêché de Béziers, qu'il avait reçu de Louis XV ; l'autre, du 7 octobre, est adressée à Mgr Caleppi, pour lui envoyer copie de la lettre précédente et lui rappeler son passé. Il ajoute : « Je remets, avec le consentement de Sa Majesté Louis XVIII la démission de mon évêché de Béziers à N. S. P. le Pape, Pie VII. »

Il revint, vers 1814, à Paris, où il mourut le 24 janvier 1815, à l'âge de 77 ans, après 44 ans d'épiscopat. Son corps fut inhumé au cimetière de Vaugirard.

L'abbé de Saint-Sauveur portait pour armoiries : *d'azur au lévrier courant d'argent accollé de gueules bouclé d'or* (2).

Des quatre prêtres habitués qui acquittaient les fondations du monastère dans l'église abbatiale en 1789, nous n'avons pu retrouver qu'un nom. Il est digne de figurer à côté de celui du dernier abbé de

---

(1) *Histoire des deux Concordats*, t. 1, pp. 344 et 345.
(2) FABREGEAT, *Vie des hommes illustres de Béziers :* Mgr de Nicolay, dernier évêque de Béziers, 1738-1815, in-8, 99 pp. Béziers, imp. Granié, 1880.

Saint-Sauveur. Ce prêtre vénérable s'appelait M. Pierre Jacquet. Il était originaire de Saint-Sauveur-le-Vicomte. Alors que le clergé de la paroisse et la plupart des ecclésiastiques, ses compatriotes, donnaient à l'Eglise l'affligeant spectacle de la défection et du schisme, il eut le bonheur de ne pas subir l'entraînement de l'exemple.

Il se montra ferme et inébranlable dans les plus mauvais jours. Caché dans la maison de son père (quartier des Ponts), il rendit les plus grands services aux catholiques, restés fidèles. On dit qu'il fut réduit pendant près de deux ans à s'ensevelir presque continuellement sous une pile de bois. Un jour qu'il était blotti sous un tas de gluis, il fut découvert par le nommé Genet, lancé à sa poursuite avec des satellites. Genet était la terreur de la contrée ; il se montra humain dans cette rencontre. Il avait aperçu le pauvre prêtre proscrit, quand il s'empressa, dans une colère factice, de lui jeter sur le dos quelques gluis, qui dissimulèrent sa présence et le sauvèrent.

Les registres de catholicité, laissés par M. Jacquet et déposés dans l'église paroissiale de Saint-Sauveur-le-Vicomte, attestent que ce saint prêtre, depuis 1794 à 1800, ne craignit pas de s'exposer jour et nuit à la mort pour le salut des âmes.

Il était devenu très infirme et incapable de tout travail, quand il se retira à l'hospice de Saint-Sauveur. Il en accepta la desserte et mourut, entouré d'unanimes regrets, le 26 octobre 1823, à l'âge de soixante-quatre ans. Il fut inhumé dans le cimetière de l'hospice, qui par reconnaissance fit placer une pierre sur le tombeau de l'homme de Dieu (1).

Un moine bénédictin, dom Etienne Hyacinthe Lefournier, vécut à cette époque à Saint-Sauveur-le-Vicomte. Mais il n'appartenait pas à l'abbaye du lieu.

Ancien religieux de Cérisy-la-Forêt, il avait quitté sa maison, le 25 octobre 1790, et choisi Saint-Sauveur-le-Vicomte pour lieu de son domicile. Il était alors âgé de 45 ans. Il se fit instituteur dans la localité, où il a laissé une réputation fort équivoque. Ce religieux avait quelque talent pour la peinture. Il avait peint pour l'église de Saint-Sauveur un tableau représentant la naissance du Sauveur. Cette toile se voyait encore au maître-autel en 1834 (2).

M. Lécrivain n'appartenait pas au clergé de Saint-Sauveur-le-Vicomte avant la Révolution, mais son nom mérite d'être inscrit sur l'album d'honneur des prêtres fidèles. Né probablement à Muneville-le-Bingard, il était aumônier du couvent de Saint-Michel-du-Boscq, lorsque éclata la tempête révolutionnaire.

Cette communauté de femmes, tout inoffensive qu'elle fût, ne put trouver grâce aux yeux de la démagogie. Elle fut donc dispersée comme toutes les autres. Quelques-uns de ses sujets, après avoir déposé le saint habit, louèrent des appartements à Saint-Sauveur-le-Vicomte, dans le voisinage de la

(1) *Archives de la paroisse.* Conférences ecclésiastiques de 1866, fol. 15.

(2) *Archives paroissiales de Saint-Sauveur-le-Vicomte.* Conférences ecclésiastiques de 1866, fol. 9.

Juridiction, et y vécurent en paix, même pendant les plus mauvais jours. Une des sœurs avait été emprisonnée à Coutances et fut témoin de l'héroïque constance du saint prémontré de Blanchelande, M. Toulorge.

Le chapelain du prieuré était activement recherché. Il n'en travaillait pas moins au salut des âmes avec un zèle au-dessus de tout éloge. Il est porté en tête du registre de catholicité qu'il a laissé à la paroisse de Saint-Sauveur-le-Vicomte. « Le présent registre n'a pu être paraphé du juge, n'y en ayant point de légal ; nous l'avons coté de notre propre main pour y être inscrits les baptêmes et les mariages de ceux qui s'adresseront à nous ou à tout autre prêtre catholique à notre connaissance. Ce douze février mil sept cent quatre-vingt-seize, signé Lécrivain. Les actes, consignés dans ce registre, montrent bien que ce bon prêtre était infatigable ; aussi, sa mémoire est-elle restée en vénération dans le peuple. Il mourut longtemps après, à Valognes, où il avait été chapelain des Augustines et prêtre habitué à l'église Saint-Malo. Preuve nouvelle, après beaucoup d'autres, que le vrai mérite n'est pas ennemi de l'obscurité (1).

Durant les mauvais jours de la période révolutionnaire, M. Lécrivain avait dû plus d'une fois trouver asile chez un laïque, dont la piété courageuse devait être récompensée plus tard par la vocation au sacerdoce.

---

(1) *Archives de la paroisse de Saint-Sauveur-le-Vicomte*. Confér. ecclés. de 1866, fol. 16.

Nous voulons parler de M. Pierre-François-Gabriel Davy de Boisval, futur curé de Saint Sauveur-le-Vicomte. Issu d'une famille de robe, il appartenait par sa mère à la famille Dolbet, qui avait donné un curé à Saint-Sauveur-le-Vicomte, de 1700 à 1740. Né à Saint-Sauveur-le-Vicomte, au Gripois, il ne fut pas dirigé d'abord vers l'état ecclésiastique. Il est même à présumer, comme il le dit lui-même, que, sans la Révolution, il serait resté comme ses ancêtres dans la judicature.

Atteint d'une myopie très caractérisée, il dut avoir beaucoup de peine à se livrer à l'étude. Son instruction n'en fut pas moins brillante et solide. Il excellait surtout dans la littérature. Etant encore laïque, et durant les plus mauvais jours de la Terreur, il accueillait chez lui, en plein cœur de la ville et dans un voisinage dont on pouvait tout craindre, les prêtres fidèles qui célébraient en secret les saints mystères.

Dès lors, sa piété lui faisait trouver un grand plaisir à catéchiser les petits enfants et à les préparer à leur première communion. Pour combler les vides du sanctuaire, il transforma sa maison en une sorte de collège où il réunit jusqu'à soixante élèves à la fois. Il s'adonna à ces fonctions avant même d'être initié aux ordres, et il les continua jusqu'à sa nomination à la cure de Saint-Sauveur-le-Vicomte. Bon nombre d'ecclésiastiques furent redevables à son zèle et à sa générosité de leur élévation au sacerdoce.

Ordonné prêtre lui-même, en 1805, il garda les

fonctions de Trésorier de la Fabrique de sa paroisse natale, qu'il avait remplies avant son sacerdoce. Autant que le lui permettaient ses travaux pour la formation de la jeunesse studieuse qu'il dirigeait vers la cléricature, il s'adonnait au ministère de la prédication, dans lequel il excellait. Toutes ses vertus portèrent ses compatriotes à le demander pour succéder à M. Le Vavasseur dans la cure de Saint-Sauveur-le-Vicomte, en 1822. Il ne se rendit pas sans peine aux vives instances qui lui furent faites. Mais l'évêque de Coutances félicita les habitants de Saint-Sauveur de leur bonne pensée et agréa le choix qu'ils avaient fait. Trois ans après, il nommait M. Davy de Boisval chanoine honoraire de sa cathédrale.

En 1829, M. de Boisval céda sa belle maison avec ses dépendances pour en faire le presbytère paroissial. Il reçut en échange la propriété de l'ancien presbytère et du nouveau, acheté en 1819. Le conseil municipal fit en outre au digne curé une rente viagère de 600 fr. La générosité du bon pasteur le porta à faire cession à la Fabrique de 2000 fr., qu'elle lui devait.

C'est sous son administration et avec son bienveillant concours que se fit à Saint-Sauveur, en 1832, l'établissement des Sœurs de la Doctrine chrétienne de la Miséricorde. M. de Boisval paraît avoir désigné lui-même son successeur, M. Avice, qu'il installa lui-même, le 15 août 1834 [1].

(1) *Archives paroissiales de Saint-Sauveur-le-Vicomte.* Travail pour les conférences de 1867, fol. 8.

Si la piété d'un laïque, M. de Boisval, édifiait Saint-Sauveur-le-Vicomte en 1789, la foi des habitants dut être fortement mise à l'épreuve par la défection des prêtres de la paroisse. Le curé et les deux vicaires, les desservants des deux chapelles de Hautmesnil et de Selsoëf, les abbés: Bottin, curé de Neufmesnil, Bottin, curé de Saint-Jores, Bottin Deséssarts, Le Bourgeois, Dubost, Le Sachey, Lemonnier, Lebon et de Melun eurent la faiblesse de prêter le serment constitutionnel.

Signalons seulement quelques faits qui se rattachent à l'histoire de ces ecclésiastiques.

Pendant que l'église de l'abbaye était vouée à la démolition, celle de la paroisse était déshonorée, de 1791 à 1800, par les sacrilèges des prêtres assermentés.

Moins coupable que l'intrus, le curé légitime, M. Nigault de Lécange, n'en avait pas moins flétri son nom par un serment schismatique. Heureusement nous le verrons rétracter solennellement son serment et honorer sa vieillesse par une vie digne de l'estime des gens de bien.

M. Nigault de Lécange était né à Saint-Sauveur-le-Vicomte, vers 1746. Il avait eu pour parrain, M. Gonot, curé de cette paroisse. Il fut attaché, dès le début de son sacerdoce, à l'évêché de Coutances, en qualité de secrétaire et d'aumônier de l'évêque. C'est avec ce titre qu'il paraît dans les registres de baptême, où il figure comme parrain, dès l'année 1771. Peu après, il devint curé d'une petite, mais riche paroisse, la paroisse de Nay en Bauptois, aujourd'hui du canton de Périers; puis, en 1780, il fut pourvu de la cure de Saint-Sauveur, sa paroisse natale. Il succédait ainsi à son parrain, M. Gonot, comme lui originaire de Saint-Sauveur-le-Vicomte.

M. Nigault de Lécange était homme d'esprit et de société, d'un caractère aimable et d'un cœur bon et bienfaisant.

Malheureusement il eut la faiblesse de prêter le serment schismatique exigé par la constitution civile du clergé et son exemple entraîna en masse le clergé de Saint-Sauveur-le-Vicomte.

M. Nigault put demeurer en paix durant les jours de la Terreur. Un curé intrus prit cependant possession de la paroisse; ce fut l'abbé Maresq, ancien desservant de Selsoëf. D'abord il y eut rivalité d'intérêts entre le curé légitime et l'intrus ; mais peu après le conflit s'arrangea : l'église resta aux deux curés. Il y eut le dimanche deux messes de paroisse, l'une dite des aristocrates, à huit heures, l'autre des démocrates, à dix heures. Il paraît même que les idées de tolérance et d'union allèrent jusqu'à engager les deux curés à alterner entre eux la présidence aux divins offices.

Mais des jours plus heureux ramenèrent la foi et la religion en France. M. Nigault de Lécange fit sa rétractation au prône, le dimanche 15 août 1800. Les catholiques avaient déserté l'église paroissiale dès la première semaine du carême de 1794.

M. de Lécange exerça les fonctions curiales dans

son église jusqu'au mois de mai 1802. A cette époque, sur la demande des principaux habitants, M. Levavasseur lui fut substitué comme curé.

Tout attristé qu'il fût d'être arraché à ses fonctions et privé de son titre, l'ancien curé n'en accueillit pas avec moins de bienveillance le nouveau titulaire.

Peu après, son évêque, Mgr Rousseau, lui décerna le titre de chanoine honoraire de la cathédrale de Coutances. Le reste de sa vie s'écoula dans un grand calme. M. de Lécange mourut, à l'âge de quatre-vingt-deux ans, environné de la considération qu'il méritait, le 24 mars 1829. Il fut inhumé dans le cimetière de la paroisse, sous la fenêtre de la chapelle des Carmes, vers l'Occident (1).

M. Maresq était desservant de la chapelle de Selsoëf. On lui donnait le nom de prieur de cette chapelle, en souvenir des anciens moines. Non content de prêter serment à la constitution civile du clergé, il accepta les fonctions de curé intrus de Saint-Sauveur. L'ancien prieur de Selsoëf n'eut pas de grand succès. Une vingtaine de personne seulement composaient son troupeau schismatique et encore faut-il mettre dans ce nombre des étrangers tels que Morouard, d'Orglandes, qui se portait pour zélateur du culte constitutionnel. Sa femme elle-même et toute sa famille avaient, à cet égard, des sentiments bien différents. Le pasteur légitime, M. Nigault de Lécange conserva la possession des

---

1) *Archives de l'église paroissiale de Saint-Sauveur-le-Vicomte.* Conférences ecclésiastiques de 1867, fol. 12, 18.

vases sacrés, qui furent ensuite enlevés et portés au district de Valognes. Ce clergé schismatique n'eut plus alors d'autre ostensoir qu'un petit ostensoir de bois, façonné par le sieur Lucas, tourneur, et très chaud révolutionnaire.

Parmi les ecclésiastiques assermentés que nous avons mentionnés plus haut, plusieurs ne tardèrent pas à édifier les fidèles par leur rétractation ; de ce nombre furent les MM. Bottin, curés respectivement de Neufmesnil et de Saint-Jores, M. Lebourgeois et M. Dubost. D'autres allèrent jusqu'à contracter mariage au mépris de leurs engagements les plus sacrés : tels furent MM. Bottin-Désessarts et Le Bon.

Le premier, homme de grand talent, avait été aumônier de la Bastille et curé d'une des paroisses de Lyon. Il se maria et eut deux filles. Il se convertit, au retour des Bourbons, en 1815, et redevint curé, dans le diocèse de Paris, où il mourut.

M. Le Bon, après son serment, se retira à Paris, où il devint apothicaire. Il épousa une riche héritière, à laquelle il dissimula sa qualité d'ecclésiastique qu'elle finit par découvrir par hasard. Cette malheureuse femme en mourut de chagrin, mais non sans lui avoir donné toute sa fortune. Elle ne voulait pas, disait-elle, que la répugnance qu'il aurait à la rendre mit obstacle à sa conversion.

Le Bon n'avait eu qu'un enfant, qui mourut jeune.

Après avoir acheté la terre et le château du Quesnoy, il mourut à Paris, vers 1830. Il parut s'être réconcilié avec Dieu.

Il avait légué à Saint-Sauveur tout son mobilier pour l'établissement d'une école mutuelle.

Un autre ecclésiastique de la paroisse, Le Goupil, est resté tristement célèbre dans ses annales. Il était déjà engagé dans les ordres sacrés, quand il tint ce langage au club révolutionnaire qui se réunissait dans la chapelle de l'hospice : « En passant devant la ci-devant église de Saint-Sauveur, j'ai encore aperçu un signe de l'antique superstition, au nom de la loi je requiers que l'un de nous se détache, et sans plus ample informé, aille lui abattre la tête. »

Il s'agissait de décapiter la statuette du Sauveur placée au-dessus du portail de l'église.

Le discoureur impie fut obéi sur-le-champ.

En 1791, les nombreuses terres et les bois appartenant à l'abbaye, furent divisés et vendus par le gouvernement à une multitude de particuliers. L'enclos, les bâtiments de la ferme, l'abbatiale, les prairies, quelques herbages et quelques bois étaient devenus la propriété de M. de Préfosse et de M. Desmares-Dumanoir, son gendre. L'église, la chapelle du chapitre, les bâtiments du cloître, les habitations du prieur et des moines, acquis en commun par MM. Dumanoir, Théon jeune et Deslongchamps Marie, allaient être abattus et les matériaux vendus ou donnés et le même sort était réservé au mobilier sacré.

Un aigle en bronze, d'une très grande dimension, servait de lutrin. Cette pièce, d'un style et d'un travail remarquables fut transportée, ainsi que les sept belles cloches de l'abbaye avec le timbre de l'horloge, au district de Valognes, en 1792. La nation mettait la main sur le métal sacré ; elle avait hâte de l'envoyer à la monnaie ou aux fonderies de canon ; il fallait lui donner une forme républicaine.

La municipalité de Saint-Sauveur, de l'agrément de l'autorité supérieure, se mit en possession de l'horloge de l'abbaye et des petites cloches qui servaient à sonner les quarts d'heure. Le tout fut placé dans le clocher de l'église paroissiale, dont il fait encore l'ornement et la gloire.

Néhou obtint de l'administration du district la faveur d'échanger sa plus grosse cloche qui était fêlée contre une des sept de l'abbaye. C'est la seconde, croyons-nous, qui fut adjugée à cette paroisse.

En même temps les trois cloches de l'église paroissiales, bénites en 1750 par l'abbé de Saint-Sauveur, M. Du Quesnoy, prenaient le chemin du district de Valognes et la petite cloche de l'hospice était transportée à l'hôtel de ville, où elle sert encore de timbre pour l'horloge.

L'église de l'abbaye était ornée de statues. On remarquait surtout un *Ecce homo*, une Sainte Barbe, une Sainte Catherine et un Saint Adrien.

Ces statues allèrent enrichir l'église paroissiale de Saint-Sauveur, en 1793. Il en fut de même des dais qui surmontaient les statues. Le curé de Saint-Sauveur, celui de Crosville et le prieur de Selsoëf s'en emparèrent pour décorer les statues de leurs églises. Ceux qui devinrent la propriété du curé de

Saint-Sauveur étaient les plus beaux et les mieux conservés.

Mais les curés et les marguilliers de la ville les ont dédaignés et laissé démolir, tandis que les curés de Crosville et de Selsouef ont conservé les leurs.

Ruines de l'église abbatiale de Saint-Sauveur-le-Vicomte

CHAPITRE X

Les Ruines.

L'ouragan révolutionnaire avait passé sur la France, jonchant le sol de débris et de ruines.

Triste héritage, que le xviiie siècle léguait au dix-neuvième. Saint-Sauveur avait eu son château-fort et non loin de la forteresse seigneuriale, son pieux asile de la prière, son abbaye bénédictine.

De cette abbaye l'on ne voyait plus que des ruines au commencement de notre siècle.

« La démolition des bâtiments est avancée, écrivait M. de Gerville, en 1825 ; elle serait probablement terminée, si la vente des matériaux et surtout des pierres de taille était aussi prompte à Saint-Sauveur qu'à Montebourg. La maison des religieux est détruite. L'abbatiale subsiste encore, tout est dans un triste délaissement. »

Tel était, en 1825, l'état de l'abbaye de Saint-Sauveur. Le temps et les démolisseurs ne cessaient d'opérer.

L'église et tous ces bâtiments, qui étaient dans un assez bon état de conservation, auraient pu avec un peu plus d'intelligence et de bonne volonté être employées plus utilement par les acquéreurs. Le bien-être des habitants du pays y aurait trouvé son compte.

M. Angot, dernier bailli de Saint-Sauveur et député à l'Assemblée constituante, avait eu l'heureuse idée de faire transférer le titre de l'église paroissiale à l'église de l'abbaye, mais M. Nigault de Lécange, curé constitutionnel, s'y opposa de toutes ses forces.

Il est vrai qu'il aurait fallu aller un peu loin pour dire la messe. Le maire manqua de résolution, dans cette circonstance, et le bailli Angot, avec sa charge, avait perdu tout son pouvoir.

Son projet eût conservé à la région ce beau monument du moyen âge, comme ceux de Cérisy et de Lessay, et il n'aurait pas été détruit par la main des hommes et les ravages du temps. Les habitants de Saint-Sauveur doivent tenir compte à la mémoire de leur concitoyen des efforts qu'il fit alors pour conserver cette belle église à l'admiration des gens de goût et des amis des arts.

L'antique église était donc vouée à une entière destruction, puisque les matériaux en avaient été séparément vendus; elle n'offrait plus qu'un amas de ruines, où le marteau du démolisseur, plus que le temps et l'abandon, avait fait œuvre de vandalisme. Les deux tiers du superbe monument étaient couchés à terre.

La démolition totale de l'église ne pouvait beaucoup tarder, puisqu'elle avait été vendue à part, à charge de la démolir dans un bref délai, d'en enlever

Autre vue des ruines avec le clocher de l'église.

les matériaux et d'en livrer le sol à l'acquéreur du reste de l'enclos monacal.

Le vieux clocher central était encore majestueusement porté sur ses quatre belles arcades ogivales; sa voûte n'était pas fort endommagée. Il n'était appuyé, du côté de la nef, que par l'unique grande côtière demeurée debout; et comme il était entièrement isolé du côté du chœur, et que les deux chapelles du transept étaient presque démolies par la mine et par la pioche, plus encore que par le temps, on se demande comment cette partie de l'édifice, la plus exposée aux injures du temps, put défier pendant tant d'années les efforts des vents et de la tempête. Mais au sein de ces décombres et à l'ombre de ces superbes arcades qui soutenaient le clocher de l'abbaye étaient des tombeaux.

L'un d'eux était celui d'un des derniers abbés commendataires de la communauté. L'évêque de Coutances, Mgr Pierre Dupont-Poursat, ne put soutenir plus longtemps la pensée de laisser sans honneur et dans l'oubli une tombe aussi vénérable. Elle abritait les ossements d'un de ses prédécesseurs. De concert avec la famille du Quesnoy, il s'empressa de leur rendre les honneurs qu'ils méritaient; et comme les du Quesnoy descendaient des d'Harcourt en ligne féminine, on trouva tout naturel de transférer le corps de Mgr du Quesnoy dans la chapelle Saint-Pierre et Saint-Paul, qui appartenait jadis aux ducs d'Harcourt, dans l'église paroissiale de Saint-Sauveur. La cérémonie de la translation se fit avec grande pompe en 1810. L'évêque de Coutances la présida. Ce ne fut pas le seul honneur rendu par les évêques de Coutances à la mémoire de l'ancien abbé de Saint-Sauveur-le-Vicomte.

Afin de perpétuer le souvenir de son prédécesseur, Mgr Bravard fit placer au-dessus de sa sépulture, le 10 août 1868, une plaque de marbre noir avec cette inscription :

Il. RR. DD. Jac Lefèvre du Quesnoy, ep. Constantien. abbas S. Salv. vic. natus Golleville anno 1702, episcop. designat. XXIV april. consecrat. XXI august. 1757. Obiit in abbatia sua IX. sepult XI sept. 1764. Cujus corpus inter collabentis abbatiæ ruinas repertum. Il. RR. DD. Petrus Dupont de Poursat Constantien ep. solemniter recondidit in hac capella SS. Apostol. Petri et Pauli, 1810. Monumentum posuit Il. RR. DD. Joan. Petrus Bravard Constantien et Abricen. X august. 1868.

« *Ill. et RR. Mgr Jacques Lefèvre du Quesnoy, évêque de Coutances et abbé de Saint-Sauveur-le-Vicomte, né à Golleville, l'an 1702, évêque nommé le 24 avril, consacré le 21 août 1757. Il mourut dans son abbaye, le 9 et fut inhumé le 11 septembre 1764. Son corps, trouvé au milieu de l'abbaye tombant en ruines, fut transféré solennellement en 1810, dans cette chapelle des SS. Apôtres Pierre et Paul, par Ill., et RR. Mgr Pierre Dupont de Poursat, évêque de Coutances.*

Ce monument a été érigé par Ill. et RR. Mgr Jean-Pierre Bravard, évêque de Coutances et Avranches, le 10 août 1868 (1).

La chapelle Saint-Pierre et Saint-Paul de l'église paroissiale de Saint-Sauveur-le-Vicomte, avait eu son histoire, avant de devenir la chapelle mortuaire de l'ancien évêque de Coutances. Cette chapelle gothique, située au nord du chœur, communique avec cette partie de l'église par une double

---

(1) *Semaine religieuse* de Coutances, année 1868, p. 800.

ogive. Elle contient un caveau funéraire où reposaient dans des cercueils de plomb, les corps du dernier maréchal d'Harcourt et de sa tante, Mademoiselle d'Olonde.

Ces tombeaux avaient été violés, en 1793, par les jeunes soldats de la première République qui se trouvaient en cantonnement à Saint-Sauveur. Les cercueils avaient été envoyés au district de Valognes pour être fondus et convertis en balles de fusils; la chapelle elle-même fut transformée en 1793 en fabrique de salpêtre, mais l'entreprise du fabricant ne réussit pas.

D'illustres visiteurs s'arrêtèrent auprès des ruines de notre abbaye. En 1831, M. Gally-Knight, célèbre antiquaire de la Grande-Bretagne, fit en Normandie un voyage archéologique, dont il devait publier la relation à Londres, en 1836.

Nous empruntons ce qui suit à la traduction de ce travail faite par M. Campion, ancien chef du Bureau de la Préfecture du Calvados :

« Nous sortions du bourg pour aller visiter l'abbaye. Les bâtiments du couvent sont encore debout, mais leurs toits n'abritent plus de moines; ils ont changé de maîtres, et sont tombés dans un délabrement pénible à voir. « L'église est en ruines, et il n'en restera bientôt plus de traces. Nous aperçûmes le propriétaire actuel, perché sur ses murailles et occupé à en enlever les pierres pour les faire servir à ses propres constructions... »

« Jusqu'à la hauteur du *triforium*, le style circulaire se manifeste à l'exclusion de tout autre style d'architecture dans l'édifice; il faut cependant en exempter le chœur, dont la construction est sans aucun doute beaucoup plus récente.

Mais au-dessus du *triforium*, c'est le tour du style en pointe; on y reconnaît l'architecture du XIII° siècle, et, par conséquent, il faut rapporter cette partie du monument à la famille d'Harcourt. Dans le XIV° siècle, Jean Chandos, craignant que cette église ne servît aux projets de l'ennemi, la fit démanteler.

Elle fut réparée dans le courant du XV° siècle. On reconnaît aisément les réparations à la différence du style (1).

Ces ruines si belles, si intéressantes, étaient classées parmi les monuments historiques. Elles furent dessinées par différentes personnes.

M. Langlois-Longueville fit lithographier son dessin. M. Cotman, dessinateur anglais, a fait entrer la vue de ces ruines dans son grand ouvrage intitulé *Architectural Antiquities of Normandy*, qui parut en 1825. M. Denis Herbert, fils d'un général anglais qui demeurait à Valognes fit le même dessin. M. de Gerville avait fait dessiner et lithographier le côté conservé de la vieille basilique. Il en a donné deux vues que l'on trouve dans *l'Atlas des mémoires de la Société des Antiquaires de Normandie*, joint au volume de 1825.

Ce sont les deux premières du recueil, la troisième est une vue de l'abbaye de Montebourg, la qua-

---

(1) *Annuaire du département de la Manche*, année 1862, p 13.

trième est consacrée à l'abbaye de Blanche-Lande ; la cinquième à Lessay, la sixième à Cérisy et la septième planche offre la reproduction de plusieurs fragments d'architecture de l'église Sainte-Croix, de Saint-Lo.

Les planches détachées du volume se retrouveraient difficilement de nos jours. Elles sont bien disséminées, mais on a eu recours à la lithographie, qui était loin d'être arrivée à sa perfection (1).

Parmi les papiers de la succession de M. de Gerville, il se trouve un livre de croquis. Outre les ruines de l'abbaye de Saint-Sauveur-le-Vicomte, dont nous venons de parler, et qui sont : la vue de ces ruines prise au sud-est en 1818 et la même vue prise au nord, ces croquis renferment un chapiteau de la même abbaye.

L'abbaye de Saint-Sauveur, comme tant d'autres, avait été frappée de la foudre révolutionnaire. Mais Dieu a la puissance de la vie et de la mort. C'est le Seigneur qui tue et qui vivifie, qui conduit au tombeau et qui en ramène. Il allait faire éclater sa puissance dans son action providentielle sur les ruines de l'antique abbaye.

A Barfleur, une jeune fille dirigeait une modeste école. Parmi ses élèves, elle voyait venir à elle un de ces anges terrestres qui ne semblent faits que pour passer ici-bas, comme des hôtes d'un jour, que le ciel envie à la terre. Cette enfant avait environ neuf ans. Pieuse, simple, docile, bienveillante pour

(1) *Annuaire du département de la Manche*, année 1862, p. 10.

ses compagnes, cette pieuse enfant est atteinte d'une maladie mortelle. La maîtresse et le confesseur la jugent digne de faire sa première communion sur son lit d'agonie. Elle va expirer; la charitable institutrice penchée sur le lit de la douce enfant lui dicte les plus suaves expressions d'amour envers Jésus, qui l'a visitée et l'invite à l'éternel festin. Alors l'angélique mourante, ouvrant ses yeux presque éteints, les fixe sur sa maîtresse et poussée comme par une inspiration du ciel, elle lui dit clairement : « Mère, vous formerez une communauté à travers de grandes difficultés. Vous demeurerez à Tamerville. Pendant de longues années, vos filles seront très peu nombreuses et on n'en fera nul cas. Des prêtres vous conduiront dans une abbaye. Vous ne mourrez qu'à un âge très avancé et vos religieuses seront alors les plus nombreuses du diocèse. Dans les dernières années de votre vie, vous vous occuperez constamment de votre église. »

Dieu venait de déchirer le voile de l'avenir devant le regard limpide de l'enfant prédestinée.

La femme qui avait été son ange gardien allait être la fondatrice et la mère d'une communauté nombreuse. Après bien des migrations diverses, celle-ci devait enfin se fixer et prendre sa forme définitive, dans une abbaye. Et cette abbaye, quelle était-elle? Saint-Sauveur-le-Vicomte.

Le jeune poëte, Léon Barbey d'Aurevilly, enfant de Saint-Sauveur, ne connaissait pas encore les desseins de Dieu, lorsque laissant courir sa plume sur le papier, il s'abandonnait dans ses vers à sa mélancolique tristesse :

> Saint-Sauveur, frais séjour où s'écoule ma vie,
> Parmi les fils obscurs d'un peuple de pasteurs.
> Dans chacun de tes vents, jadis ma poésie
> Trouvait des bruits inspirateurs ;
> J'aimais de tes prés verts les pelouses charmantes.
> Mon cœur se reposait, plein d'amour, sur leurs pentes.
> Hélas ! plus qu'un luxe brillant,
> J'aimais ta grâce familière,
> Ta chute d'eau qui tombe écumeuse en fuyant,
> Et ton quai pauvre et simple, assis dans ta rivière
> Et de tes trois moulins, le tic-tac égayant !
> J'aimais, ô mon pays ! l'Abbaye en ruine,
> Blanchissante là-bas, sur la sombre colline,
> Et les yeux enflammés d'une sainte fureur.
> Je maudissais toujours ce temps barbare et lâche
> Qui portait à la fois le tranchant de sa hache
> Sur la tête des rois et les tours du Seigneur.
>
> Léon d'AUREVILLY [1].

Trêve, jeune écrivain, à ces accents plaintifs. Elle est prête à venir faire refleurir la solitude, l'institutrice de la naïve enfant de Barfleur. Julie Postel, en religion Sœur Marie-Madeleine, va rendre à ce coin de terre que vous avez chanté les plus beaux jours du moyen âge. Bientôt, nous l'espérons, on aura fait l'histoire complète et définitive de cette femme extraordinaire, dont l'avenir vient de nous être révélé par la bouche de la voyante de Barfleur.

La fondatrice est dans le tombeau ; mais son sépulcre est glorieux.

Son Institut est plein de vie et son église est debout et rajeunie.

---

[1] Pièce intitulée : *Prague*, dans le *Momus Normand*, 1843, n° 6.

Le poëte apôtre, qui dans sa jeunesse avait pleuré sur ses ruines, a pu chanter les gloires de sa résurrection :

> Ils sont venus les jours de gloire et d'allégresse
> Où le ciel désarmé va combler tous ses vœux.
> Une église à bâtir attend notre pauvresse.
> De son sein va sortir un institut nombreux.
> La moisson dont l'espoir depuis trente ans l'enflamme,
> Sous l'œil de l'Éternel, a germé dans son âme.
> Elle entend du succès le souffle qui s'éveille,
> Et sa charité crée une *double merveille*
>   Avec les trésors de son cœur.
>
> L'Abbaye! elle est là. — Nous l'avons vue à terre,
> Blessée à mort, traînant sa croix sur le gazon,
> Portant sur ses hauts murs les traces du tonnerre
> Que, du fond de l'enfer, lui lança le démon.
> Victime de ces temps d'impiété sauvage,
> Du noir *quatre-vingt-treize* elle exprimait la rage,
> Comme un chandelier d'or dans la poussière éteint;
> Et la chèvre bêlait sous les croulants portiques.
> Retentissants, hier, du bruit des saints cantiques
>   Autour de l'autel du Dieu saint.
>
> L'Abbaye! elle est là, brillante et rebâtie
> Avec son chœur gothique élancé dans les airs,
> Tabernacle sublime où se plaît l'humble hostie
> Digne hommage de l'homme au Dieu de l'Univers.
> Dieu seul a tout donné pour qu'on la reconstruise ;
> La vaste Providence explique cette église ;
> Invisible ouvrier, le Seigneur a fait tout.
> Le pouvoir colossal et l'or de sainte Hélène
> Pour ce hardi projet n'auraient suffi qu'à peine
>   Et cependant elle est debout.
>
> Il est là, le chef-d'œuvre avec toutes ses grâces,
> Avec ses vitraux peints qui tempèrent le jour,
> Avec ses ornements, ses trèfles, ses rosaces
> Que l'artiste et le prêtre admirent tour à tour.
> Pour bâtir, pour orner cette admirable enceinte,
> Un architecte est né des soupirs de la sainte,
> Que Dieu seul éclaira de son regard de feu.

Le chef-d'œuvre respire, œuvre d'une grande âme,
Il a pour fondement le cœur d'une humble femme,
    Diamant du cœur de son Dieu !

L'autre merveille est là !! C'est la famille immense
Que, fille d'Abraham, elle sut mériter.
Le temps n'a point vaincu sa longue patience
Malgré ce cœur brûlant qui semblait l'emporter
Au souffle impérieux d'une grâce inconnue,
Du Nord et du Midi sa famille est venue
Si nombreuse, qu'il faut élargir sa maison.
Sur sa cendre bénie un peuple entier se presse,
Des enfants lui sont nés au jour de sa vieillesse
    Aux quatre coins de l'horizon.

Pour fonder ici-bas une œuvre qui subsiste,
Il faut avoir reçu le pouvoir du Très-Haut ;
A la foi de ses Saints il n'est rien qui résiste,
L'Amour donne à l'amour, il sait ce qu'il lui faut !
Mesurez d'un regard ce que le ciel lui donne.
De vie et de chaleur son Institut rayonne
Et du cœur maternel réfléchit les ardeurs.
Quarante mille enfants de notre heureuse France
Reçoivent la vertu, la grâce et la science
    Des lèvres de nos chères Sœurs.

Oui, la merveille est là pour qui sait la comprendre !
Pour qui l'a vue un jour dans son humble berceau.
Le prodige inouï ne s'est pas fait attendre,
Un fleuve inépuisable est sorti d'un ruisseau.
Nous l'avons vu filtrer, à l'ombre des bocages,
Goutte à goutte, au milieu de nos frais paysages.
Maintenant il s'échappe en nappes de clarté...
Nous le suivons de loin dans sa brillante course,
Et notre foi remonte à l'invisible source.
    Cause de sa fécondité (1) !

Voici ce qu'a su faire de ces ruines le génie conduit et inspiré par la foi.

Quand il plut à Dieu de donner à la Mère Marie-

---

(1) J. Dauphin. *Un poète apôtre*, p. 351.

Madeleine la pensée gigantesque de reconstruire l'église ruinée de son Abbaye, il tenait en réserve l'instrument qu'elle devait faire servir à ses desseins.

Un jeune homme de Saint-Sauveur, François Halley, esprit pénétrant dans une organisation frêle et maladive, recevait de la Providence l'étincelle du feu sacré qui fait les artistes. Le simple ouvrier fut visité dans son intelligence par une de ces pensées qui l'enlèvent tout à coup à la matière pour l'introduire dans une sphère supérieure. En présence des débris de l'église, si beaux, si révélateurs, il se sentit dans l'âme je ne sais quelle vertu cachée : il reçut le rayon illuminateur que les hommes d'art appellent le génie. Nous l'appellerions volontiers ici une sorte de vocation obtenue par les prières de la vénérée fondatrice, soutenue par sa foi, aidée et dirigée par les conseils de la science.

François Halley crut qu'il pourrait réaliser dans la matière cet idéal dont son âme était remplie. Pourquoi n'élèverait-il pas dans les airs ce qu'il voyait debout et complet dans son âme? Mais, comme tous les hommes d'un vrai mérite, il était humble, il obéissait à la vigueur de la pensée qui le dominait, mais il se fiait plus encore aux prières de la bonne Mère et au secours du ciel qu'à sa propre industrie. Ce maître ès-œuvres improvisé ne dédaigna pas de prendre des conseils aux sources autorisées : il consulta Mgr Delamarre, évêque de Luçon. Le guide était excellent, d'une expérience consommée ; aussi le génie de l'humble artiste, éclairé par le goût le plus pur et les connaissances architectoniques les

Partie latérale de l'église abbatiale de Saint-Sauveur-le-Vicomte

plus précises, allait-il produire en très peu d'années le chef-d'œuvre dont nous allons essayer l'esquisse.

La forme de l'église est celle d'une croix latine.

Le chœur est terminé par une abside à cinq pans coupés, avec deux rangs de fenêtres à lancette richement ornées de moulures et colonnettes avec bases et chapiteaux. Les baies sont divisées par des meneaux avec des ramifications dans le haut formant des trèfles d'une incomparable élégance dans le style flamboyant. Les deux rangs de fenêtres sont séparés par une galerie avec balustrade à claire-voie. Cette galerie à adossement plein s'étend et se prolonge dans tout le pourtour du chœur et des chapelles du transept, avec communication d'accession. La voûte est gothique avec des nervures et des clefs saillantes. Les piliers des arcades du rez-de-chaussée et le triforium du tour de la construction primitive sont en roman secondaire. Il en est ainsi des chapelles et des nefs latérales.

Une partie du portail conserve aussi la forme romane.

La partie supérieure de la nef principale, le clérestory est du XVe siècle. Elle est moins ornée que le chœur. Le haut des chapelles et une partie du portail appartiennent à la même époque. Dans les voûtes des quatre travées des nefs latérales l'on retrouve la forme romane.

Le transept est surmonté d'une tour avec clocher terminé par un toit à bâtière ou à double égout.

L'église est décorée avec autant de goût que de simplicité. L'artiste, en la restaurant, a scrupuleusement conservé le caractère de la nef romane et du chœur qui date du XVe siècle. Les feuillages des chapiteaux, les crosses qui grimpent sur les rampants des gables, les moulures et les tores des archivoltes sont si habilement sculptés dans la partie refaite qu'elle se fond avec l'ancienne.

On doit à l'habile ciseau de François Halley le tombeau de la vénérée Mère Marie-Madeleine. Il est dans la chapelle septentrionale du transept ou chapelle de la croix. L'artiste y a représenté la sainte fondatrice presque de grandeur naturelle, à genoux, les mains jointes, au pied de la croix sur laquelle on lit ces mots : « Obéissance jusqu'à la mort. »

L'éminent artiste dota aussi l'église de l'Abbaye de confessionnaux « qui sont peut-être les plus beaux de France (1). »

Il avait commencé à fouiller la pierre de la chaire ; mais il est mort prématurément, et lorsque l'on contemple son œuvre inachevée, un sentiment de douleur se mêle à l'admiration. On regrette l'imagier gracieux et naïf et le père de famille enlevé à trois enfants que nourrissait son travail.

François Halley est mort le 26 décembre 1862. « Ce qui me fait le plus de peine, disait-il les larmes dans les yeux à M. Lerenard qui le visitait, c'est de mourir sans finir la chaire. » Il repose dans le cimetière paroissial, sous un monument gothique que lui ont élevé ses amis. C'est un *hommage au talent de l'homme de bien, pieux, modeste et désintéressé.*

(1) *Univers*, 24 oct. 1876.

Tombeau de la vénérée Mère
Marie-Madeleine.

Les verrières de l'église de l'Abbaye sont d'un beau style; mais il en est une qui la dépare. Elle représente des personnages contemporains avec habit noir, cravatte blanche, ruban rouge, robe à volants et crinoline. D'un côté, c'est le comte Daru et sa famille; de l'autre, un notaire de Paris avec sa femme et ses filles. Cette exhibition manque de goût et d'à-propos dans une église. L'une des verrières a été offerte par la maison royale de Prusse longtemps avant la guerre franco-allemande de 1870.

Mais de si légers défauts ne méritaient pas les sévérités de la critique de M. de Gerville. Il ne faut donc voir qu'une boutade dans les lignes suivantes du célèbre archéologue: « Quant à l'Abbaye, c'est le plus beau monument en ce genre du département, il est bien regrettable que la restauration qui vient d'y être faite n'ait point été conduite par un bon architecte: ce monument est aujourd'hui à peu près perdu pour les archéologues. Ses beaux restes si sveltes et si élancés sont confondus dans un replâtrage fait avec trop d'économie. Une partie de la restauration a croulé, il y a peu de temps; il est à craindre que le travail peu solide ne s'affaisse et n'entraîne avec lui ce qui reste de ces admirables ruines (1). » Le savant auteur traçait ces lignes en 1854. Nous en appelons de son jugement à celui de l'opinion.

Après l'église abbatiale, la partie des bâtiments qui attire en premier lieu l'attention du touriste,

(1) DE GERVILLE. *Etudes archéologiques et histor.*, p. 198.

c'est la maison, dite la *Gloriette*, qui fait saillie à droite du portail de l'église. C'est l'ancienne bibliothèque des abbés de Saint-Sauveur.

On la considère à bon droit comme un reliquaire.

La Mère Marie-Madeleine y a établi sa première chapelle ; elle y a vécu quatorze ans dans le silence, la mortification, le travail et la prière ; elle y a reçu les derniers sacrements et rendu le dernier soupir. Il existait et il existe encore une cachette, pratiquée dans l'épaisseur d'une forte muraille entre une chambre à coucher et le salon dit la *Gloriette*, non loin de l'escalier par lequel on descend aux cuisines et dans l'intérieur de l'église.

Cette cachette est d'une construction ancienne, elle n'appartient pas à l'époque de l'évêque du Quesnoy, qui avait en grande partie rebâti l'abbatiale actuelle.

CHAPITRE XI

Privilèges et possessions de l'abbaye de Saint-Sauveur-le-Vicomte.

L'abbé de Saint-Sauveur-le-Vicomte était seigneur et baron du Ham. Il avait le droit de siéger à l'Echiquier de Normandie, au même titre que le vicomte de Saint-Sauveur et de Néhou, que le baron de Bricquebec et les barons du Hommet, de Hambye, de la Haye-du-Puits, de Varenguebec, de la Luthumière, de Moyon, de Marcey, de Saint-Pair, de Marigny et de Remilly.

L'abbaye avait un bailliage dont les appels étaient portés au Parlement de Rouen. Elle avait haute, moyenne et basse justice (1).

Vers 1150, Jourdan Taisson et Létice, sa femme, donnaient une charte pour accorder à l'abbaye, en l'honneur du Saint-Sauveur, toutes les coutumes épiscopales dans toute l'étendue des terres que possédaient les religieux. Cette charte leur conférait le droit d'avoir leur cour de justice pour la répression des délits commis par leurs sujets clercs ou laïques. Ils avaient droit de connaître de la trêve, des adultères et de toute autre affaire.

(1) *Archives de la Manche*. Registre en papier : ce sont les essays du poullier de l'abbaye de Sains-Sauveur-le-Vicomte, etc.

Bref, les moines avaient sur leurs terres le même droit que le seigneur dans celles de sa dépendance (1).

En 1410, la communauté avait des fourches patibulaires à Doville, appelé autrefois Escaleclif. L'on sait qu'il n'appartenait qu'aux seigneurs haut-justiciers d'élever ce signe extérieur de haute justice.

L'abbaye avait son sceau et ses armes qui étaient : « écartelé au 1ᵉʳ d'azur à trois fleurs de lys d'or, au 2ᵉ de gueules à trois léopards d'or, au 3ᵉ de gueules à trois tourelles d'or, au 4ᵉ palé d'argent et d'azur (2).

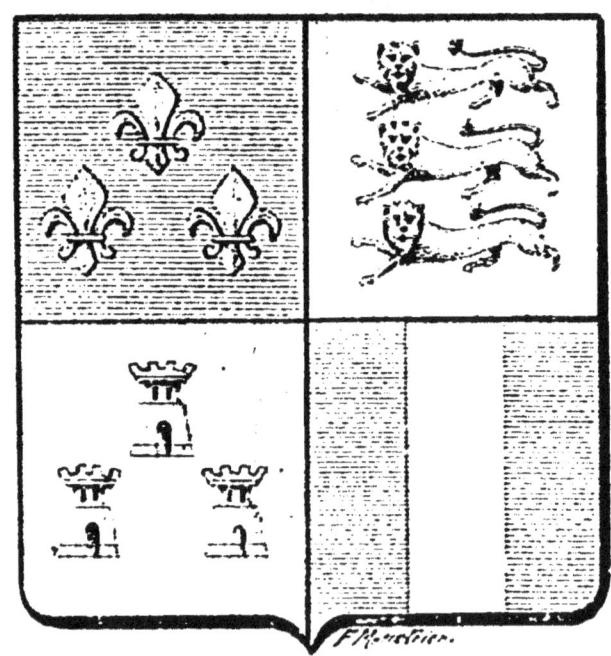

(1) Archives de la Manche. Cartulaire de Saint-Sauveur-le-Vicomte.

(2) Bibl. Nation., Manuscrit de Toustain du Billy, 1766, dans le n° 4900, fonds français, fol. 64.

L'abbaye était le siège d'un doyenné, duquel dépendaient quatorze paroisses. Les prieurés dépendant du couvent étaient au nombre de six, dans le diocèse de Coutances, d'après l'état de 1665 : Notre-Dame de Selsouef, Saint-Jouvin de la Luthumière, Saint-Michel de Clitourps, Notre-Dame de la Couperie, à la Colombe, Sainte-Croix de Virandeville et le prieuré d'Estoublon, à Bricquebosq.

L'abbé ou à son défaut le chapitre avaient le droit de présentation à dix-neuf cures dans le même diocèse : Auvers, Brix, Boutteville, Catteville, Couville, Flamanville, Fresville, Gouey, Haineville, Le Valdecie, la Colombe, Morville, Saint-Martin-le-Gréart, Saint-Pierre d'Arthéglise, Saint-Remy-des-Landes, Saint-Sauveur et Saint-Nicolas de Pierrepont, Saint-Sauveur-le-Vicomte, Virandeville et Bricquebosq.

En dehors du diocèse, d'après le tableau de 1665, l'abbaye de Saint-Sauveur avait deux prieurés à Jersey, ceux de Bonne-Nuit et de Lecq. Ils lui rapportaient 200 livres par an.

PRIEURÉS

1° *Le prieuré de Notre-Dame de Selsoëf* fondé en 1080 par Létice, fille unique du dernier des Néel et femme de Jourdain Tesson, était situé à deux kilomètres environ de l'Abbaye, dans une situation agréable, comme l'indique son nom latin *(cella suavis, douce maison)*. Il était destiné à servir de maison de campagne, de convalescence et de retraite aux religieux qui étaient malades ou infirmes et à ceux dont la santé était trop faible et trop ébranlée pour leur permettre de subir les rigueurs de la Règle.

Une gracieuse légende, consignée à la fin d'un registre en papier que nous avons consulté aux *Archives de la Manche*, explique autrement l'étymologie de *Selsoëf*.

La vicomtesse Létice, mourant de soif pendant qu'elle chassait dans ses forêts, fit vœu de bâtir une chapelle en l'honneur de Notre-Dame, à l'endroit où elle rencontrerait une source. Elle trouva presque aussitôt une eau fraîche et limpide, qui lui permit d'étancher sa soif. De là le nom de lieu délicieux donné au sanctuaire qu'elle éleva en accomplissement de sa promesse.

Ce prieuré payait sept livres de décimes. La chapelle de ce prieuré, après des agrandissements successifs, est devenue l'église actuelle de la paroisse de Selsouef, érigée en succursale par décret du 5 décembre 1848. Elle est sous le vocable de Saint Claude.

Prieuré de Saint-Pierre de la Luthumière ou de Saint-Jouvin.

2 Prieuré de Saint-Pierre de la Luthumière ou de Saint-Jouvin (1).

Les Bruis, qui devinrent rois d'Ecosse et dont les Stuarts descendaient par les femmes, fondèrent des lieux de piété.

Adam de Bruis ou de Brix fonda, à Brix, en 1106 (2), sous l'épiscopat de Raoul, évêque de Coutances, le prieuré de Saint-Pierre de la Luthumière, aussi appelé le prieuré de Saint-Jouvin. Adam avait d'abord donné à l'abbé de Saint-Sauveur-le-Vicomte, deux gerbes de la paroisse de Brix, la présentation de Saint-Martin-le-Greart, celle de Couville et de Saint-Christophe, à charge de desservir la principale église de Brix et les chapelles qui en dépendaient (3). Mais après que Adam et Robert de Brix, son fils, eurent fondé le prieuré de la Luthumière, ces donations y furent transportées. Le même prieuré reçut en 1144, de Robert de Brix, la dîme de ses deux foires d. Saint-Christophe et de Saint-Nicolas (4). Guillaume du Hommet, qui avait

---

(1) L'on trouve le fief de la Luthumière désigné dans les chartes par les noms suivants : *Lutumerie, Lutemare, Latemere, Luitumeria, Letumeria, Lutumeria, Luthumieria, Luthumeria, Lutumière*, Luthumière.

(2) *Gallia Christiana*, t. XI, col. 923 ; *Neustria pia*, Arthur du Moustier : « *Prioratus Sancti Ioviniani cujus fundator extat Adam de Brye*. »

(3) *Cartulaire du prieuré de Saint-Pierre de la Luthumière*, n° 1.

(4) La maison possédait un tiers de la dîme de Tollevast.

Cartulaire de l'abbaye de Saint-Sauveur-le-Vicomte, archives du département, fol. xxx et n°ˢ 159, 160, 161, 162.

épousé Lucie de Brix, unique héritière de cette riche maison, confirma dans la suite toutes ces donations. Il y ajouta même pour les religieux du prieuré la nourriture, telle qu'on l'accordait à deux chevaliers avec un gallon de vin par jour. Cette munificence ne durait que pendant le séjour de Guillaume et de ses héritiers au château de la Luthumière. Le parc de ce château était clos de murailles et contenait 800 acres de terre.

Richard du Hommet, fils de Guillaume et de Lucie de Brix, épousa Gillette de la Haye, qui lui apporta Varenguebec et la Haye-du-Puits : ce qui le rendit riche comme un prince (1).

D'autres seigneurs se montrèrent généreux envers le prieuré de Saint-Jouvin de la Luthumière. Raoul de Sottevast lui concéda la dîme du pain qui se dépensait dans sa maison. Eudes de Sottevast, fils de Raoul, remplaça cette donation par l'abandon qu'il fit, au profit du prieuré, de la moitié de son moulin de Pierreville. C'est cette dîme qu'en 1330 Thomas de Tollevast transporta à l'abbaye du Vœu à Cherbourg.

Le prieuré de la Luthumière qui payait 66 livres de décimes existait encore à l'époque de la Révolution et valait 800 livres de revenu.

Le prieuré de Saint-Pierre de la Luthumière se trouvait à l'extrémité occidentale de la grande paroisse de Brix (2), non loin des paroisses de

1. Richard Seguin. *Histoire archéolog. des Bocains*. p. 189.
2. La commune de Brix est en superficie le 6e du département de la Manche. Elle contient 3.357 hectares.

Sottevast et de Roville-la-Bigot. Ses ruines sont gracieusement assises sur les bords de l'Ouve, qui sert de limite naturelle à ces trois communes. Il existait auprès de la chapelle de ce prieuré une fontaine que visitaient de nombreux pèlerins le lundi de la Pentecôte.

La tradition attribuait aux eaux de cette fontaine une vertu particulière, celle de fortifier les enfants d'une santé délicate.

L'abbé de Saint-Sauveur-le-Vicomte dut confier le soin de la cure de Brix à un de ses moines ; mais, dit une vieille charte, « les religieux ne pouvaient plus faire l'office de curé après le III⁰ concile de Latran (1179), et il fut obligé d'y mettre un curé séculier, auquel il donna la tierce dîme. » A quelle époque précise le prieur de Saint-Jouvin cessa-t-il d'être curé de Brix, nous l'ignorons. Tout ce que nous savons, c'est que, en 1284, l'abbé de Saint-Sauveur présenta pour la cure Thomas, dit Fleury, prestre recteur de Tournebut, en remplacement de Guillaume de Jumièges *(de Gemeticis)*, décédé curé de Brix (1).

En 1310, « religieux homme frère Michel de Lastelle, prieur de Saint-Pierre de la Luthumière » ne desservait plus la paroisse de Brix. A cette époque, le curé était Guillaume, dit le Cerf, avec lequel il eut des différends (2).

Le prieuré de Saint-Pierre de la Luthumière n'abrita jamais un grand nombre de religieux.

---

1. Adam, *Le prieuré de Saint-Pierre de la Luthumière*, p. 18.
2. *Cartulaire du prieuré de Saint-Pierre*, charte n⁰ 16.

Une charte de Richard du Hommet porte à croire qu'il n'y avait de son temps qu'un moine au prieuré (1). Une autre charte de Guillaume du Hommet porte le nombre à deux, en 1232 (2).

Plus tard, lorsqu'on parle de ce prieuré, il est question des moines « *illengs demourans* »; mais nulle part, on n'en précise le nombre.

Voici les noms relevés par l'abbé Adam, dans son intéressante brochure :

Michel de Lastelle, 1308-1327.

Messire Jehan Divestain, 1402-1406.

Messire Jehan Goubert, 1431-1434.

F. J. de Chauveau, 1452.

Le sieur le Gentilhomme, 1500.

Frère Jacques Guillotte, 1548-1570.

Messire Arthus Le Miére, chanoine de Lisieux, 1686.

En reconnaissance de ses nombreux services, l'abbé de Saint-Sauveur-le-Vicomte accorda à Guillaume du Hommet le droit de patronage, en l'année 1232.

Au XVII° siècle, le baron de la Luthumière avait perdu ce privilège.

---

(1) *Cartulaire du prieuré de Saint-Pierre*, charte n° 5 : « et monachum ibi manentem. »

(2) *Cartulaire du Prieuré de Saint-Pierre*, charte n° 15. « Concessi etiam prædictis monachis liberationem suam, sicut duobus militibus, in pane et ferculis in hospitio meo de Luthumeria. » Item, *Cartulaire de Saint-Sauveur*, n° 164.

3º *Saint-Michel de Clitourps* (1).

L'an 1120, le jour même où il donna l'église de Clitourps au chapitre de Coutances, Simon, fils de Roger, fit à l'abbaye de Saint-Sauveur-le-Vicomte, une importante donation. Il lui accordait le manoir de Torgistorps, qui devint un prieuré, où deux bénédictins vinrent s'établir. En 1170, le duc roi Henri II confirma cette libéralité et accorda aux religieux les droits d'une foire qui se tenait le jour de Saint-Michel, au Mont-Tombe, aujourd'hui Mont-Etelan (2).

En 1230, l'abbé de Saint-Sauveur céda, pour sa vie durant, à Jean d'Essey archidiacre et futur évêque de Coutances « un manoir nommé Torgistorps (avec toutes ses appartenances, excepté la forêt), dans lequel deux de ses religieux avaient coutume de résider, moyennant cent sous de monnaie courante, payables au jour et fête de Saint-Michel ». Après sa mort, le manoir devait faire retour au monastère de Saint-Sauveur 3.

Le prieur avait le titre de baron de Clitourps, tenait le dixième rang au synode et payait 130 livres de décimes. Son revenu dépassait 2.500 livres. Il devait dire ou faire dire, chaque semaine, deux

---

(1) *Kleis, petit ; torps, village*.
(2) Cette foire subsiste encore sous le nom de foire Saint-Gabriel ; elle a lieu le 10 octobre.
(3) Toustain de Billy, t. I, page 360.

messes à la chapelle du Prieuré. Ce qui eut lieu jusqu'à la vente de cette maison.

On compte parmi les prieurs Ferrand le Bourgeois d'Héauville, 1586; Jean-Guy de Hennot, de Théville, 1715-1769; l'abbé Ducy, vicaire général de Coutances; l'abbé d'Audiffret, vicaire général de Sisteron (8 mars 1778).

L'abbé Raymond de Saint-Maurice fut le dernier titulaire. Il prit la route de l'exil pendant la Révolution. Après la tourmente, il revint à Valognes, où il restaura la communauté des Bénédictines, de concert avec Madame du Mesmildot, supérieure. Il mourut en 1823.

Le prieuré de Clitourps fut vendu comme bien national et acheté par Charles-Dominique de la Tour (1).

Le plus célèbre des prieurs de Saint-Michel de Clitourps fut Jean-François Guy de Hennot, abbé de Théville, docteur en Sorbonne. Il entra dans l'ordre de Malte, dont il fut reçu chevalier en 1707. Il embrassa ensuite l'état ecclésiastique et devint archidiacre du Val-de-Vire, puis du Cotentin. Il obtint le prieuré de Clitourps et le garda de 1715 à 1769. Il succéda à l'abbé Denneville de Chiffrevast comme principal du collège de Coutances. L'abbé de Théville, baron de Clitourps, prieur commendataire de Saint-Célerin, archidiacre de Coutances et docteur en Sorbonne, était à la fois honoré du titre de la

---

1) L. Drouet, *Rech. histor. sur les 20 comm. du canton de Saint-Pierre-Église*, p. 237.

naissance, des dignités cléricales et des grades universitaires, lorsqu'il prit possession de la prébende préceptoriale le 2 janvier 1729. Le choix était tombé sur lui sans aucune opposition. Cependant le commencement de son administration fut inquiété par le chapitre. Mais l'accord fut bientôt rétabli. Car nous voyons les chanoines réunis à l'évêque de Coutances, pour soutenir le principal Jean de Théville, contre les attaques fort vives dont il fut l'objet de la part du procureur du roi et des maire et échevins.

Dans une assemblée de ville, tenue le 20 novembre 1730, le procureur du roi demanda qu'il fût délibéré sur l'état du collège. On reprochait au nouveau principal de laisser l'établissement tomber en ruine par le mauvais gouvernement et le peu de discipline qui s'y observait, par la faiblesse des classes et la multiplicité des congés. L'abbé de Théville n'eut pas de peine à se disculper devant l'évêque, le chapitre, le maire et les échevins. Une autre assemblée eut lieu, au palais épiscopal, trois jours après ce qui venait de se passer. Elle cassa et annula la décision de la précédente assemblée : l'évêque, Léonor de Matignon, lui reprocha d'avoir agi sans mandat : « S'il s'élève, dit-il, des plaintes contre le précepteur, et qu'il refuse de se conformer à ce qui aurait été arrêté par les trois corps, alors tous trois ensemble pourraient le traduire devant le juge royal, mais ce droit n'appartient pas aux maire et échevins seuls et bien moins encore aux bourgeois ». L'abbé de Théville finit par triompher de l'opposition qu'il avait rencontrée dans l'autorité civile. On ne contesta plus son mérite ; mais on lui reprochait un peu de hauteur. Il paraît en effet qu'il laissait trop voir qu'il sentait ses avantages et sa supériorité. Il gouverna le collège avec zèle jusqu'en 1766, époque à laquelle il résigna sa prébende en faveur de l'abbé Fauvel, tout en se réservant douze cents bûches, un logement dans le collège et une pension. Ces réserves, apportées par l'abbé de Théville, donnèrent lieu à un procès dont l'issue fut favorable à ses prétentions (6 février 1767).

L'évêque, Ange François de Chalmazel de Talaru l'avait en grande estime. L'abbé de Théville prit possession du siège de Coutances au nom du prélat, le 15 mars 1765.

Il obtint la principale autorité dans la direction des affaires ecclésiastiques et garda constamment le premier rang (1).

Il portait les titres de prieur et baron de Clitourps, de prieur de Saint-Célerin. Il avait refusé, en 1758, l'abbaye de Ferrières, située au diocèse de Sens, que lui offrait Louis XV (2).

L'abbé de Théville consacra une grande partie de sa fortune à l'acquisition d'un musée considérable qui renfermait plusieurs originaux d'un grand prix. Ce musée, qui se trouve au château de Saint-Pierre-Eglise, appartient à la famille de Blangy.

L'abbé Hennot de Théville a publié une harangue

---

(1) Le Canu, *Hist. des Ev. de Coutances*, p. 367.
(2) L. Drouet, *Rech. hist. sur les 20 comm. du canton de Saint-Pierre-Eglise*, p. 443.

funèbre, prononcée aux obsèques de M. le marquis de Gonneville (Pierre Jallot), tué au siège de Gravelines, le jeudi 26 septembre, (in-4 de 24 pages) (1).

4. — *Prieuré de N.-D. de la Couperie, à la Colombe.*

Il y avait, à la Colombe, le prieuré de la Couperie, fondé en 1188 par Raoul Tesson. Ce seigneur le donna à l'abbaye de Saint-Sauveur, à la condition d'y entretenir deux religieux pour le desservir.

Les seigneurs de la riche et puissante famille Tesson étaient les bienfaiteurs de l'abbaye de Fontenay; c'est ce qui explique comment plusieurs églises du doyenné de Percy appartenaient à cette maison. Celle de la Colombe avait été donnée primitivement au Mont-Saint-Michel, avec la forêt et les moulins du lieu, par le duc Richard II. Nous ne savons s'il y eut une seconde église dans cette paroisse; mais nous voyons dans les chartes de Saint-Sauveur-le-Vicomte que l'église Sainte-Marie de la Colombe fut donnée à cette abbaye par Guillaume Corbet, en présence de l'évêque de Coutances, Vivien. L'acte de cette donation est daté de Saint-Lo.

5. — *Prieuré de Sainte-Croix de Virandeville.*

Il fut fondé en 1197, par Roger de Teurthéville.

---

1 DANIEL, *Notice historique sur le collège de Coutances*, 1840, Caen, Hardel, p. 38; Pluquet, *Bibl.*, p. 170.

Roger de Teurthéville (1) donna à l'abbaye de Saint-Sauveur tous ses droits sur les églises de Virandeville et de Teurthéville *(Torclevilla)*.

Il y mit pour condition que deux religieux prêtres demeureraient à perpétuité attachés à la chapelle Sainte-Croix de Virandeville. Il ajouta au don précédent un acre de terre, situé près de la chapelle. Il veut que ces moines aient la faculté de faire moudre leur blé à son moulin sans redevance et avant tout autre, le sien excepté (2).

En mars 1276, Philippe le Bel, roi de France, autorisa le don fait aux religieux de l'abbaye de Saint-Sauveur par un curé de Virandeville. Il avait aumôné à l'abbaye deux pains et deux gélines (3).

Quelques années après, en 1312, les actes constatent à Virandeville l'existence du prieuré et de deux foires (4).

Alors le prieuré dépendait de l'abbaye de Saint-Sauveur, en faveur de laquelle il avait été fondé. Mais il fut déclaré plus tard indépendant.

L'église du prieuré était distincte de l'église paroissiale.

---

1 Nous traduisons par Teurthéville les expressions des chartes : *Torclevilla, Torquetevilla, Tourquetevilla, Tourquethevilla* et *Tourquetenville*. TOUSTAIN DE BILLY a traduit par *Turqueville* ou *Tourcille* (*Hist. ecclés.*, t. I, p. 386); mais MANGON DU HOUGUET, dans son manuscrit sur l'état des fiefs de l'élection de Valognes à l'article Tourthéville, met en vedette : Touquetéville. *Item, Le Cartulaire normand*, édit. Delisle, nº 1222 et 1272, Tourqueteuville.

2 Archives de la Manche, *Cartulaire de Saint-Sauveur-le-Vicomte*.

3) *Cart. normand de Philippe-Aug.*, année 1276, nº 884.

4 TOUSTAIN DE BILLY, *Hist. ecclés. de Normandie*, fol. 343.

Celle-ci était dédiée à saint Amand, et la première était sous le vocable de la Sainte-Croix. Les abbés de Saint-Sauveur eurent toujours le patronage de l'église paroissiale ; mais celle du prieuré passa sous le patronage de l'abbaye de Cormeilles. Ce prieuré payait 70 livres de décimes.

6. — *Le prieuré d'Estoublon.*

Ce prieuré, situé à Bricquebosq, jouissait, vers 1250, d'après le *Livre Noir*, de revenus assez considérables.

Le prieur payait une décime de 35 livres ; il tenait le 3° rang au synode.

PATRONAGES

Nous allons indiquer les patronages appartenant à l'abbaye de Saint-Sauveur, d'après le tableau dressé en 1665. Nous fournirons ces indications en suivant l'ordre des doyennés. Nous croyons inutile de donner le tableau alphabétique des différentes paroisses placées sous le patronage de notre abbaye.

Doyenné de Jersey [1].

L'abbé de Saint-Sauveur était patron de l'église Saint-Brelade et percevait deux parts des gerbes.

[1] Jersey était, avant le XVII° siècle, un des doyennés de l'évêché de Coutances.

L'église de Saint-Pierre était sous le patronage de l'abbaye de Saint-Sauveur, et celle-ci percevait la moitié des gerbes.

Ainsi en était-il de l'église Saint-Jean, aumônée à l'abbaye, au XIIe siècle, par Richard et Guillaume Gauvin, seigneurs de Vauville. L'abbé de Saint-Sauveur, patron, avait toutes les dîmes. Il y avait en cette paroisse un prieuré dépendant du monastère de Saint-Sauveur-le-Vicomte. Il y avait 12 vergées d'aumônes et le prieuré valait 18 livres.

L'abbé de Saint-Sauveur avait aussi un certain droit en l'église Saint-Sauveur de Jersey : c'est l'archidiacre du Val-de-Vire qui en était patron.

« L'abbé de Saint-Sauveur est patron de Saint-Clément. Le curé a la 4e gerbe, ledit curé et les abbesses de Villiers et de Caen le surplus. Il y a 24 vergées d'aumône ; elle vaut 40 livres. » L'abbé de Saint-Sauveur était patron de Saint-Hélier. Le vicaire avait la moitié de la dîme, et le curé la 5e partie de cette moitié. Les abbesses de Mortain et de Villiers possédaient chacune une 5e partie. Le curé avait 15 vergées d'aumône ; elle valait 40 livres (1).

L'abbé de Saint-Sauveur percevait la 6e gerbe en l'église de la Trinité ; de même en l'église Sainte-Marie de Grouville, de Saint-Laurent et de Saint-Martin-le-Vieux.

L'abbaye ne possédait rien dans les autres îles normandes de Guernesey, d'Aurigny, de Serck, de

---

(1) *Le Livre noir.*

Herms, de Chausey et des Ecréhou. Il nous reste à énumérer ses propriétés sur le continent.

Archidiaconé du Bauptois

Dans l'archidiaconé du Bauptois, Saint-Sauveur avait des biens aux doyennés du Bauptois, de Saint-Sauveur-le-Vicomte et de Barneville.

Doyenné du Bauptois (1).

AUVERS (Alvers). — La cure était à la présentation de l'abbé de Saint-Sauveur; en 1282, Raoul d'Harcourt, seigneur d'Auvers, lui contesta ce droit qu'il finit par reconnaître. Il donna acte de cette reconnaissance des droits de l'abbaye (2).

Cette église avait pour patron l'abbé de Saint-Sauveur, en 1665, et l'abbé de Lessay pour présentateur en 1755 (3).

(1) Guillaume Suen avait donné à Saint-Sauveur l'église Saint-Sanson d'Anneville (*Arnocilla*). La communauté fut confirmée dans cette possession en 1154, par l'évêque de Coutances, Richard de Bohon. Mais, par suite d'un accommodement, cette église était de nomination épiscopale au XIV° siècle. A l'époque de la rédaction du *Livre noir*, l'église valait 30 livres au curé, et 22 à l'abbé de Saint-Sauveur. Cf. *Annuaire de la Manche*, 1861, p. 42.

(2) DE PONTAUMONT, *Election de Carentan*, p. 5; Bibl. Nat., *Regestrum Cartarum*, n° 85; fonds franç., 4901, *Index Cartarum*, fol. 97, 98.

(3) Etat général et ecclésiastique de l'évêché de Coutances, fait pendant la vacance du siège épiscopal qui eut lieu à la mort de M. Eustache de Lesseville, arrivée en 1665. Apud Demons, *Monastères, prieurés et chapelles*, mss. appartenant au Grand Séminaire de Coutances.

Doyenné de Saint-Sauveur-le-Vicomte.

SAINT-SAUVEUR-LE-VICOMTE. — L'église Saint-Jean de Saint-Sauveur-le-Vicomte fut donnée à l'abbaye par le fondateur, Néel de Saint-Sauveur. C'était la chapelle érigée au château en 913. Il y avait en outre dans la paroisse les chapelles d'Ouville, au Lude, sous le vocable de Notre-Dame de Consolation, celle de Hautmesnil, ainsi que la chapelle du prieuré de Selsoëf.

HAUTMESNIL. — La chapelle vicariale de Hautmesnil est devenue une paroisse succursale par suite d'un décret en date du 4 janvier 1860. L'église est sous le vocable de Saint-Georges.

En 1227, Emma, fille de Guillaume de Pert, veuve de Symon de Mary, donna à l'abbaye de Saint-Sauveur-le-Vicomte la terre que tenait d'elle, à Hautmesnil, Robert Fossé (1).

L'an 1318, Guillaume, évêque de Coutances, ordonnait au curé de Saint-Sauveur-le-Vicomte, Adam Legambier, de faire ou de faire faire les fonctions curiales dans l'église Saint-Georges de Hautmesnil, située sur sa paroisse (2).

Le 13 juillet 1318, Robert d'Harcourt, évêque de Coutances, rendit une ordonnance sur la manière dont la chapelle de Hautmesnil devait être desservie à l'avenir et lui attribua un territoire. L'ab-

(1) Archives de la Manche, *Chartrier de Saint-Sauveur-le-Vicomte*.
(2) Bibl. Nation., *Cartulaires des églises de Normandie*, fonds français, n° 4901, *Index cartarum, etc*, fol. 127, recto.

baye de Saint-Sauveur avait avec le roi le patronage alternatif de l'église de Catteville. Une charte de Saint-Louis, datée de l'an 1264 et dressée à Paris, reconnait le patronage de cette église comme alternatif entre le roi et l'abbaye de Saint-Sauveur-le-Vicomte (1). Il est fait mention de cette charte dans celle que le bailli de Cotentin dressa aux assises de Carentan, en 1324, sur le même objet (2), et nous voyons l'évêque de Coutances, Hugue, conférer la cure de Catteville au clerc Haimon, l'an 1237, à la présentation de l'abbé de Saint-Sauveur (3).

PIERREPONT. — L'église de Pierrepont était aussi sous le patronage de l'abbaye de Saint-Sauveur.

Avant de se retirer au Mont Saint-Michel en 1080, Néel de Saint-Sauveur-le-Vicomte avait fondé en place de l'antique abbaye ou prieuré de Pierrepont, un prieuré, sous le vocable de Saint-Nicolas, qui a été l'origine de la paroisse. Ce prieuré fut uni, en 1167, à l'abbaye de Saint-Sauveur-le-Vicomte. Avec ses terrains et ses droits, il forma une fraction curiale à la nomination de l'abbaye.

La paroisse et commune actuelle de Saint-Nicolas-de-Pierrepont se compose de toute la partie méridionale de l'ancien Pierrepont, depuis la petite rivière du Gorget, jusqu'aux confins de Baudreville, de Bolleville et de Doville.

1 Bibl. Nation., fonds lat. 17137: *Regestrum cartarum*, etc., n° 217.

2 Bibl. Nat., fonds français, n° 9901, *Index Chartarum*, etc., fol. 127, verso.

3 Bibl. Nat., *Regestrum cartarum*, etc., n° 314.

Au XVIᵉ siècle, les protestants étaient assez nombreux à Saint-Nicolas-de-Pierrepont pour y avoir un prêche. qu'on nommait la *Chapelle des Huguenots*. Cette chapelle était située à l'endroit qu'on désigne sous le nom de ferme d'Ecauzeville ; elle existe encore et sert de bergerie. Ce fut sans doute en 1685, époque où beaucoup de temples protestants ou prêches furent détruits, que celui-ci reçut la destination profane qu'il a conservée.

En 1789, on trouve comme seigneur de Saint-Nicolas, Charles-Adolphe de Mauconvenant, marquis de Sainte-Suzanne, qui portait : « *de gueules à neuf quintefeuilles d'argent, 3, 3 et 3.* »

Le 28 septembre 1793, Thomas Faudemer, curé retraité de Saint-Nicolas, fut incarcéré dans la maison de détention du Mont-du-Vey (château de Sainte-Marie-du-Mont). Le 9 octobre suivant, Jean-Etienne Fauvel, curé assermenté de la même paroisse. fut enfermé à Coutances et relâché après trois jours d'arrêt (1).

L'autre portion, moins considérable, demeura seigneuriale. La grande portion payait une décime de 43 livres et la petite une décime de 26 livres.

Après la distraction des deux paroisses de Saint-Nicolas et de Neuville, la partie centrale ou chef-lieu de l'ancien Pierrepont, prit le nom de Saint-Sauveur-de-Pierrepont (2), parce que l'église avait

---

(1) *Revue histor. de l'Amateur Manchois*, 2ᵉ année, p. 3.
(2) Dans la contrée, l'ancien nom a prévalu ; on dit : Pierrepont, sans affixe.

toujours été dédiée au Saint-Sauveur ou à la Sainte-Trinité.

Les bienfaiteurs des églises avaient anciennement droit à une place d'honneur dans l'église, en récompense des donations qu'ils lui avaient faites. Un droit de cette nature existait dans l'église de Saint-Sauveur-de-Pierrepont. Il donna lieu, au commencement du XVIIe siècle, à un procès entre Nicolas Durvic, sieur de Cussy, et Jean Feuardent. Celui-ci voulait déposséder le sieur de Cussy de sa place devant l'autel Saint-Thomas, où avaient été inhumés les ancêtres d'Isabeau Queudeville, sa femme. Un arrêt de la Grande-Chambre, rendu le 23 juin 1605, maintint le sieur de Cussy en son banc et place [1].

L'église de Neuville-en-Beaumont ne dépendait pas de l'abbé de Saint-Sauveur : l'évêque de Coutances en avait le patronage.

Cette paroisse est formée de la partie septentrionale de l'ancien Pierrepont.

L'abbé de Saint-Sauveur percevait deux gerbes ; le curé avait la 3e avec l'autelage, un manoir et environ trois vergées de terre.

L'église est sous le vocable du Saint-Sauveur.

On croit posséder à Pierrepont les reliques de saint Gerbold qui y aurait été inhumé, d'après la tradition ; mais la chronique de Fontenelle ne dit pas qu'il y fut enterré. Nous ne savons où les auteurs de la *Gallia Christiana* ont vu qu'étant

---

[1] *Coût. de Normandie*, comm. par Josias Berrault et Jean Godefroy, t. I, p. 376.

mort à Pierrepont, en 806, saint Gerbold aurait été aussitôt transporté à Fontenelle, où il serait enterré (tome xi). Nous croyons que la chronique du monastère n'aurait pas manqué de mentionner cette circonstance si honorable pour l'illustre abbaye. En dépit de cette assertion, nous soutenons, avec la tradition locale, que les restes mortels du Saint reposent à Pierrepont. On a cherché en vain, dit-on, sa sépulture durant la Révolution, dans l'église : mais, outre qu'à cette époque, au dire du savant M. de Gerville, on n'enterrait jamais dans les églises, il se peut que l'emplacement de l'église actuelle ne soit que le lieu voisin de la sépulture du saint abbé, ou que son tombeau ait été profané par les Normands lors de l'invasion.

Sous le nom populaire de saint Gerbou, on vénérait encore au siècle dernier, dans l'église de Pierrepont, une vieille statue représentant un abbé revêtu des antiques ornements ecclésiastiques et portant suspendue à son cou une sorte de meule. C'est l'image grossière d'un reliquaire

De même que la mémoire de saint Gerbold, évêque de Bayeux, a été en grande vénération dans le diocèse qu'il avait gouverné, de même en fut-il du culte de saint Gerbold ou Girbou, de Pierrepont, dans les diocèses de Coutances et d'Avranches. Il était patron de la Mancellière, canton d'Isigny, arrondissement de Mortain : l'ermitage de Gratot (1)

(1 C'est dans l'ermitage de saint Gerbold, à Gratot, que le solitaire Gilles de Saint-Joseph, composa, vers le milieu du xvii° siècle, l'ouvrage rare et singulier, intitulé : *La Trompette de l'Union*.

était aussi sous son vocable. Ses enfants lui élevèrent de bonne heure des autels. Témoin la statue qu'on voyait jusqu'au commencement de ce siècle, au pied de la perche du crucifix dans l'église de Pierrepont, et qui a sans doute été enterrée dans le cimetière par un des curés. Un autre monument du culte de saint Gerbold, dans cette église, est l'autel qu'on voyait érigé en son honneur vers la fin du XVII siècle.

Dans un manuscrit de la Bibliothèque nationale qui a pour titre : *Eglises de Normandie*, n° 4800 ; et en sous-titre : *Monuments de l'abbaye de Saint-Sauveur-le-Vicomte*, la notice consacrée à saint Gerbold (p. 60-62), à la partie du volume qui traite de l'abbaye de Fontenelle, nous montre son culte se perpétuant dans ce pays. On mentionne dans l'église une chapelle de saint Gerbold, qui attire une grande affluence de pèlerins. On invoque le Saint pour obtenir par son intercession la délivrance de la goutte ; et de l'aveu du curé, le casuel qu'il retire de ce concours lui vaut mieux que ses dimes. L'auteur de la chronique manuscrite de Fontenelle se plaint avec une certaine amertume du clergé d'Evreux qui a élagué de la liste des évêques du diocèse le nom de saint Gerbold, parce que le Saint avait attribué à son abbaye toutes les possessions qu'il avait dans l'églises d'Evreux (1).

1 Cf. *Neustria Pia*, p. 345. — TRIGAN, *Hist. ecclés. de la province de Normandie*, t. II, p. 74, et Observat., p. 7. — LE BRASSEUR, *Hist. civile et ecclés. du comté d'Evreux*, p. 58. — GODESCARD, *Vies des Pères*, etc., 22 juillet. — L'Abbé COCHET, *Les Églises de l'arrondis-*

Saint-Rémi-des-Landes. — Le droit de présentation à la cure de Saint-Rémi-des-Landes appartenait également à l'abbaye de Saint-Sauveur.

Vers l'an 1200, Guillaume Pinel avait donné à l'abbaye de Saint-Sauveur-le-Vicomte l'église de Saint-Rémi-des-Landes et celle de Saint-Christophe avec toutes les dîmes et les aumônes qui leur appartenaient. L'église Saint-Christophe est devenue la chapelle du même nom dans la paroisse de Saint-Rémi-des-Landes (1).

Taillepied. — La petite paroisse de Taillepied, autrefois Saint-Jean-des-Bois, n'avait, à l'origine, qu'une chapelle, qui dépendait de Saint-Sauveur-le-Vicomte. Un des fondateurs de cette abbaye prend dans l'acte de fondation le nom de Taillepied. C'est alors qu'il aura accordé le patronage de Taillepied aux abbés de Saint-Sauveur (2).

Doyenné de Barneville.

Arthéglise. — L'église de Saint-Pierre d'Arthéglise *(Argeteclesia)* fut donnée à l'abbaye de Saint-Sauveur, en 1153, par Geoffroi d'Anneville, mais cette concession se réduisait au seul droit de pré-

---

sement d'Yvetot, 2 vol. in-8°, 1852, t. II, p. 397. — Pegot-Ogier, *Histoire des îles de la Manche, Jersey*, etc. in-8°, Paris, 1881, p. ... — G. Dupont, *Histoire du Cotentin et de ses îles*, t. I, p. 98. — *Abrégé de l'Histoire de l'Ordre de Saint-Benoist*, in-4°, 1684, t. II, p. 408.

(1) *Archives de la Manche*; — Bibl. Nation., fonds latin, n° 17137, n° 216.

(2) De Gerville, *Etudes géograph. et histor.*

sentation à la cure ; car l'abbaye n'avait aucune part aux dîmes.

Cette paroisse avait deux portions curiales : la première était à la nomination de l'abbé de Saint-Sauveur et la seconde à la présentation des du Bouley d'Auxais, seigneurs et patrons pour leur part ; cette portion payait 20 livres de décimes.

Gouey. — L'église Saint-Martin de Gouey était à la présentation de l'abbé de Saint-Sauveur. La communauté possédait différents biens à Gouey, comme le prouve une ancienne charte dans laquelle le nom de la paroisse est écrit Goé. C'est la charte par laquelle Richard de Baupte donnait à l'abbaye de Saint-Sauveur la dîme de toute la terre de Portbail et de tout ce qu'il possédait dans l'église de Saint-Martin de Gouey (1).

Le Val-de-Scie (*Vallis Sagiæ*). — L'acte d'union des abbayes du Vœu et de Saint-Hélier, de l'an 1205, fait croire qu'à cette époque l'église d'Arthéglise et la chapelle du Val-de-Scie appartenaient au prieuré de la Taille, ou au moins qu'il y prétendait avoir des droits. Mais ces droits furent contestés à ce prieuré par l'abbaye de Saint-Sauveur-le-Vicomte et la contestation fut portée en cour de Rome.

Le pape nomma des arbitres ; le jugement fut rendu, et en 1205 la chapelle du Val-de-Scie, que le *Livre Noir* appelle *église*, fut adjugée à l'abbé de Saint-Sauveur.

(1) Archives de la Manche, *Cartulaire de Saint-Sauveur-le-Vicomte*.

Archidiaconé du Cotentin.

Doyenné de Valognes.

Ecausseville. — Le patronage de l'église d'Ecausseville était alternatif entre le chapitre de Lisieux et l'abbaye de Saint-Sauveur-le-Vicomte.

Les dîmes se partageaient entre l'abbé, les chanoines et le curé, qui, outre le tiers, avait aussi le casuel.

Au XIIe siècle, Néel III, vicomte de Cotentin, confirmait aux moines de Saint-Sauveur des biens situés à Ecausseville. Peu de temps après la mort de Henri Ier, duc de Normandie, Roger que l'on cite comme vicomte du Cotentin, renonce aux droits qu'il aurait voulu s'arroger sur l'église d'Ecausseville, au préjudice de l'abbaye de Saint-Sauveur.

Cette renonciation se fit en présence d'Algare, évêque de Coutances (1).

Sortoville. — L'abbaye avait encore le patronage de l'église de Saint-Georges de Sortoville.

Dans le cours du XIIIe siècle, ce patronage était alternatif entre les abbayes de Saint-Sauveur et de Montebourg.

Le curé était seul décimateur et payait aux deux abbés une redevance en nature, qui consistait, au XIVe siècle, en deux quartiers de froment.

(1) *Annuaire de la Manche*, année 1870, p. 11.

TOURNEBUT. — L'église Saint-Germain de Tournebut appartenait à notre abbaye. L'abbé avait les deux tiers des dîmes. Le curé percevait l'autre tiers, avec le casuel et des redevances en nature. La part de l'abbé valait, d'après l'estimation du *Livre Noir*, 70 livres, et celle du curé 49 livres.

Le comte de Valois d'Alençon réclama, l'an 1312, le patronage de l'église Saint-Germain de Tournebut. L'affaire fut portée à l'assise du 21 février, à Avranches, devant le bailli du Cotentin, Louis de Villeroy. Il adjugea le patronage à l'abbaye. La même année, le même bailli déclara que Jean Melot, seigneur de Granville, n'avait aucun droit sur le patronage de cette église (1).

VAUDREVILLE. — Le patronage de Vaudreville était en débat aux XIIIe et XIVe siècles. Vincent Tanquerey, bailli du Cotentin, tenant l'assise à Valognes le 22 septembre 1291, l'adjugea aux religieux de Saint-Sauveur-le-Vicomte contre les prétentions de Hamon de Inguehou, de Pierre et Robert de Lestre.

Il fut encore adjugé aux mêmes religieux, le 1er mars 1330, par Jean Blondel, bailli du Cotentin. En 1665, ce patronage était entre les mains du roi (2).

---

1 Bibl. Nation., *Registrum cartarum*, n° 145-150 ; Bibl. Nat., fonds français, n° 4901, *Index cartarum*, etc. *Abbatiæ S. Salvator. Vicecomit.*

(2 *Journal de Valognes*, année 1864, n° 6.

Doyenné d'Orglandes.

L'ILE-MARIE (1). — En 1162, sous le règne de Henri II, roi d'Angleterre, Hélie d'Agneaux, qui possédait le fief de l'Ile-Marie, donna l'église aux abbés de Saint-Sauveur (2). Le fils d'Hélie d'Agneaux, Thomas, et Corbin, son neveu, confirmèrent cette donation en 1202 et 1208. Même confirmation est faite par Guillaume d'Agneaux (3) et Raoul, son fils. Enfin, on trouve un acte confirmatif de toutes ces donations, qui est d'Adelise, fille du comte d'Aumale et femme d'Engelger de Bohon, mère de Robert Bertrand (4).

On lisait dans le *Livre noir* : « l'église du Homme Patron l'abbé de Saint-Sauveur-le-Vicomte. Le Recteur perçoit tout, la cure vaut 8 livres. » Le *Livre* blanc est ainsi conçu : L'abbé de Saint-Sauveur est patron de l'église du Homme. Le recteur perçoit les grosses et menues dîmes et n'a pas de revenus. Le curé paye trois sous pour la chape de l'évêque. Il a un manoir presbytéral (5).

(1) La paroisse de l'Ile-Marie s'appelait primitivement Sainte-Marie du Houlme ou du Homme.
(2) Archives de la Manche, *Cartulaire de Saint-Sauveur*, n° 79-82.
(3) Archives de la Manche, *Cartulaire de l'abbaye de Saint-Sauveur-le-Vicomte*, n° 80, et *Chartrier de M. le marquis d'Aigneaux*, copie avec sceau, *sigillum Willelmi de Agnis*.
(4) Archives de la Manche, *Cartul. de Saint-Sauveur-le-Vicomte*, n° 81.
(5 Livre noir : « *Ecclesia de Homme. Patronus Abbas S. Salvatoris. Rector percipit omnia et valet* VIII *libras.* » Livre blanc : « *Abbas de S° Salvatore est patronus Ecclesiæ de Humo. Rector*

Ces textes ou extraits furent certifiés authentiques par l'official de Coutances, le 1ᵉʳ août 1463. A cette époque la famille des seigneurs du Homme voulut contester les droits de l'abbaye de Saint-Sauveur sur le patronage de l'Ile-Marie. Elle fut déboutée, en 1463 et 1467, aux assises de Valognes. L'appel fut porté à l'Echiquier de Normandie, dont nous n'avons pu connaître la sentence.

LIESVILLE. — L'abbé de Saint-Sauveur en avait le patronage que lui avait donné le seigneur de Mary. Il prenait les deux tiers de la dîme des gerbes. Le curé avait le tiers avec toutes les menues dîmes, sept boisseaux de froment, mesure de Carentan. En 1665, la cure valait 300 livres. Vers 1180, Alexandre de Liesville donna à l'abbaye de Saint-Sauveur un moulin à vent, situé à Montmartin-en-Graignes (1).

MORVILLE. — Avant la Révolution de 1789, la paroisse de Morville, avait deux curés et deux portions. L'abbaye de Saint-Sauveur avait le patronage de la grande portion et l'hôtel-Dieu de Coutances avait celui de la petite portion, qu'il faisait desservir par un de ses religieux. C'était l'évêque de Coutances, Hugues de Morville, qui avait fait cette concession à l'abbaye, en 1219. Le curé de la grande portion avait la moitié de la dîme des gerbes

percipit grossas et minutas decimas, Ecclesia ad nullum est taxata. Ibidem quædam capella quæ spectat ad Ecclesiam et non habet redditus. Rector solvit tres solidos pro capa Episcopi et habet manerium presbiteratus. »(Chartrier du vicomte R. d'Aigneaux, fol. 17).

(1) L. DELISLE, *Etudes sur les classes agricoles au XIIᵉ siècle*, p. 514.

et l'autelage, ce qui lui valait 52 livres ; la part du vicaire de l'autre portion était de 15 livres.

En 1665, la grande portion procurait à l'abbaye de Saint-Sauveur un revenu de 700 livres, et celle-ci payait 50 livres de décimes. La petite portion, taxée à 28 livres de décimes, valait à l'hôtel-Dieu de Coutances 500 livres.

Doyenné du Plain.

BOUTTEVILLE. — Cette paroisse avait jadis deux portions curiales. L'une était à la nomination de l'abbé de Saint-Sauveur. Cette portion lui avait été donnée avec la foire par Ranulf Le Bouteiller ; l'autre portion avait pour patron l'abbé de Saint-Lo. Les deux portions furent réunies en une seule dans le cours du XVII siècle.

L'abbé de Saint-Sauveur, qui avait la grande portion, prenait les deux tiers de la dîme, celui de Saint-Lo prenait l'autre tiers. Après la réunion des deux portions en une seule, la cure valait 600 livres. Il en était ainsi en 1665 (1).

BRUCHEVILLE.

FRESVILLE. — L'abbaye de Saint-Sauveur-le-Vicomte avait le patronage de l'église et présentait à la cure. Les dîmes se partageaient par tiers entre l'abbé de Saint-Sauveur, le chapitre de Lisieux et le curé, ce qui lui valait 60 livres ; il payait pour la débite 16 sous 8 deniers.

---

(1) *Annuaire de la Manche*, année 1873, p. 21.

Ce patronage fut contesté à l'abbaye de Saint-Sauveur ; car Renaud de Radepont, bailli de Cotentin, de 1258 à 1267, écrivit à l'évêque de Coutances que le 11 juillet 1259, aux assises de Valognes, Guillaume de Tamerville avait reconnu le droit de l'abbaye au patronage de Fresville. En 1665, l'abbé de Saint-Sauveur avait toujours le patronage de l'église et la cure valait alors 1200 livres. Plusieurs seigneurs de Fresville sont comptés au nombre des bienfaiteurs des abbayes de Saint-Sauveur-le-Vicomte et de Montebourg.

Un Roger, cité comme vicomte du Cotentin, renonça, en présence d'Algare, évêque de Coutances, aux droits qu'il avait voulu s'attribuer au détriment des religieux de Saint-Sauveur-le-Vicomte. Létice, femme de Jourdain Tesson, donna aux mêmes religieux, avant 1231, des terres situées à Fresville.

HOUESVILLE. — D'après le *Livre Noir*, le patronage de l'église appartenait, au XIII° siècle, à l'abbé de Saint-Sauveur-le-Vicomte.

Le curé percevait toutes les gerbes de la dîme, excepté sur quelques fiefs de la paroisse, où l'abbé avait deux gerbes et le curé la troisième (1). La charte de Néel le vicomte confirma à l'abbaye de Saint-Sauveur-le-Vicomte diverses donations parmi lesquelles figure celle que lui avait faite Rualon de Grocci (de Grouchy), de deux parts de la dîme qu'il

---

(1) *Annuaire de la Manche*, année 1873, p. 31.

tenait à Houesville, (*in Hoivilla*) de Raoul de Mairie (1).

TURQUEVILLE. — Le *Livre Noir* indique comme patrons les abbés de Montebourg et de Saint-Sauveur; ces deux abbés, le vicaire et le prieur de Sainte-Croix de Virandeville se partageaient, mais d'une manière inégale, les revenus de l'église; la part du vicaire était insuffisante, celle de l'abbé de Montebourg valait 80 livres, celle du prieur de Sainte-Croix 90 livres 10 sous, et celle de l'abbé de Saint-Sauveur 18 livres.

D'après le *Livre blanc*, le patronage appartenait encore aux deux abbés de Montebourg et de Saint-Sauveur. Le curé avait des droits sur la part de chaque abbé. En 1665, l'abbé de Montebourg avait seul le patronage de l'église, et la cure valait alors 600 livres (2).

Doyenné de la Hague.

Après avoir été seul décimateur dans le doyenné de la Hague, l'abbé de Saint-Sauveur n'avait plus, en 1665, que les deux tiers de la dime et des herbages.

HAYNEVILLE. — L'église était à l'abbaye de Saint-Sauveur. Elle lui avait été donnée, en 1465, par Louis XI. La cure était taxée à une décime de 32 livres.

---

1 Archives de la Manche, *Chartrier de Saint-Sauveur-le-Vicomte*.

2 *Annuaire de la Manche*, année 1873, p. 57.

Doyenné des Pieux.

BRIX *(Brucius)*. — L'église de Brix fut donnée à l'abbaye de Saint-Sauveur par Adam de Brix, en 1144. à condition de la desservir par des religieux. Lorsque l'abbaye, détruite et ruinée par les guerres, ne suffit plus à fournir des moines à toutes les cures dont elle était chargée, elle présenta des curés séculiers. C'est ce qu'elle fit pour l'église de Brix.

Le curé avait la tierce gerbe de la dîme et l'abbaye les deux tiers ; le curé avait en outre l'autelage avec des droits d'usage et de pacage dans la forêt. Les abbayes de Saint-Sauveur et de Montebourg avaient en même temps des propriétés à Brix, et comme celle-ci ne voulait pas se laisser dîmer par le prieuré de la Luthumière dépendant de Saint-Sauveur, il dut intervenir un arrangement entre les deux communautés.

BRICQUEBOSQ (1). — L'église Saint-Michel de Bricquebosq appartenait à l'abbé de Saint-Sauveur, ainsi que le prieuré d'Estoublon.

Le cartulaire de l'abbaye contenait une charte de Robert de Chiffrevast, qui donnait aux moines de Saint-Sauveur l'église de Saint-Michel de Briquebosq avec la dîme de toute sa terre. Les témoins avaient été l'archidiacre Gillebert, Richard de Martinvast et Guillaume, son fils, Roger de Lieville et Renaud (2), prêtre de Salmonville.

---

(1) *Boscum Brictii*.
(2) Bibl. Nat., fonds franç., n° 4901, *Index Chartarum*, etc., p. 59.

COUVILLE. — L'église Notre-Dame de Couville fut donnée en 1144 à l'abbaye de Saint-Sauveur par Adam de Bruis ou de Brix, baron de Brix. Cette donation fut confirmée par Pierre' de Brix, en 1155 (1).

Cette église est très ancienne. On a trouvé dans le cimetière, au milieu de beaucoup d'autres, un sarcophage en tuf portant cette inscription :

Berthevinus sacerdos (2).

L'abbé de Saint-Sauveur usa de son droit de présentation à la cure de Couville, en y nommant, l'an 1288, Rogers des Moutiers, et celui-ci témoigna, en 1295, avoir toujours payé à l'abbaye les cinq sols tournois qu'il devait chaque année.

(Toustain de Billy). — Dans les éditions récentes de cet auteur on a écrit *Gouville*, au lieu de *Couville* ; mais la cure de Gouville ne fut jamais à la nomination des abbés de Saint-Sauveur. Le curé payait une décime de 34 livres.

FLAMANVILLE. — La cure de Flamanville était à la présentation de l'abbaye de Saint-Sauveur, qui possédait le fief seigneurial de Diélette. Les sires de Bazan, seigneurs de Flamanville, élevèrent des prétentions contraires à ces droits des seigneurs de Diélette, aux XVe et XVIe siècles ; mais l'abbaye fit toujours prévaloir son droit.

GROSVILLE *(Gueroldivilla, Geroldivilla)*. — Il y

(1 *Cartul. de l'Abbaye*, ch. 30, 31. T. DE BILLY. *Histoire ecclésiastique*, p. 320.

2 DE GERVILLE. *Etudes géograph. et histor.*, p. 111.

avait dans cette paroisse la chapelle de la grande maison.

Les Pieux. — Il y avait jadis deux cures aux Pieux. L'une d'elles était à la nomination de l'abbaye de Saint-Sauveur. Richard de Chiffrevast passa acte, en 1323, avec cette abbaye pour le règlement de leurs droits respectifs sur les foires et marchés du village et sur le patronage de l'église. Quelques années après Nicolas de Chiffrevast, élève des prétentions contre le droit de patronage dont se prévalait l'abbaye de Saint-Sauveur sur l'église des Pieux. Ce droit est pleinement reconnu et attribué à l'abbaye par une lettre de Pierre de Bonneville, tenant les assises à Valognes pour le bailli de Cotentin (1).

Saint-Christophe-du-Faoc (c'est-à-dire de la Foutelaie — faoc hêtre). — En 1757, la présentation à la cure de Saint-Christophe du Faoc était à l'abbaye de Saint-Sauveur. En 1063, Hugues le Bouteiller avait donné l'église à l'abbaye de Saint-Etienne de Caen.

Saint-Martin-le-Gréard.

Tréauville. — Roger, frère de Néel, vicomte du Cotentin, donna à l'abbaye de Saint-Sauveur l'église Saint-Pierre de Tréauville.

Le *Livre noir* et le *Livre blanc* attribuent le patronage de cette église à Saint-Sauveur. L'état de 1665 le donne au prieuré de Beaumont-en-Auge.

Teurthéville-Hague (Tordevilla). Les abbayes de

(1) Bibl. Nation., fonds français, n° 4901, *Index Chartarum*, etc., p. 59.

Saint-Sauveur et de Montebourg avaient des droits à Teurthéville. Un accommodement intervint, l'an 1311, devant l'évêque Robert d'Harcourt. La cure avait été donnée au prieuré de Virandeville, sous la dépendance de Saint-Sauveur, en 1196, par Roger de Teurthéville. Le donateur avait stipulé la condition qu'un des religieux de Saint-Sauveur desservirait son prieuré de Virandeville.

Archidiaconé du Val-de-Vire.

Doyenné de Percy.

L'église de Notre-Dame de Margueray fut donnée à l'abbaye de Saint-Sauveur-le-Vicomte en faveur du prieuré de la Colombe, en 1202 (1), par Guillaume Corbet, chevalier. Une terre seigneuriale, celle de la Haule fut aussi aumônée par le même seigneur pour l'entretien du prieuré, et l'approbation de l'évêque de Coutances, Vivien, confirma la donation.

Il y a une charte du vicomte de Falaise, dressée en l'Assise de Bayeux par le bailli de Caen, en 1302. Madame Aliénor de Vitry, veuve de M. Guillaume de Viler, chevalier, y reconnaît qu'elle n'a aucun droit de patronage sur l'église Notre-Dame de Margueray (2).

1 Bibl. Nation., *Registrum cartarum, etc. Abbat. S-Salv.-Viccom.*, n° 256-264.
2 Bibl. Nat. *Cartulaire des églises de Normandie*, fonds franç., n° 4901. *Index cartarum*, etc., fol. 122, recto; — Bibl. Nat., *Registrum cartarum*, n° 3,6.

Diocèse de Bayeux.

FONTENAY-SUR-LES-VEYS OU FONTENAY-EN-BESSIN. — Richard et Guillaume de Vauville donnèrent à l'abbaye de Saint-Sauveur-le-Vicomte la moitié de l'église de Fontenay.

L'an 1300, le vicomte de Bayeux dressait une charte par laquelle Mathieu Mauger renonçait à toutes ses prétentions sur le patronage de l'église de Saint-Pierre de Fontenay-sur-les-Veys. L'année suivante, le seigneur Gauvin de Vauville intervint dans un procès entre la veuve de Philippe de Colombières et l'abbé de Saint-Sauveur, au sujet d'un poisson échoué sur la côte de Fontenay (1).

Ce phénomène s'est reproduit dans ces parages. En 1830, des pêcheurs d'Isigny prirent, dans un des bras du Vey, à l'embouchure de la Vire, un poisson du genre des cétacés. Il était long de 26 pieds et pesait cinq mille livres (2). On comprend dès lors l'importance que les propriétaires riverains devaient attacher à une capture de cette valeur. En la même année 1301, Robert de la Chome confirmait, aux assises de Bayeux, le patronage de Saint-Pierre de Fontenay à l'abbaye de Saint-Sauveur-le-Vicomte et à celle de Montebourg. Etaient présents Thomas, abbé de Saint-Sauveur et Gabriel, procureur du couvent (3).

(1) Bibl. Nation., *Registrum cartarum, etc. Abbat. S.-Salv.-Vicecom.* n⁰ˢ 287-300.
(2) LANGE, *Ephémérides normandes*, t. II, p. 186.
(3) Bibl. Nat., fonds franç., n⁰ 4901. *Index chartarum*, etc., p. 59.

Manoir du Ham. — Le Ham avait possédé, avant l'invasion de la Neustrie par les Normands, une abbaye de filles. Nous en avons la preuve épigraphique dans l'autel du Ham, consacré par saint Fromond, évêque de Coutances, et conservé au musée lapidaire de la ville de Valognes. Peut-être existait-il encore, au xive siècle, une partie des bâtiments de cet ancien monastère attribué par la générosité de quelque bienfaiteur à l'abbaye de Saint-Sauveur-le-Vicomte. Ce qui est certain, c'est qu'à cette époque cette maison possédait au Ham un manoir important.

Il était assez considérable pour être devenu pendant quelque temps, avec l'agrément de l'abbé et des religieux de Saint-Sauveur, le refuge de Godefroy d'Harcourt. La cour avait pris ombrage de la retraite du sire de Saint-Sauveur au manoir du Ham. On lui attribuait la pensée de vouloir en faire une forteresse, d'où il pourrait rançonner la contrée et en molester les habitants. Rien n'était fondé dans ces bruits. La cour en eut l'assurance et fit rendre aux religieux de Saint-Sauveur leur manoir du Ham. L'ordre est intimé par l'archevêque de Rouen, lieutenant du roi et du duc de Normandie, le 24 mars 1350 [1].

Environ un siècle plus tard, nous retrouvons le monastère de Saint-Sauveur en possession du manoir du Ham. Les religieux avaient droit de *cheminage* dans le lieu soumis à leur juridiction. Le cheminage

---

[1] Voir les Appendices, n° 5.

était un droit seigneurial. Voici en quoi il consistait : A certaines époques, le seigneur faisait parcourir les chemins soumis à sa juridiction pour en visiter l'état. Cette opération s'appelait *cheminage* ou *vicomtage*.

Pour y procéder, on réunissait un certain nombre d'hommes, quelquefois vingt-quatre. Ce jury prononçait des amendes contre ceux qui avaient empiété sur la voie, et contre ceux qui n'avaient pas émondé leurs arbres, curé leurs fossés et suffisamment entretenu le bout de chemin qui était à leur charge. On peut voir aux pièces justificatives un compte-rendu du cheminage dressé au profit de l'abbé et des religieux de Saint-Sauveur par leur sénéchal, Raoul du Hecquet.

La pièce est du 7 Juin 1446.

LIÉVILLE. — C'est la paroisse où la baronie de Saint-Sauveur avait le plus d'extension à cause de la prévôté de ce lieu, qui était composée de deux belles vavassoreries, appelées l'une l'Ainesse-Hallard et l'autre l'Ainesse-aux-Marie.

Néel et Roger, fondateurs de l'abbaye de Saint-Sauveur, lui donnèrent l'église Saint-Martin de Liéville avec ses appartenances et six acres de terre qui forment en partie les deux vavassories.

L'abbé de Saint-Sauveur était seigneur en sa partie de Liéville, et même seigneur tréfoncier dans l'étendue de ses tènements (1).

(1 *Livre noir*, 1ᵉʳ feuillet, charte de confirmation du roi d'Angleterre : « *De donatione autem predicti Rogerii hæc sunt... ecclesiam S. Martini de Lieville cum pertinenciis suis et sex acras terræ.* »

Le second donateur de Liéville est Symon de Marie, ou du Marais, ou *de Marcio*. Il octroya à l'abbaye tout ce qu'il pouvait prétendre en l'église de Liéville avec toutes les dîmes de la paroisse ainsi que toute la terre d'aumône de cette église, c'est à savoir : onze acres de terre, avec la dîme de ses moulins et de toutes ses pêcheries (1). D'autres bienfaiteurs de l'abbaye augmentèrent les apanages de sa baronnie à Liéville. Tels furent Emma, femme de Raulx de Marie et Albérède sa fille, le père de Raulx de Marie et Alexandre de Liéville et le prêtre Guillaume.

L'Aînesse-aux-Mariez contenait 16 vergées de terre. Elle devait à l'abbaye de Saint-Sauveur 125 boisseaux de froment, mesure d'Aubigny, dix pots chopine, mesure de Liéville, portables à l'abbaye avec service de prévôté, foy et hommage, relief et treisième.

Ces renseignements résultent d'un inventaire dressé le 30 mai 1710, d'après les titres authentiques conservés au chartrier de l'abbaye de Saint-Sauveur.

Le fief de Mary, père de tous les autres fiefs du même nom, avait son siège à Saint-Côme-du-Mont et s'étendait en Liesville, le long de la rivière d'Ouve.

Nous voyons, vers l'an 1200, Raoul de Mary confirmer par une charte la donation faite à l'abbaye de la moitié de la terre de la masure de Chefdeville, qui avait appartenu à Herbert Dupré. Il confirma en

---

(1) *Livre noir*. fol. 4.

outre la donation que son père avait faite d'une rente de 300 anguilles à prendre dans ses pêcheries de Marie et de Liesville, en échange de la dîme de ces pêcheries (1).

FOIRES

Foire de Boutteville. — Un des seigneurs de Boutteville, Ranulf Le Bouteiller, donna à l'abbaye de Saint-Sauveur-le-Vicomte une partie des droits de la foire qui existe encore. En 1264, cette foire se tenait sur le fief de Guillaume de Vernon, chevalier, avec sa permission accordée par acte authentique en cette année, le samedi dans l'octave de l'Ascension (2).

Foire d'Aubigny. — L'abbaye de Saint-Sauveur avait une partie des droits de la foire de Saint-Christophe à Aubigny. Elle y percevait quarante sols angevins. La concession en avait été faite par Christophe d'Aubigny, sous le règne de Richard Cœur de Lion.

Le *vidimus* de cette charte est vérifié par Guillaume Jouhan, vicomte de Saint-Sauveur-Lendelin, sous la date de 1394 (3).

Foires des Pieux. — Henri II donna à l'abbaye un marché au Pieux le vendredi et quatre foires :

(1 Archives de la Manche. *Cartulaire de Saint-Sauveur-le-Vicomte*.
(2 Bibl. Nation., fonds franç., n° 4001. *Index chartarum*, p. 50.
(3 De Pontaumont, *Élection de Carentan*, p. 57.

celle de la Saint-Georges, des Rogations, et deux autres à Saint-Hermel ou Hermeland, le 30 septembre et à la Toussaint (1).

Foires de Virandeville. — Il y avait, à Virandeville, deux foires accordées au prieuré de Sainte-Croix, par Roger de Teurthéville (2). Ce prieuré fut longtemps sous la dépendance de l'abbaye de Saint-Sauveur.

Foire du Ham. — Il se tenait au Ham, en 1446, le jour de Saint-Christophe, une assemblée ou foire importante dont la juridiction était aux mains du sénéchal de l'abbaye de Saint-Sauveur.

FORÊTS

Forêts de Saint-Sauveur et de Selsouef. — Dans la forêt de Saint-Sauveur, l'abbaye avait, dès le temps de Richard le Vieux et de Néel le Vicomte, la dîme du pasnage et de la chasse et de tous les droits qui appartenaient au seigneur de la forêt. Elle exerçait les mêmes droits sur la forêt de Cel-Soëf et sur le Marais. Elle avait le droit de prendre du bois dans la forêt pour l'entretien de la maison et pour la construction, au même titre que le propriétaire du fonds. Elle y ajoutait le droit de dîme sur toutes les chasses du seigneur, baron de Saint-Sauveur. A cette dîme, elle joignait encore la dîme de tous les moulins de Saint-Sauveur. Néel le

---

1 Rich. Seguin. *Histoire archéol. des Bocains*, p. 186.
2 De Gerville, *Etude géograph. et histor.*, p. 221.

Vicomte avait donné cette dîme aux religieux avec la propriété d'un moulin dans la ville, et leur avait accordé la dîme de ses pêcheries dans la rivière d'Ouve (*Unva*).

Forêt de Brix. — L'abbaye de Saint-Sauveur avait encore des droits d'usage dans la forêt de Brix (1). C'est Guillaume Crespin, connétable de Normandie, qui les lui accorda en 1311.

On connaît ces droits d'usage : ils consistaient en droit : 1° de *pasnage* (nourriture des *porcs*) ; 2° de *pacage* (nourriture de toute espèce de bétail) ; 3° d'*affouage* (faculté de couper du bois pour la construction, la réparation et le chauffage des habitations (2).

Outre ces droits d'usage sur la forêt de Saint-Sauveur, de Selsoëf et de Brix, l'abbaye posséda, à partir de 1286, la nue-propriété de la forêt de Danneville, portion de la terre de Reviers. Cette terre ou domaine de Reviers, à Néhou, était un fief noble jouissant du titre de prévôté de Danneville (3).

La Forêt de Danneville. — La forêt de Danneville qui avait fait partie de l'inféodation de 1086, avait été inféodée de nouveau par le seigneur de Reviers, en 1256, une partie à Jean du Saussay de Golleville, une partie à Colin, Nichol ou Nicolas de Méautis, qui devint archidiacre de Coutances, une

(1) *Cartulaire de Saint-Pierre de la Luthumière*, charte n° 3, année 1170; *Cartulaire de Saint-Sauveur*, n° 162.
(2) La forêt de Brix fut réduite par des défrichements successifs. En 1657, elle contenait encore 14.000 arpents ou 35.000 vergées de terre, et en 1770, 11.100 arpents.
(3) Lebredonchel. *Histoire de la paroisse de Néhou*, p. 93.

autre partie à Raoul des Moitiers d'Alonne et le reste continua d'être possédé par le seigneur de Reviers-la-Beurrière, premier concessionnaire.

Cette forêt formait tout le domaine de Danneville, dont la forêt actuelle faisait partie, mais cette forêt primitive était d'une étendue de moitié plus grande que ce qui en reste aujourd'hui. Trente ans plus tard, la portion qui forme la forêt actuelle de Danneville, appartenait, une partie aux seigneurs de Reviers-la-Beurrière, une partie aux seigneurs des Moitiers d'Allonne et une autre partie à Jean Paen ou Paisnel *(Paganellus)* de Néhou, qui la tenait des seigneurs de Méautis.

Guillaume de Reviers, chevalier, fils et héritier de Richard de Reviers, seigneur d'Anfreville, donna la portion de cette forêt qui lui appartenait à l'abbaye de Saint-Sauveur-le-Vicomte. Cet acte est de l'année 1280 et il fut confirmé en 1286.

En la même année, les moines transigèrent avec les deux autres propriétaires de la forêt. Ils achetèrent les deux parts de Jean Paisnel et de Raoul des Moitiers d'Allonne. L'une des chartes est datée du *vendredi devant la fête Sainte-Perronelle, vierge* (Cartul. de Saint-Sauveur).

Ce monastère en a joui jusqu'à l'époque de la Révolution, où les biens d'église furent envahis.

L'abbaye célébrait, avant 1789, chaque semaine, une grand'messe aux intentions des donateurs.

C'est le gouvernement qui demeura possesseur de cette forêt, après la tourmente révolutionnaire. Enfin, en 1820, elle fut adjugée au propriétaire actuel pour la somme de 36.000 francs, prix bien inférieur à la valeur de la propriété, qui contient 120 hectares (1).

Cette forêt était sur la paroisse de Néhou, l'une des plus grandes du département de la Manche.

Cette commune tient le 4ᵉ rang en superficie parmi toutes celles du département; elle contient 3.642 hectares.

Bois de Hérique. — L'abbaye de Saint-Sauveur avait encore la possession et la jouissance du bois de Hérique, sur la paroisse de Besneville. *(Archives de la Manche*, A. 3321, liasse, 5 pièces papier.)

Forêt de Torgistorps. — Une autre forêt, celle de Torgistorps, sise en la paroisse de Clitourps, appartenait, dès l'année 1230, à l'abbé de Saint-Sauveur, qui, tout en transigeant avec Jean d'Essey, au sujet du manoir de Torgistorps, déclarait vouloir garder la propriété et l'usufruit de la forêt (v. p. 70).

Les moines de Saint-Sauveur avaient le droit d'usage dans toutes ces forêts. Ils avaient droit de *pasnage* ou le droit d'y élever et d'y entretenir des porcs jusqu'à concurrence d'un certain chiffre désigné par l'acte de leur fondation.

Au droit de pasnage, il faut ajouter le droit de pacage et d'affouage (2).

Notre abbaye, comme toutes les autres, possédait des haras pour l'élevage des coursiers de bataille et des haquenées de voyage. Les types de reproduction lui étaient donnés soit par de vieux guerriers

---

(1) Lebredonchel, *Histoire de la paroisse de Néhou*, p. 95.
2. *Gallia christiana*, t. xi. *Instrum. Eccl. Cons*.; col. 246.

qui se faisaient moines, soit par des feudataires, pour *le salut de leur âme et celles de leurs proches*. On ne doit pas s'étonner que les abbayes et les grands monastères fussent pourvus de haras, et que les moines du moyen âge s'occupassent avec succès de la propagation et de l'amélioration de l'espèce chevaline; leurs vastes possessions, presque toujours situées dans les lieux les plus fertiles et les plus favorables à la belle production animale, leur facilitaient cette tendance universelle à cette époque. D'un autre côté, la nécessité où ils étaient de reconnaître la protection qui leur était accordée par les seigneurs terriens, lesquels ne trouvaient rien de plus précieux que le don d'un cheval; le besoin qu'ils en avaient eux-mêmes pour leur service et celui de leurs vassaux, leur en faisaient une loi.

Mais une considération plus puissante que toutes les autres, c'est la stabilité et la paix relative dont jouissaient les vassaux des abbayes sous la crosse abbatiale. Tandis qu'il n'y avait aucun domaine particulier ou même princier, qui fût à l'abri des déprédations d'ennemis toujours guerroyant, les abbayes protégées par l'influence religieuse, pouvaient en paix cultiver leurs champs, et faire progresser l'amélioration des races animales et en particulier des races chevalines. Celles-ci, plus que les autres, réclament une constance dans la méthode et une direction dans les accouplements, que ne pouvaient souvent donner des feudataires, toujours occupés de guerres étrangères ou de querelles intestines. Chez les moines il y a l'hérédité viagère, plus efficace encore que celle du sang pour la conservation des traditions et le maintien des habitudes. Les moines avaient donc tout ce qu'il faut pour entretenir le foyer vivifiant des belles et bonnes races chevalines, et cette circonstance ne doit pas être oubliée, quand on veut se rendre compte de la supériorité qu'acquirent au moyen âge les chevaux de Normandie et de la France elle-même sur tous ceux de l'Europe (1).

Aussi ne doit-on pas s'étonner du grand nombre de haras qui couvraient le sol normand au moyen âge, si l'on a l'idée juste de l'importance qu'on attachait à un bon cheval à cette époque éminemment cavalière. C'est de lui que dépendaient la gloire et la fortune de l'homme d'armes et souvent le destin du pays ; aussi le prix n'avait-il nulle proportion avec celui des autres animaux. « Tout mon royaume pour un cheval ! » disait un roi d'Angleterre, au fort de la mêlée.

Saint-Sauveur avait ses haras comme les autres abbayes. Les chevaux du monastère se divisaient en deux catégories, les uns vivant à l'étable et dressés aux travaux de l'agriculture et de la marche ; les autres errant librement dans la forêt, d'où on les retirait pour la vente ou d'autres besoins.

Combien les moines de Saint-Sauveur en avaient-ils à vivre en toute liberté dans les bois ?

Peut-être l'ignoraient-ils eux-mêmes. Mais ce que devaient savoir les religieux et leurs serviteurs, c'est

(1) *Annuaire de la Manche*, 1881, p. 48.

la rude besogne qu'il leur donnaient, quand la communauté s'avisait d'en prendre quelques-uns. Il était d'abord très difficile de rassembler ces chevaux qui finissaient par passer à l'état sauvage, dans ces forêts, où ils naissaient et vivaient presque sans aucune relation de domesticité. La nature fougueuse de ces cavales sauvages en rendait la chasse non moins périlleuse que difficile.

Il fallait avant tout bien reconnaître le point précis de la forêt où ils se retiraient de préférence, et l'on ne réussissait pas toujours à le découvrir.

On disposait, dans les bois, en divers endroits, des parties propres à enfermer ces bêtes folles. C'étaient des enclos fermés par des palissades ou par quelques accidents de terrain ; on les appelait des parcs.

Outre ces parcs fixes et permanents, on faisait au besoin des parcs artificiels et transitoires, en tendant sur une certaine étendue de la forêt des filets assez forts pour arrêter la bande affolée.

Tout cela n'était que le préliminaire de la rude besogne qui restait à accomplir. Pour réunir les chevaux épars dans la forêt, et les diriger vers le point où on espérait pouvoir les saisir, il fallait un bon nombre d'hommes vigoureux, capables de suivre les évolutions de cette course effrénée et d'en affronter les périls.

Il n'était pas rare de manquer la capture de ces animaux passés à l'état sauvage, dans lesquels ces chasses, souvent répétées, devaient développer l'instinct de la peur et de la conservation.

Nous trouvons d'intéressants détails sur ces courses cynégétiques dans le *Journal manuscrit du sire de Gouberville* (p. 384). Pour éviter les inconvénients que nous venons de signaler, il employa une fois un moyen, dont il passe le résultat sous silence. Ce moyen consistait à attirer les juments à l'aide d'étalons, montés par leurs cavaliers, qui devaient les diriger, suivis ou précédés de leur proie, vers un de ces parcs de la forêt.

Tous les chevaux d'une forêt n'appartenaient pas à l'abbaye ; d'autres propriétaires y avaient les leurs.

Pour distinguer son bien, chaque propriétaire avait sa marque spéciale. L'inconvénient de cette cohabitation des animaux domestiques avec les fauves était la perte d'un certain nombre des premiers.

Les loups et les sangliers s'attaquaient aux bêtes aumailles et aux chevaux de la forêt. Le loup était alors un véritable fléau permanent, tombant indifféremment sur tous les animaux qu'il rencontrait et sur l'homme lui-même. Pour peu qu'on négligeât la chasse à ces terribles ravageurs, leur race se multipliait et faisait courir des dangers sérieux au bétail, jusque dans les basses-cours et les étables, et même aux petits enfants. C'est ce que nous apprend l'art. 19 d'une ordonnance rendue par Henri III en 1583 (1).

« Pour le peu de soin que les habitants des villages et plat pays ont eu à l'occasion des guerres,

---

(1) CHAUFFART. *Instruction sur le faict des eaux et forest*, p. 446.

qui ont duré par l'espace de vingt ans en ce royaume, l'extirpation des loups, qui sont accrus et augmentéz en tel nombre qu'ils dévorent non seulement le bestail jusques ès basses cours et estable, mais encore tous les petits enfans en danger; il est enjoint... de faire assembler un homme pour feu de chacune paroisse... avec armes et chiens propres pour la chasse des dicts loups, trois fois l'année au temps le plus propre et commode qu'ils adviseront pour le mieux. » Rien n'était plus à encourager que la chasse aux loups.

Aussi nos pères avaient-ils établi une prime en faveur de ceux qui détruisaient ces animaux malfaisants.

Celui qui en tuait un avait le droit de prélever sur le public deux deniers tournois pour chaque loup tué. Chaque feu était tenu à cette redevance à deux lieues à la ronde du lieu où le fauve avait été tué : la prime était de quatre deniers pour une louve. On trouve une commission du 28 mars 1422, en faveur de Hébert de Blouville, grand louvetier du Cotentin, pour chasser les loups, qui faisaient de grands ravages dans toute la contrée.

Raoul d'Argouges et Jacques de Clamorgan reçurent des commissions analogues, le 19 mai 1422 [1].

[1] Seguin, *Histoire archéolog. des Bocains*, p. 38.

CHAPITRE XII

Chartrier, Archives et Manuscrits de l'Abbaye.

Le chartrier de Saint-Sauveur-le-Vicomte était abondamment pourvu de titres qui établissaient ses droits et ses propriétés. Nous en avons la preuve dans les chartes originales ou dans les copies qui nous en restent. Les moines de l'abbaye surent mieux conserver les richesses de leur chartrier que celles de leur bibliothèque.

Les archives de la Manche possèdent un pouillé de l'abbaye de Saint-Sauveur. Le manuscrit fut rédigé en 1710. Il fut donné en 1845 aux archives du département.

On trouve au même dépôt un rouleau de parchemin qui a vingt pieds de longueur et qui contient l'enquête faite en 1422 par l'official de Valognes sur les pertes essuyées par l'abbaye.

Les mêmes archives possèdent une liasse de cinq pièces en papier (A 3321) qui vont de 1291 à 1334. Il s'agit d'une fieffe, faite par le bailli du Cotentin aux religieux de Saint-Sauveur-le-Vicomte, d'une pièce de bois, nommée le bois de Hérique. Il y a sentence de l'Echiquier maintenant les dits religieux dans la possession et jouissance du bois de Hérique (copies du xvi° siècle).

En 1873, l'archiviste du département de la Manche, M. Dubosc, disait que les archives départementales avaient reçu récemment 295 pièces datant des xiii°, xiv° et xv° siècles, qui avaient été détachées, en 1790, du chartrier de l'abbaye de Saint-Sauveur-le-Vicomte. Toutes ces pièces concernent la baronnie du Ham et offrent des détails pleins d'intérêt sur les fiefs qui composaient cette baronnie, sur l'état de l'agriculture et les prix des denrées alimentaires. D'après le même archiviste, plusieurs centaines de pièces étaient encore attendues, comme devant enrichir le dépôt départemental de Saint-Lo, au moment où il écrivait (1).

Ces pièces concernent les abbayes de Montebourg et de Saint-Sauveur. On trouve encore aux mêmes archives un cartulaire de Saint-Sauveur-le-Vicomte. Le manuscrit comprend 104 ff. de parchemin in-f°. Il fut rédigé au commencement du xiv° siècle et offert au conservateur des archives en 1848.

Le même dépôt possède : *Regestrum cartarum monasterii Sancti Salvatoris vicecomitis*. Il est sur parchemin in-fol. et comprend 447 pp. C'est une copie faite au xviii° siècle. Les pièces qu'il renferme vont de l'an 1067 à l'année 1344.

Le catalogue des cartulaires des archives départementales, Imprimerie Royale, 1847 (p. 42-43), mentionne un cartulaire de l'abbaye de Virandeville

(1) *Annuaire de la Manche*, année 1873, p. 86.

in-4 de 16 ff., rédigé en 1509. Les pièces qu'il contient vont de 1196 à 1432.

Il existe aux archives de la Manche un cartulaire du prieuré de Saint-Pierre de la Luthumière ou de Saint-Jouvin. C'est un manuscrit in-4, qui se compose de 35 folios en parchemin et renferme 46 chartes, de 1144 à 1446. Cette copie fut faite en 1452 par « Jehan Delastelle, clerc, tabellion juré en la vicomté de Saint-Sauveur-le-Vicomte commis et establi en siège dudit lieu. » A cette époque, les pièces originales existaient encore, car, dit le copiste : « Je.... certifie et témoigne avoir veu et diligemment regardé les lettres, chartres et mémoriaux cy-devant transcriptes, saynes et entières en sceaulx et escriptures sans vice ou corruption; et, à chacune des dictes escriptures, aux origineaulx avoir fait collacion, et, en la fin de chacune me suis signé. »

Aujourd'hui ces documents originaux sont perdus, à l'exception de quelques chartes très anciennes, que l'on retrouve dans le cartulaire de l'abbaye de Saint-Sauveur-le-Vicomte (1).

Les archives du département possèdent encore un manuscrit qui est un mémoire des revenus de l'abbaye de Saint-Sauveur-le-Vicomte. Ce registre fut dressé par Jean-René Lelaidier, art. 89.

Dans les papiers appartenant à la succession de M. de Gerville, il existe l'extrait d'un registre de l'abbaye de Saint-Sauveur-le-Vicomte pour l'année

(1) ADAM. *Le Prieuré de Saint-Pierre de la Luthumière*, etc., p. 93, in-8°, 1892.

1361, travail fait par M. Dubosc, pour M. de Gerville, à l'occasion d'un article du journal de Valognes intitulé : *Le Pommier*.

Il est arrivé au chartrier de l'abbaye de passer par les mêmes vicissitudes que celui du domaine de Saint-Sauveur-le-Vicomte. Par suite des guerres, bien des documents de la baronnie furent égarés ou dispersés. Plusieurs ont été retrouvés inopinément. Ainsi on a retrouvé dans la voûte de la sacristie de l'église paroissiale de Saint-Sauveur-le-Vicomte un régistre in-folio, composé de 54 feuillets de papier. Il a pour titre : *Inventaire et procès-verbal des papiers, titres, lettres et écritures concernant le domaine de Saint-Sauveur-le-Vicomte*.

Un autre régistre, de 78 feuillets, fut offert aux *Archives de la Manche*, en 1863, par M. Deschamps-Vadeville, de Montuchon. Ce registre en papier, coté A, 3455, est intitulé : *Journal des rentes dues au domaine de Saint-Sauveur-le-Vicomte*. Enfin on regrette la disparition d'un registre en parchemin contenant un compte-rendu par M. de Villequier, des aveux par lui reçus de plusieurs gentilshommes [1].

Au mois d'avril 1885, on mettait en vente, à Bricquebec, deux rouleaux de parchemin, ayant appartenu aux archives du domaine de Saint-Sauveur-le-Vicomte. L'un de ces manuscrits mesurait 3 mèt. 56 de longueur et renfermait une sentence du juge pré-

---

[1] *Collection des Inventaires sommaires des Archives départementales*, Manche, 1re partie, p. 365.

vôtal de la vicomté de Saint-Sauveur-le-Vicomte. André Basan, seigneur de Gironville, datée du 23 juillet 1568.

L'autre rouleau de parchemin, mesurant 5 mèt. 75, contenait pareillement une sentence du juge prévôtal, approuvant une saisie opérée au nom de Guillaume du Bosc. L'acte est du 28 mai 1568.

M. le curé de Saint-Georges de Néhou possède une copie, faite en 1665, d'une prisée de la Baronnie et vicomté de Saint-Sauveur-le-Vicomte qui est de l'an 1473. C'est un beau registre en parchemin, composé de 75 feuillets.

Après tant de bouleversements politiques, l'abbaye n'avait pas dû être plus heureuse que le domaine dans la conservation intégrale de ses titres. Aussi dut-elle songer à reconstituer ses archives ou à les compléter. C'est ce qu'elle fit au commencement du XVIII° siècle. Nous en avons la preuve dans les recueils dont nous allons parler et que nous avons eus entre les mains.

La Bibliothèque Nationale de Paris possède deux registres manuscrits, sous les n° 4800 et 4801, fonds français. Le premier a pour titre : *« Eglises de Normandie »* et pour sous-titre : *« Monuments de l'abbaye de Saint-Sauveur-le-Vicomte, diocèse de Coutances. »*

Ce recueil in-folio contient : 1° une chronique sur Fontenelle, en latin ; 2° une chronique sur saint Taurin, d'Evreux ; 3° la légende de sainte Rosalie, vierge et martyre ; 4° une notice sur saint Désir, de Lisieux ; 5° un travail de Toustain de Billy, sur

Saint-Lo; 6° une notice sur l'abbaye de N.-D. de l'Epinay, de Saint-Pierre-sur-Dives; 7° un mémoire concernant le prieuré de Saint-Lô de Rouen, par Ch. Avice, curé de Saint-Lô; 8° une notice sur Jumièges; 9° enfin le cartulaire de l'abbaye de Taille-Fontaine, diocèse de Châlons en Champagne.

Pour leur recueil, les religieux durent frapper à plus d'une porte, comme l'atteste la lettre d'envoi du travail sur Fontenelle.

Elle fut écrite, en 1685, par Dom Alexis Bréard, ancien prieur de Fontenelle (1651-1652).

L'envoi des notes sur Saint-Lo est fait par Toustain de Billy; il est sans doute adressé au prieur, qu'il appelle Monsieur.

Le mémoire sur Jumièges est adressé à un évêque par Dieudonné Buisson, prieur de Jumièges.

Le second registre, intitulé: *Cartulaire des églises de Normandie*, fonds français, n° 4901, p. 59, contient des détails et descriptions sur l'église de Valognes et sur l'abbaye de Saint-Sauveur-le-Vicomte.

La Bibliothèque Nationale (fonds latin, 17137) possède un recueil de chartes de l'abbaye de Saint-Sauveur-le-Vicomte. C'est un volume de 412 feuillets, plus les feuillets 1-35 préliminaires. Les feuillets 25-26 préliminaires sont en blanc. Le manuscrit a pour titre : *Registrum cartarum monasterii Sancti Salvatoris vicecomitis*. C'est une copie du *Livre Noir*. L'exemplaire est passé de la bibliothèque de Valognes à la Bibliothèque Nationale, par suite d'un échange fait en 1863. A la place de son manuscrit, la ville de Valognes reçut le manuscrit de l'intendant Foucault sur la généralité de Caen, qui était inscrit sous le n° 619.

Les feuillets préliminaires du *Registrum* contiennent une table des chartes renfermées dans le recueil. C'est avec ces chartes et l'*Index chartarum* du n° 4901 (fonds français) que nous avons confronté la plupart de nos assertions dans cette histoire.

Si les chartes de Saint-Sauveur furent conservées avec soin par les moines du lieu, il n'en fut pas de même de leurs livres. Ils avaient des manuscrits ; mais ils n'étaient pas assez versés dans l'étude pour y attacher un grand prix. Aussi se montrèrent-ils fort peu soucieux de leur conservation, au XVIIe siècle. Ils ne furent pas les seuls moines de Basse-Normandie à mériter le reproche d'incurie sous ce rapport. Ceux de Savigny, au diocèse d'Avranches, faisaient remettre, le 21 janvier 1679, à Baluze, pour la bibliothèque de Colbert, 18 manuscrits, dont l'abbaye faisait hommage au ministre (1). Un tel désintéressement ne fait pas honneur aux lumières des supérieurs de la maison.

Le même fait s'était produit plusieurs années auparavant à Saint-Sauveur-le-Vicomte. Les religieux s'étaient dessaisis de leurs manuscrits avec une incroyable facilité. Ils les avaient abandonnés à l'abbé commendataire, Charles de Montchal, archevêque de Toulouse. Ces manuscrits furent dirigés dès lors vers la Gascogne.

(1) L. Delisle, *Inventaire général et méthodique des manuscrits français de la Bibl. Nation.*, t. I, Introduction, p. CLI.

Le prélat, fort savant et grand amateur de livres, ne put résister au désir d'enlever les manuscrits de son abbaye. Soit qu'il les ait achetés, soit qu'il les ait emportés alors avec l'intention de les rendre, leur perte fut irrémédiable pour Saint-Sauveur. Plusieurs de ces manuscrits après avoir appartenu au fonds de Colbert, archevêque de Reims, sont passés à la Bibliothèque Nationale, où nous les retrouvons sous les n°' 2629, 2958, 2663, 5075, 5331 du fonds latin (1). Quelques détails sur cette migration bibliographique intéresseront le lecteur.

L'archevêque de Toulouse ne négligeait aucune occasion d'enrichir sa bibliothèque : aussi cette collection jouissait-elle à bon droit d'une grande réputation parmi les savants du xvii° siècle.

Le catalogue nous en est parvenu (2) ; il a été publié par Labbe (3), et moins imparfaitement par Montfaucon (4). On y trouvait d'excellents manuscrits grecs, qui avaient été mis à la disposition de P. Combefis, en 1644, et des manuscrits aussi remarquables par le contenu que par l'ancienneté.

Après la mort de l'abbé commendataire de Saint-Sauveur, les héritiers offrirent à la reine de Suède les manuscrits qu'avait amassés ce prélat et qu'ils estimaient dix mille écus. L'affaire n'eut pas de suite et les manuscrits étaient encore à vendre en 1654.

(1) M. Léopold DELISLE, pour qui les riches trésors de la Bibl. Nation. n'ont plus de secrets, nous a obligeamment fourni cette indication.
(2) Bibl. Nation., fonds français, n° 9438.
(3) *Nova Bibl.*, p. 189.
(4) Bibl. Bibl., II, 896.

Jean Bouhier, de Dijon, songeait alors à les acquérir. Il en offrait trois mille livres, ce qui en moyenne mettait chaque manuscrit à environ dix livres. C'est le surintendant Fouquet qui en devint acquéreur, et qui les plaça dans la magnifique bibliothèque qu'il avait créée en son château de Saint-Mandé.

Après la disgrâce du ministre, on saisit ses livres, qui étaient au nombre de plus de trente mille, y compris environ mille cinquante manuscrits (1).

Plusieurs des manuscrits anciens, surtout ceux qui avaient appartenu à Charles de Montchal, échurent à Charles Maurice Le Tellier, qui mourut archevêque de Reims en 1710. C'est dix ans auparavant, en l'année 1700, que l'archevêque de Reims, voulant donner un témoignage éclatant de l'intérêt qu'il portait à la bibliothèque du roi, se dépouilla en faveur de cet établissement de la riche collection de manuscrits qu'il avait amassés. Elle contenait quatorze volumes orientaux, y compris un texte mexicain d'une grande valeur, 111 volumes grecs, 306 latins, 53 français et 16 italiens ou espagnols (2). Dans ce nombre figuraient ceux du monastère de Saint-Sauveur-le-Vicomte, dont nous allons faire la description (3).

Le n° 2629, manuscrit sur parchemin, est un homiliaire qui a appartenu à Saint-Sauveur-le-Vicomte.

---

(1) L. DELISLE, *Le cabinet des Manuscrits de la Bibl. Nation.*, t. I, p. 270, etc.
(2) L. DELISLE, *Le cabinet des Manuscrits de la Bibl. Nation.*, t. I, p. 302.
(3) *Ibid.*, p. 271.

Deux fois cette provenance est attestée dans le volume : *Iste liber est de Abbatia Sancti Salvatoris vice. Const. dioc.* (Fol. 61 verso et fol. 62 recto.)

Le n° 2663, autre manuscrit sur parchemin, est un ouvrage de théologie. Des manchettes indiquent les sous-titres, v. g., *De diabolo*, etc. Il a 113 feuillets, dont le dernier nous fournit la date d'une vêture religieuse sous Charles de Panyot, abbé commendataire de Saint-Sauveur, avec les noms des religieux et des novices, voire même d'un pensionnaire, qui composaient le personnel de l'abbaye en 1534. Le feuillet 112 (verso) porte : *Iste liber de Abbatia S. Salvatoris vice. Const. dioc.*

Le n° 2958 a pour titre : *Petri Blesensis epistolæ*. Il est également écrit sur parchemin. Un feuillet qui sert de couverture indique les revenus ou les redevances de beaucoup d'églises du diocèse de Coutances.

A ces trois manuscrits il faut en ajouter deux autres, les n°ˢ 5075 et 5331. Le premier est un bel exemplaire in-4° sur parchemin, qui a appartenu comme les autres à la bibliothèque de M. de Colbert, archevêque de Reims. C'est l'histoire ecclésiastique d'Eusèbe, texte latin. Il a 144 feuillets dont le premier commence par ces mots : *Iste liber é de abbatia Sancti Salvatoris vic. Const. Dioc.* En tête du volume on voit une jolie crosse, et quelques gracieuses lettrines ornent l'ouvrage. Nous avons remarqué les folios 14 verso, 26 verso, 40 verso, 68 recto, 82 recto, 85 recto, 92 verso, 101 verso, 109 verso, 121 verso, 138 verso et 139 recto. C'est le plus bel exemplaire manuscrit de Saint-Sauveur-le-Vicomte qui soit allé enrichir le dépôt de la Bibliothèque Nationale.

Le n° 5331, qui est encore un in-4° sur parchemin, a appartenu au fonds Colbert, avant de prendre le chemin de la bibliothèque du roi. Le titre est: *Sulpitii Severi dialogorum libri III*. Il est moins ornementé que le précédent; il offre cependant de jolies lettrines aux folios 10 verso, 18 verso et 27 recto. Nous en conseillons la copie aux Sœurs des écoles chrétiennes de la Miséricorde, quand elles voudront illustrer l'exemplaire manuscrit de leurs règles. Le fol. 83 verso porte la mention déjà citée : *Iste lib. est de abbatia S. Salvatoris vice-comitis Constancien. diocesis*.

CHAPITRE XIII

Us et coutumes du Moyen Age.

Après avoir étudié dans ses détails la monographie de l'abbaye bénédictine de Saint-Sauveur-le-Vicomte, il nous paraît indispensable de faire connaître la nature des usages dont nous avons rencontré l'existence dans toutes les pages de notre livre.

Nous n'avons pas la prétention de faire un traité complet sur les us et coutumes du moyen âge. Certains détails intéresseraient médiocrement nos lecteurs. D'ailleurs ceux qui seraient tentés d'approfondir la matière trouveraient dans les cours de diplomatique tout ce que l'on peut dire sur cet objet. Ce chapitre contiendra forcément quelques détails techniques. Ils ont été abrégés, autant qu'il était possible. Mais le sujet est si peu connu, qu'il a semblé difficile d'exposer plus sommairement, sous peine d'obscurité, ces notions indispensables.

I. — Droits du Pape, du Roi et de l'Evêque

Les *provisions* étaient le droit qu'on payait en cour de Rome avant d'entrer en possession d'un bénéfice.

On appelait *annate*, du mot latin *annus*, le revenu d'une année que la chambre apostolique prélevait sur chaque bénéfice ou prébende, lorsque le Pape donnait des bulles d'investiture à ceux que le roi avait nommés.

Les *décimes* étaient une subvention annuelle que le roi levait sur tous les biens du clergé.

Les plus anciennes décimes furent imposées au clergé pour soutenir la guerre sainte et subvenir à ses frais. Cet impôt une fois établi continua à être prélevé par les Papes d'abord et finit par rester au roi.

Debitum pro cappa episcopi. Droit pour la chape de l'évêque.

L'évêque, quand il confirmait, devait avoir des ornements convenables et notamment une chape. Chaque curé contribuait à l'achat et à l'entretien de ces ornements.

L'évêque prélevait une taxe pour le saint Chrême, parce que, consacrant tous les ans, le Jeudi-Saint, les saintes Huiles et le saint Chrême qu'il distribuait ensuite aux curés, on pensa qu'il était juste que chacun d'eux payât une part de la dépense que ces objets du culte occasionnaient : de là les *chrismales denarii; præstatio, quæ a presbytero pro chrismate... exsolvebatur*.

L'évêque avait à visiter chaque année son diocèse. Chaque titulaire d'église devait à son évêque, en cours de visite diocésaine, une somme déterminée *pour sa procuration (procuratio)*. Par procuration on entendait le droit qu'avaient certains personnages d'être logés et nourris, eux et leur suite. On nommait aussi ce droit *circata, droit de tournée*. Souvent plusieurs curés se réunissaient pour subvenir aux exigences de la procuration.

Le droit de *déport* était le prélèvement, au profit de l'évêque, du revenu de la première année d'une cure vacante. On mettait parfois en adjudication le déport d'un bénéfice.

La *débite* était une redevance pour l'entretien et la réparation de l'église cathédrale.

II. — Les Églises, les Dîmes, les Aumônes, Décimateurs, Vicaires perpétuels.

D'après l'échelle des édifices religieux, la chapelle *capella*, est un oratoire d'une seule partie ; l'ecclésiole, *ecclesiola*, une petite église, composée d'un chœur et d'une nef ; l'église, *ecclesia*, est un édifice cruciforme, composé d'un chœur, d'une nef et d'un transept ; la basilique, *basilica*, est le même édifice avec des nefs latérales.

Les droits sur une même église pouvaient être partagés.

Le seigneur était patron ; il avait droit au premier banc, droit de sépulture dans l'église, droit d'eau bénite. On ne pouvait commencer la messe que quand il était à son banc, et il fallait lui présenter l'eau bénite à la main. C'est qu'à l'origine les églises avaient été bâties par les seigneurs, et leur appartenaient. Le patron honoraire, s'il y en avait, occupait le second rang. La dîme avec ou sans l'autelage avait pu être aliénée en faveur d'une communauté ou de plusieurs.

Le droit de présentation à la cure pouvait être séparé du patronage. Donner une paroisse, c'était en donner la seigneurie.

Donner une église, c'était en donner le revenu à charge de desserte.

L'église pouvait être donnée avec ou sans les aumônes.

On appelait *aumônes* des terrains appartenant à l'église, dont le revenu servait à l'entretien du prêtre qui y était attaché. Le chœur de l'église était généralement considéré comme propriété seigneuriale, et à la charge du seigneur. Au bas de ce chœur était un porche pour l'abri des vilains.

Plus tard on établit la nef et l'on transporta le porche du bas du chœur au bas de la nef.

La dîme était une portion des fruits de la terre que devaient les possesseurs des héritages aux décimateurs, c'est-à-dire à ceux qui avaient droit de recevoir cette dîme.

La décime n'excédait pas le dixième du revenu estimatif; elle dépassait parfois le revenu réel.

Les dîmes *novales*, ainsi appelées par opposition aux dîmes anciennes, étaient celles que l'on percevait sur les terres défrichées depuis quarante ans et qui, de temps immémorial, n'avaient pas été cultivées. Elles n'avaient, dès lors, pas porté de fruits sujets à la dîme. Les dîmes anciennes, au contraire, étaient celles qui se percevaient de temps immémorial.

Le personnat était une première forme de la commende. Celui qui avait le personnat percevait les bénéfices et faisait acquitter les charges par un vicaire.

Par les *dîmes du bourg* il faut entendre celles que les bourgeois ou hommes libres payaient à leur seigneur.

Les vilains ou serfs de la glèbe ne pouvaient rien payer, puisqu'ils ne possédaient rien en propre. Lorsqu'une paroisse était divisée entre plusieurs décimateurs, chacun avait un trait, c'est-à-dire une portion de dîme qui formait sa part exclusive, et souvent le décimateur était dîmé lui-même à la tierce gerbe par quelque chapelle, maladrerie ou autre établissement.

Les curés faisaient recueillir leurs dîmes par des serviteurs; et il leur fallait de la diligence, car les moissonneurs ne laissaient pas sur le sillon ce qu'il y avait de meilleur. Les décimateurs éloignés, tels que les chapitres et les monastères, étaient obligés de mettre leurs dîmes en fermage ou en fief.

Le droit de patronage était de sa nature indivisible; néanmoins plusieurs le pouvaient tenir par indivis; et lorsqu'il s'agissait de l'exercer, chacun avait sa voix, et la pluralité des suffrages l'emportait (1).

Cependant les patrons pouvaient exercer leurs droits alternativement, comme le prouve la *Glose*,

---

(1 Pontas, v° Patronage, *Arr. du Parlement de Paris*, du 4 juillet 1605.

par une Constitution de Clément V et une autre de Boniface VIII. Lorsqu'il y avait deux titres ou plus dans une paroisse et qu'il y avait plusieurs patrons, chacun exerçait son droit à la mort du titulaire dont la nomination ou présentation lui appartenait.

On appelait *vicaires perpétuels* les curés qui desservaient les cures dépendantes d'un chapitre, d'une abbaye, d'un prieuré, au lieu et place des curés primitifs qui étaient les gros décimateurs et qui ne laissaient à ces vicaires qu'un gros ou une portion congrue ou une partie des dîmes avec le casuel de l'église. Les curés primitifs faisaient ordinairement la présentation de ces vicaires perpétuels à l'Évêque.

Les bénéfices-cures de ce genre devaient être visités tous les ans par les Ordinaires des lieux, et ceux-ci devaient s'appliquer avec un soin particulier à pourvoir au salut des âmes par l'établissement des vicaires perpétuels; il était aussi laissé à leur prudence d'assigner pour l'entretien de ces vicaires perpétuels une portion du revenu (1).

La *mense* ou *manse* (*mensa*) désigne étymologiquement la table où l'on mangeait. Ce mot devint bientôt synonyme de revenu et s'appliquait à certains revenus ecclésiastiques.

Il y avait la *mense épiscopale*. Dans les établissements monastiques on distinguait la *mense abbatiale*, qui était la part de l'abbé dans le revenu, et la mense *conventuelle*, qui était la portion réservée aux religieux.

(1) Concil. Trident., c. VII, *De vicar. perpet.*

III. — Bénéfices, Portion congrue, Présentation.

La portion congrue était la pension en argent, franche et exempte de toute charge, payée par les décimateurs de la paroisse aux curés ou vicaires qui, n'ayant pas dans les biens fonds dont ils jouissaient et le casuel un revenu suffisant, faisaient abandon de ces revenus et optaient pour la pension.

Les dîmes avaient été fondées pour la subsistance du clergé paroissial ; mais comme dans beaucoup de lieux, elles avaient été distraites pour appartenir à des religieux ou à d'autres établissements, on avait trouvé dans l'institution des portions congrues, un moyen de réparer en partie le préjudice causé au clergé paroissial. En 1571, la portion congrue des curés n'était que de 120 livres ; elle fut successivement augmentée. Le clergé paroissial se plaignait vivement du préjudice que lui causait l'attribution des dîmes au clergé régulier, qui n'avait plus la charge de l'administration spirituelle des fidèles. Il espéra un instant que la Révolution réparerait cette anomalie ; et cette préoccupation ne fut pas étrangère à l'adhésion que quelques membres du clergé donnèrent, dans le principe, à la Révolution (1).

Les curés, avant la Révolution, pouvaient être regardés comme riches. Il en était tout autrement des vicaires. Leurs revenus étaient déterminés et ne consistaient guère que dans la glane, le casuel fort

(1) Abbé Pichon, *Vie de M. le marquis Ducastel*, in-8°, Le Mans, 1873, p. 135.

minime, l'acquit des fondations et le produit des petits bénéfices, chapelles ou *prestimonies* dont ils pouvaient parvenir à se faire pourvoir par le présentateur. Ces bénéfices étaient fort nombreux, et ils offraient une ressource spéciale pour le clergé des paroisses. Mais il en résultait des abus de plus d'une sorte qui nous paraîtraient aujourd'hui bien étranges. Le premier était la poursuite des bénéfices. La bonne volonté des présentateurs, et par conséquent leur faveur, était le moyen de parvenir, et malheureusement la tentation d'obtenir cette faveur par des moyens peu conformes à l'esprit ecclésiastique était aussi forte que continuelle.

D'un autre côté le droit de présentation ou de nomination directe aux bénéfices ecclésiastiques était souvent obscur, et il donnait lieu à de nombreux procès.

De plus les curés pouvaient pendant leur vie résigner leur cure à qui bon leur semblait, pourvu que l'ecclésiastique fût digne de l'office qu'on voulait lui confier. Enfin, pendant quatre mois, chaque année, les bénéfices qui venaient à vaquer étaient exclusivement réservés pour les licenciés ou docteurs en théologie ou en droit canon. On avait voulu encourager ainsi les études ecclésiastiques.

IV. — Différents droits : le danger, la charruée, droits d'usage

Le mot *danger*, en matière d'*eaux* et *forêts*, était le droit de dixième que l'on payait au seigneur pour la permission de faire des coupes de bois et de les vendre. Il y avait le *sergent dangereux*. Il y avait aussi le droit de *tiers*, autre droit du même genre, auquel étaient sujets certains bois.

Une charruée de terre ou la terre d'une charrue constituait une propriété foncière.

Il y avait trois principaux *droits d'usage :* 1° droit de *pasnage* (nourriture des porcs); 2° de *pacage* (nourriture de toute espèce de bétail); 3° d'*affouage* (faculté de couper du bois pour la construction, la réparation et le chauffage des habitations). Des droits semblables existent encore aujourd'hui dans les forêts de l'Etat, sous le nom de *glandée*, *panage* et *paisson* (1).

Le *havage* consistait en une poignée de blé que l'hôpital avait le droit de prendre dans les marchés publics par chaque boisseau ou mesure mise en vente (2).

Les *déchets* d'un manoir se composaient de tout ce qui restait de surplus, quand le maître avait pris largement sa part. Les déchets d'une forêt étaient les menues venaisons, les pailles, les ajoncs, bruyères, bois mort, bourrées. Les profits éventuels des foires et marchés consistaient dans les amendes pour survente de marchandises, confiscations de marchandises avariées ou frelatées, surplus de mesure de poids quand la mesure ou le poids annoncés n'y étaient pas, parce qu'alors il fallait

---

(1) Cf. *Code forestier*, art. 53, etc.
(2) Seguin, *Histoire archéolog. des Bocains*, p. 57.

réduire à la mesure ou au poids immédiatement inférieurs, de trois à deux, par exemple, quand les trois ne s'y trouvaient pas.

Les animaux atteints de vices rédhibitoires tombaient aussi sous le coup de la confiscation; et la survente des vins donnait lieu à beaucoup d'amendes, comme on le voit par les rôles normands.

Le revenu du tonlieu (*teloneum*) était la location des places du marché.

Le *tonlieu* (*teloneum*) était un impôt prélevé sur les objets vendus dans les marchés ou les foires. Il y avait le *teloneum residens*, qui était l'impôt que payaient les marchands de la ville où se tenait le marché; et le *teloneum alienum*, qui était le tonlieu acquitté par les marchands venus du dehors (1).

Le droit de *champart* (*campi pars* ou *campi partus*) qu'en plusieurs endroits on appelait aussi *terrage*, *agrier*, consistait dans une certaine portion des fruits que le seigneur levait sur les terres soumises à son fief. *Le tabellionnage* était le droit qu'avait un seigneur d'établir un tabellion ou notaire dans l'étendue de sa juridiction. Le *fouage* était une redevance à laquelle avait droit le seigneur sur chaque feu ou famille « *focagium pro singulis focis.* »

La *moute* était un droit payé au seigneur par ses vassaux pour moudre au Moulin banal. La *litre*

---

(1) Cf. Ducange, v° *Teloneum*.

était une bande funèbre. C'était une ceinture peinte en noir sur les murs d'une église, sur laquelle étaient aussi représentées les armes du seigneur. Le seigneur Haut-Justicier avait le droit de litre à l'intérieur et à l'extérieur de l'église ; le patron n'en avait qu'à l'intérieur.

On nommait *gage-plège*, en Normandie, la convocation que le juge faisait une fois par an, dans le territoire d'un fief, pour l'élection d'un prévôt et sergent, afin de faire payer les rentes et redevances seigneuriales dues au seigneur par ses censitaires et pour recevoir les nouveaux aveux. Tous les vassaux étaient obligés de comparaître au gage-plège en personne ou par procureur. Le mot *ost*, du latin *ostensio*, *montre*, désignait la revue que chaque seigneur faisait de la personne et des armes de ses vassaux, qui devaient le suivre à l'armée.

V. — MESURES.

Au XIe siècle, à Lessay, la mesure des céréales était de 22 pots ; elle se divisait en 4 binguets, et se multipliait par quatre pour faire la somme ; elle comportait les quatre combles ou regards fournis. Le pot équivalait à deux fois 92 centilitres.

Le boisseau ou demeau de Coutances contenait 18 pots ; celui d'Aubigny, 12 pots (1). La mesure de Saint-Sauveur-le-Vicomte était de 20 pots (2).

---

(1) Cf. *Collection des Inventaires sommaires des Archives départementales*, Manche, Ire partie, p. 358.
(2) *Ibid.*, p. 365.

La vergée de terrain était de 40 perches ; l'acre, de 4 vergées. La perche était de 22 pieds ; le pied est un peu moindre que le tiers du mètre.

Il faut entendre par terre d'une charrue, « *terra ad unam carrucam,* » un domaine composé d'une contenance de 60 acres de terre arable ; c'est la quantité de terre qu'on pouvait exploiter avec une seule charrue.

Le galonage était le mesurage des vases, dans les tavernes.

Le crocage était le pesage des marchandises au moyen d'un croc.

VI. — Valeur des Monnaies et des Denrées.

Le poids d'un franc d'argent est en tout temps égal à cinq grammes d'argent : c'est ce qu'on appelle la *valeur intrinsèque*. Mais avec cinq grammes d'argent on pouvait acheter, au XIIe siècle, huit à dix fois plus de comestibles qu'aujourd'hui ; or, la quantité de marchandises que l'on peut acheter à certaine époque avec une quantité fixe d'argent est la *valeur extrinsèque* ou le *pouvoir* de l'argent [1].

D'après les travaux de MM. Guérard et Leber, l'argent avait, au XIIe siècle, au moins six fois plus de pouvoir qu'au dix-neuvième. Aujourd'hui, l'or vaut un peu plus de quinze fois l'argent ; la valeur de la livre d'or était environ de neuf à onze fois celle de l'argent jusqu'au XVIe siècle.

[1] *Collection de Précis historiques,* t. XXII, Bruxelles, 1873, p. 289, note 1.

Au XIIe siècle, le sou tournois valait 1 fr. 0198
  le sou mançois — 2 fr. 0396
  le denier tournois — 0 fr. 0849
  le denier mançois — 0 fr. 16996(1).

La livre Parisis valait 8 marcs d'argent.

Au XIIIe siècle, la même livre Parisis équivalait à un marc d'or. La livre de Dijon valait un tiers de moins que la livre Parisis.

Au XVIe siècle, le sou était la vingtième partie de la livre.

Un pain et un chapon valaient alors 3 sous.

Un pain et une gueline, 2 sous 6 deniers.

Un pain, 2 deniers.

Cent œufs. 6 sous.

La journée de travail d'une couturière en chemises se payait 6 deniers (2).

Un boisseau de sel. 7 sous 6 deniers.

Une livre de beurre, de 1 sou à 2 sous (3).

La journée de travail d'un maître maçon, 2 sous (4).

Une douzaine de poulets, 8 sols; trois oisons. 3 sols.

Un quartier de veau, 6 sols.

Une livre de chandelles, 17 deniers (5).

Pendant la guerre de Cent ans, le boisseau de blé valait 32 sous tournoi, et comme le capital se plaçait alors le plus communément au denier 10, un bois-

---

(1) Cf. *Des revenus publics en Normandie au XIIe siècle*, par M. L. Delisle.

(2) *Journal manuscrit d'un sire de Gouberville*, 1850, p. 82.

(3) *Journal manuscrit d'un sire de Gouberville*, p. 374.

(4) *Journal d'un sire de Gouberville*, p. 367.

(5) *Ann. de la Manche*. 1857, p. 468.

seau de blé représentait une rente de 3 sous tournois et quelques deniers.

Une vergée de terre valait 4 boisseaux 1/4 de froment, soit 40 sous de capital, ou 4 sous tournois de rente, en moyenne (1).

On ne frappait pas de monnaie d'or au moyen âge.

La seule monnaie d'or, connue alors, consistait dans les besans *(bysantius)*, qui valaient 3 livres et avaient été apportés de Constantinople par les Croisés.

Les bannerets, ainsi que les évêques, les abbés et autres possesseurs de terres nobles, firent frapper de la monnaie à leur coin. En 1577, les évêques de Bayeux battaient encore monnaie. On la nommait *double*; elle était de cuivre, valait 5 deniers et était marquée de l'aigle à deux têtes.

Les rois finirent par enlever le droit de monnayage aux seigneurs.

VII. — CHARGES DES ABBAYES.
CHAMBRIER, ATTOURNE, PITANCIER, CÉLÉRIER.

Le *chambrier*, chambellan, *camerarius monasterii, provisor*, était une espèce d'économe qui mettait bon ordre aux revenus, provisions et intérêts temporels de la maison. Il avait soin de la lingerie et de la propreté; il devait faire renouveler tous les ans le foin dans tous les lits de la communauté.

---

(1) *Journal de Valognes*, numéros des 11 et 25 août 1861.

L'*attourne* d'une abbaye était le procureur de la communauté. Les Anglais emploient encore le mot *attorney* dans le même sens.

Le *pitancier* était le religieux chargé de l'office claustral qui avait pour objet les provisions de l'abbaye; nous dirions l'économe.

Le *célérier* ou *cellérier* était le religieux chargé de la vineterie ou de ce qui concernait les vins.

VIII. — ANCIENS USAGES.

Quand un seigneur ne savait pas signer une charte, pour confirmer la convention qu'il venait de conclure, il abandonnait *son bâton, son couteau* ou *son couvre-chef* 1.

Mathilde mit de ses cheveux sur l'autel de Notre-Dame du Vœu, à Cherbourg. « *Comitissa vero que sparsis capillis super altare posuit comitis vagium* 2.

A certaines époques, le seigneur faisait parcourir le chemin soumis à sa juridiction, pour en vérifier l'état. Cette opération s'appelait *cheminage* ou *vicomtage*.

Pour y procéder on réunissait un certain nombre d'hommes, quelquefois vingt-quatre. Ce jury prononçait des amendes contre ceux qui avaient empiété sur la voie, qui n'avaient pas émondé leurs

---

1 C'est là l'explication des actes faits *per baculum, per cultellum, ou per caputium*.

2 *Mémoire de la Société nationale académique de Cherbourg*, 1852, p. 162.

arbres, curé leurs fossés et suffisamment entretenu le bout de chemin qui était à leur charge.

« Cheminage tenu au Ham, pour religieux hommes et honnestes l'abbé et couvent de Saint-Sauveur-le-Vicomte, par moy Raoul du Hequet seneschal des dis religieux le septiesme jour de Juin de l'an mil ccccxl six. Cardin du Pont, prevost en défaut et en amende, Richard Quellin, Jehan Le Tellier, Jehan Quelect, Jehan Boschier, Jehan Le Tellier, Thomas Boschier, Robin le Sage, Perrin le Fécelle, Perrin du Pont, Perrin Philippe, Germain du Bosc, Thomas Bigot, Colin du Bosc, Jehan Bigot, Laurent Huellin, Thomas Simonne, Jehan Angot, Jehamin Huellin.

Le prieur du Ham, en amende, pour sa part d'un escalier non fait sur le ruel de la fontaine de Germain.

Cardin du Pont, en amende, pour etag mauvès chemin au chemin des cieux.

Les religieux, en amende, pour 1119 perquez de la rivière près des moulins non curées.

Le prieur du Ham, en amende pour ij raques de ses pesqueries, contenant xx perquez non curées, et commandé à Perrin du Pont, son prevost, que il lui face savoir les mettre en estat deu dedens xv jours, en paine de xx soulz tournois.

Perrin et Jehan, pour x perquez empeschées, c'est assavoir de la pesquerie que soulait tenir Colin Olgier.

Ricart Quellin, en amende, pour le chemin tendant des moulins a Saint-Christofle trop estroit un costé bien deux querquez de long. Commandé fut à Michel Boscher pour son père, mettre en estat, le dit chemin et clorre entre lui dedens ung an en paine de xx souls tournois.

Cardin du Pont, en amende, pour le chemin de Saint-Christofle à landes, à ung costé empesché de branches bien ij perquez.

Michel le Pelog, en amende, pour un fossey non curé, par où lé (eau) de la cache Haubert se doibt espurer.

Cardin du Pont, en amende, pour un mauvais bouillon près le prieurey.

Il fut trouvé que les religieux dojvent faire par devers le no du moulin ij perquez et demie qui valent l xxv piés.

Thomas Dossier, pour le fieu Robert Dossier doit maintenir une perque de xxx piés et il en fut trouvé environ xxxij piés par les devises, et fut mis en amende pour iij faultes, et pour trop basse couchie.

Jouhannin Angot, pour le fieu ès Allaires, xv prés qui furent trouvés en bon estat.

Etc., etc. »

(Extrait d'un feuillet de parchemin servant de garde au commencement du Cartul. de Saint-Sauveur (1).

(1) L. DELISLE. *Etude sur la condition de la classe agricole au moyen âge*. p. III. n° 23.

APPENDICES

N° 1.

Charte de fondation de l'abbaye de Saint-Sauveur par Néel le Vicomte.

Ego Nigellus Vicecomes. divino afflatus spiritu. dignum duxi in ecclesiam Sancti Salvatoris monastice religionis ritus ponere et conventum sub abbate, ad quod faciendum elegi domum de Jumeges, quam audivi majoris auctoritatis in religione pre ceteris, et Deo auxiliante adduxi ex ea personas religiosas, inter quas religiosissimum virum nomine Benignum, quem abbatem constitui. His itaque dispositis. liberam feci et quietam abbatiam ab omnibus consuetudinibus michi pertinentibus, et ad usum monachorum dedi decimas omnium possessionum mearum. videlicet omnium molendinorum meorum decimas, et in molendino ville Sancti Salvatoris ut molant monachi omnem annonam suam sine loco et sine moltura. Et de omnibus picheriis meis dedi eis decimas. Dedi etiam eis decimam redditus foreste mee et haie de Sallesoef (1) et de marcis et de venditione. in denariis et in annona et in omnibus rebus, et decimam pasnagii et venationis et de

---

(1) Salsoif, commune de Saint-Sauveur-le-Vicomte.

magna foresta et haia de Sellasoef. Dedi etiam pasturam animalibus suis in plano et in nemoribus meis et in haia et in mareis. Dedi etiam porcis suis la paisson in foresta mea et in haia de Sellesoef sine pasnagio, et ut porci eorum eant ubicumque mei ierint, et similiter el bruil de Hainevilla (1), et in foresta de Columba (2) decimam redditum, et pasnagium et la paisson sine pasnagio, et in villa de Columba decimam redditum meorum in denariis et in omnibus aliis rebus. Similiter in castello Roche (3) quod est situm in parrochia Columbe. Dedi etiam eis terciam partem ejusdem foreste, et ad ignem suum stans nemus siccum et jacens et viride siccum. Dedi etiam eis in omnibus maneriis meis ubi terre fuerint ad campartum, ud medietatem garbarum camparti et decime habeant pro decima, et ego aliam pro camparto. Hec omnia supradicta et prefatam libertatem dedi ego monachis supradicte abbatie cum tenementis illis et possessionibus que tenuit ecclesia Sancti Salvatoris in tempore canonicorum, ut hec omnia possideant. Et ne aliquis in posterum possit refragari aut resistere huic donationi et institutioni mee, prece mea, confirmavit signo suo hanc institutionem et donationem meam rex Anglie Guillelmus, qui regnum Anglie bello adquisivit. Hec sunt signa in testimonium : Signum Guillelmi, regis Anglie. Signum Nigelli Vicecomitis. Signum Willelmi archiepiscopi.

(1) Henneville, Manche, cant. d'Octeville.
(2) La Colombe, Manche, cant. de Percy.
(3) Le château qui depuis fut appelé la Roche-Taisson.

Signum Roberti, comitis de Mellent. Signum Mauricii cancellarii. Signum Guillelmi filii Ansgoti. Signum Henrici de Bellomonte.

> (Cartul. de Saint-Sauveur, n° 15 et 463. — Registre CXXII du *Trésor des Chartes*, n° 88; — Cf. *Gallia Christ.*, XI, instr. 231.)

N° 2.

Omnibus christi fidelibus ad quos presens scriptum pervenerit Willelmus de Agnis miles salutem. Noverit universitas vestra quod cum michi constaret helyam de Agnis patrem meum dedisse abbatie sancti salvatoris ecclesiam de hulmo cum jure patronatus et aliis omnibus ejus pertinentiis donationem illam ratam habui et pro animabus antecessorum et successorum meorum quantum in me est et esse potest prefate abbatie ecclesiam illam dedi et concessi presente Radulfo de Agnis filio meo et concedente, ita quod nec ego nec aliquis heredum meorum sibi possit aliquid in illa ecclesia de cetero vindicare et hanc concessionem sigilli mei munimine, confirmavi, presente domino et patre Viviano Constanciensi episcopo, in capitulo constanciensi testibus hiis magistro hugone et Ricardo de poileio archidiaconis magistro Ricardo hairon, Rogero de Herovilla, Radulfo canonico, Ricardo de Posis canonicis Constanciensibus, Willelmo de Sancto Laudo Ricardo Commin et multis aliis.

> Chartrier de M. le marquis d'Aigneaux, avec sceau.

N° 3.

Omnibus sancte matris ecclesie filiis tam presentibus quam futuris Notum sit quod helias de agnes et Thomas et Willelmus filii ejus dederunt perhenniter in elemosina abbatie de sancto salvatore ecclesiam Sancte Marie de hulmo cum omnibus rebus eidem ecclesie pertinentibus pro salute sua et pro anima henrici fratris sui omniumque antecessorum suorum et pro hac donatione concessit abbas hugo et monachi predicto helia monacatum quando petierit in abbatia, hanc donationem concessit corbin de agnes filius henrici et propria manu sua super altare posuit, his testibus Ricardo de Valvilla et Ricardo nepote ejus Rogero Marescot et Willelmo filio ejus, osmundo Vitulo cum filio suo petro, Gilleberto de Sotewast, Ricardo filio Willelmi de Barnevilla, Radulfo presbytero de cantelou.

Si	gñ	Sig	ñu	Si	gñ
he	lie	Tho	me	Cor	bin

(Original, sceau manquant).

Cette pièce est transcrite au cartulaire de Saint-Sauveur-le-Vicomte, sous le n° 79.

N° 4.

Sciant presentes et futuri quod ego herbertus de Aigneaus miles dedi et concessi et presenti carta mea confirmavi abbatie sancti salvatoris et monachis ibidem deo servientibus pro salute anime mee patris et matris mee et omnium antecessorum meorum totum campum des Baclordes et totum campum des Breullanz apud Auvillam in parrochia de Thoquevilla tenendum de me et heredibus meis in puram et perpetuam elemosinam liberam et quietam ab omnibus ad me et heredes meos pertinentibus si vero contigerit quod ego vel heredes mei non poterimus predictam terram predicte abbatie et monachis garantizare debemus et tenemur ipsis alibi in feodo nostro rationabiliter excambire. Quod ut ratum et stabile permaneat scripto presenti et sigilli mei munimine confirmavi. Actum est hoc anno gratie Millesimo Ducentesimo vicesimo quarto.

> Cette charte est également copiée au cartulaire de Saint-Sauveur, sous le n° 330.

A l'original de cette charte est appendu un sceau brisé qui représente trois agneaux, deux en chef et un en pointe.

N° 5.

Ordre au bailli de Cotentin de rendre le manoir du Ham aux religieux de Saint-Sauveur.

24 mars

Jehan, archevesque de Rouen, lieutenant du roi et du duc de Normandie... Comme il fit monseigneur le duc ait fait prendre en sa main la maison du Ham, pour ce que l'on luy avoit raporté que noble et puissant homme monseigneur Godefré de Harecourt, chevalier, sire de Saint-Sauvour le

Viconte, y faisoit faire une forteresce sans congié de luy, en son préjudice et dammage du païs, et nous soions deuement enfourmés que le dit monseigneur Godefré n'i à fait faire forteresce aucune préjudiciable ne dommagiable a monseigneur le duc ne au dit païs, combien que il ait fait le dit hosteil amendeir et reparer pour la nécessité de sa demeure, et lequeil hosteil lez religieus abbé et couvens de Saint-Sauveur dessus dit luy avoient presté à lour volenté tant seulement, etc. Donné à nostre manoir de Déeville le XXIIII° jour de mars l'an de grace mil trois cens quarante neuf (1).

(Copie du temps, aux archives de la Manche. Communication de M. Dubosc).

N° 6.

Copie de l'Extrait des registres du Conseil d'Etat du Roi.

« Vu par le Roi étant en son Conseil l'arrêt rendu en icelui le 25 Octobre 1774 sur la requête présentée par le S' Evêque de Béziers, Abbé Commendataire de l'Abbaye de S'-Sauveur-le-Vicomte ancien ordre de S' Benoît, diocèse de Coutances tendant à ce que défences fussent faites au S' Lefranc se prétendant religieux de ladite Abbaye de s'immiscer dans la possession et jouissance des revenus dudit Monastère, et de disposer de la Cotte-morte du feu prieur Claustral, et à ce qu'il fut ordonné de vuider les

(1 Léop. DELISLE, *Histoire du château et des sires de Saint-Sauveur-le-Vicomte*, pièces justific.. p. 117.

lieux claustraux aux offres par ledit Evêque de Béziers de lui payer sur lesdits revenus telle pension que Sa Majesté jugerait à propos de fixer par lequel arrêt il aurait été ordonné que laditte requête serait communiquée audit S' Lefranc pour y répondre dans les délais du réglement; ladite requête dudit Evêque de Béziers contenant que la conventualité étant depuis longtemps réduite au seul prieur claustral qui résidait dans ladite maison, le feu Evêque de Coutances précédent titulaire de ladite Abbaye aurait provisoirement pourvu à l'acquit des fondations dont la manse conventuelle était tenue par l'introduction des Prêtres séculiers auxquels il aurait attribué des rétributions suffisantes pour y satisfaire conjointement avec ledit Prieur claustral, ce qui aurait été constamment suivi par ledit Evêque de Béziers, en attendant que la mort dudit prieur que son grand âge faisait considérer comme prochaine facilitât la disposition et l'application qui pourrait être faite dans les formes canoniques des biens de la manse conventuelle et offices claustraux en dépendant conformément à l'édit du mois de mars 1768: que le décès du dit prieur étant arrivé, ledit S' Lefranc qui n'avait jamais habité ladite Communauté se prétendant religieux de ladite maison en vertu de la profession par lui faite en 1703 sur Benevole a lui accordé par ledit feu S' Evêque de Coutances, quoiqu'avec clause expresse de fixer sa résidence dans toute autre maison du même ordre, se serait néanmoins présenté dans ledit monastère à l'effet non-seulement de recueillir la cotte morte dudit Prieur

Claustral, mais même d'y établir sa résidence, et d'y jouir des mêmes revenus dont jouissait ledit religieux, et aurait obtenu à cet effet l'ordonnance provisoire du lieutenant général du bailliage de S¹-Sauveur-le-Vicomte ; et comme ledit Lefranc était sans droit et sans qualité et que sa prétention était contraire aux édits de 1768 et 1773 en ce qui concerne le rétablissement de la conventualité et le maintien de la discipline régulière, le S¹ Evêque de Béziers concluait à ce que dessus les différentes requêtes du dit Lefranc tendant à ce que les parties sont renvoyées devant les juges ordinaires saisis de la contestation, et que par provision il soit ordonné qu'il jouira des revenus dont le feu Prieur Claustral de S¹-Sauveur-le-Vicomte était en possession si mieux n'aime Sa Majesté évoquant les contestations d'entre les parties et y faisant droit, déclarer ledit S¹ Abbé Commendataire non recevable dans tous ses demandes et subsidiairement mal fondé, ordonner que ledit Lefranc en sa qualité de Prieur Claustral de laditte Abbaye jouira de tous les droits et prérogatives attribués audit office, ainsi que de la manse conventualité, la charge . . . .
. . . . du service divin et d'acquitter les fondations de l'abbaye par des Prêtres séculiers jusqu'à ce que sur l'avis de l'évêque diocésain et en vertu de lettres patentes dûment enregistrées, il ait été statué sur le nombre des religieux nécessaires dans ladite Abbaye comme aussi à la charge de faire distribuer d'après l'avis et les ordres dudit S¹ Evêque les aumônes légitimement dues, faire défense au

S' Abbé Commendataire de le troubler dans son état de Prieur Claustral et de rien entreprendre sur la manse conventuelle et sur les offices claustraux de ladite Abbaye, et le condamner à en restituer les fruits qu'il aurait induement perçus et en tels dommages et intérêts qu'il plairait à sa Majesté arbitrage vu la procédure tenue entre les parties au baillage royal de S'-Sauveur-le-Vicomte, vu pareillement la bulle de notre S' Père le Pape du 15 Juillet 1772, et lettres patentes sur . . . . . . du 14 août suivant duement enregistrées partant suppression de toutes les places monacales et offices claustraux des monastères de l'ordre de S' Benoît, et union des biens en dépendant aux manses conventuelles desdits monastères, tout vu et considéré, ouï le rapport.

Le Roi étant en son conseil de l'avis des Sieurs Commissaires nommés pour l'exécution de l'arrêt du 23 Mai 1766 Sa Majesté a ordonné et ordonne qu'il sera incessamment et à la requête du promoteur du diocèse de Coutances procédé par devant le S' Evêque de Coutances en la forme ordinaire à la suppression de la manse conventuelle du monastère de S'-Sauveur-le-Vicomte et a l'application des biens et revenus y réunis en dépendant à tels établissements ecclésiastiques dudit diocèse et à telles charges et conditions convenables qu'il appartiendra ordonne en conséquence Sa Majesté au S' Lefranc de sortir dès à présent dudit monastère et de se retirer dans telle maison régulière qui sera par lui choisie du consentement et sous l'autorité de l'Evêque diocésain, lui fait défense de prendre le titre de Prieur

Claustral de laditte Abbaye, ni de s'immiscer dans l'administration du temporel de la manse conventuelle et offices claustraux y réunis sous telles peines qu'il appartiendra et sera le décret dudit S' Evêque de Coutances présenté à Sa Majesté pour être, s'il y a lieu, revêtu de lettres patentes, conformément à l'édit 1718, et Sa Majesté, ...
. . . . aux demandes dudit S' Lefranc, et évoquant en tant que de besoin les procédures et contestations pendantes au baillage de S'-Sauveur-le-Vicomte, a ordonné et ordonne qu'il sera sur les biens et revenus dépendants de la manse conventuelle de S'-Sauveur-le-V'' et offices claustraux y réunis payé annuellement audit S' Lefranc la somme de 800 ft. de pension alimentaire et viagère exempte de toutes retenues, charges et impositions quelconques pour être employée à sa subsistance et à son entretien dans la maison qui aura été par lui choisie pour sa résidence, et ce à compter du jour du décès du dernier prieur de laditte Abbaye, et seront sur les arrérages échus de laditte pension déduites les sommes que ledit S' Lefranc aurait pu toucher des revenus de laditte Abbaye, si aucune il en a perçu sur le surplus des demandes respectives dudit S' Lefranc et du S' Evêque de Béziers met Sa Majesté les parties hors de Cour, dépens compensés, enjoint Sa Majesté audit intendant et commissaire de parti dans la généralité de Caen de tenir la main à l'exécution du présent arrêt. Fait au Conseil d'Etat du Roi, Sa Majesté y étant, tenu à Versailles le 2 février mil sept cent soixante seize. »

TABLE DES MATIÈRES

	Pages.
Introduction	11
Chapitre Premier. — La Fondation de l'Abbaye de Saint-Sauveur	15
Chapitre II. — Les premiers Bienfaiteurs de Saint-Sauveur.	40
Chapitre III. — Les Abbés depuis la fondation jusqu'à la révolte de Godefroy d'Harcourt	60
Chapitre IV. — L'Abbaye pendant la guerre de Cent-Ans.	92
Chapitre V. — L'Abbaye après l'expulsion des Anglais.	123
Chapitre VI. — Les derniers Abbés commendataires ou la décadence de l'Abbaye	152
Chapitre VII. — L'Eglise abbatiale avant la Révolution	167
Chapitre VIII. — Les Tombeaux	175
Chapitre IX. — L'Abbaye et la Révolution	187
Chapitre X. — Les Ruines	207
Chapitre XI. — Priviléges et possessions de l'abbaye de Saint-Sauveur-le-Vicomte	229
Chapitre XII. — Chartrier, Archives et Manuscrits de l'Abbaye	281
Chapitre XIII. — Us et coutumes du Moyen Age	292
Appendices	309

Abbeville, imprimerie C. Paillart, Editeur des *Brochures illustrées de Propagande Catholique.*

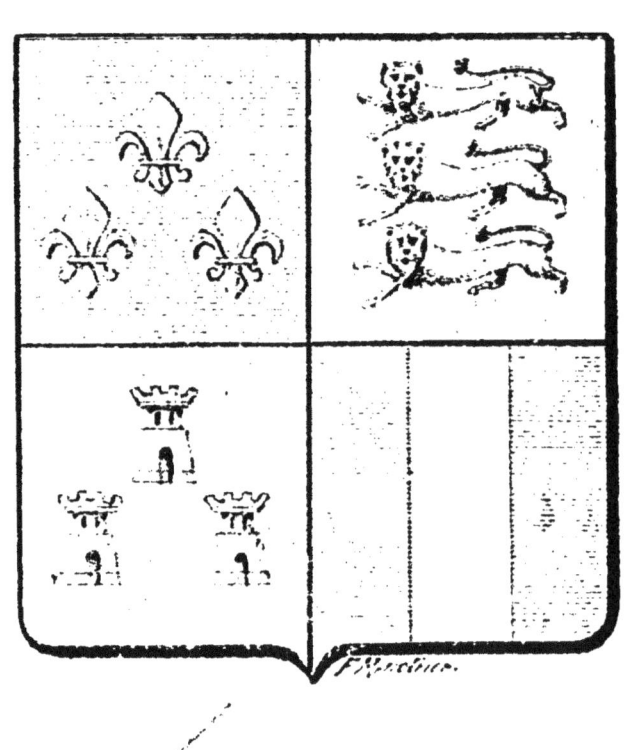

www.ingramcontent.com/pod-product-compliance
Lightning Source LLC
Chambersburg PA
CBHW071654160426
43195CB00012B/1459